真言宗小事典

福田亮成・編

法藏館

はじめに

　真言宗というと〝加持祈禱を中心とする現世利益の宗教〟だというように考えられている。神秘的な儀式性とあいまって、さらにその印象は助長される。一度、そのような観念にとらわれると、真言宗の本義が見えなくなってしまう。それは、まことに残念なことである。

　真言宗は、かの湯川秀樹博士が日本におけるもっとも偉大な思想家であると讃えた弘法大師空海が体系化した教学と、それにともなう深い実践法を法宝として一千二百年にわたる歴史を重ねてきた宗派である。その教えの特色は、すべての人びとのあるがままの心の底辺にまで門戸を開いた積極的な姿勢にある。そして、それが同時に精神のまったき完成にまで導くことを目的とすることはいうまでもないことである。

　しかし、そのような真言宗の教えは、人びとの誤解に対応するための努力もさりながら、かならずしもすべての人びとに開放されてはいなかったのでなかろうか、と反省とともに考えざるをえないところである。最近、密教ブームという現象が注目されているが、それらの多くは密教という名のもとに、人びとを無責任な知識の隘路に落としめ、ややもすると真言宗にたいする曲解をも助長しているといっても過言ではなかろう。

ここにおいて真言宗は、他の宗派にくらべ、人びとにたいし正しい信仰をうながすような手段について必ずしも充分でなかったという強い反省をしなければならないであろう。真言宗の教義は単に深くむずかしいということばかりではなく、それらの教義の底には実践法があり、その世界は〝修して知る〟というものであった。現在は、かつてないほど多くの人びとによって仏教が知的に、思索的に、あるいは実践的に求められている。このような時にあたって、真言宗においても、その教義や実践についての事柄、あるいは日常的な場でかかわる種々なる問題にたいし、その正しい知識を与えることはもっとも大切なことであるにちがいない。

この書は、真言宗への正しい理解をうながすための一歩をなすものである。

昭和六十二年七月

福田　亮成

真言宗小事典【目次】

便覧編 183

索引 巻末Ⅰ～Ⅸ

〈執筆陣〉（五十音順）

伊藤教宣　小川義昭　北尾隆心　桑原康年　高橋活彌　苫米地誠一　新村良雄

福田亮成　伏見英俊　本多隆仁　松丸俊明　村山正俊　渡辺新治

装幀——上田晃郷

真言宗の教え

おびただしい仏菩薩の意味

真言宗においても、他の仏教諸宗と同様に仏・法・僧の三宝に帰依を宣言することは、すべての出発である。仏に帰依し、仏のお説きになった教え（法）に帰依し、仏を礼拝し、その教えをひろめようとしている人びと（僧）に帰依することは、仏教信仰の原点であり、真言宗といえども、その三宝帰依をはずすことはできない。しかし、その三宝の意味には真言宗独自のものがある。大日如来と真言宗の教え、同じ信仰をもって歩むすべての仲間にたいする礼拝ということが、真言宗信仰の源泉である。

真言宗の私たちが礼拝すべき仏は、法身大日如来である。大日如来とは〝摩訶毘盧遮那如来《まかびるしゃなにょらい》〟のことで、摩訶とは〈大〉、毘盧遮那とは〈遍《あまね》く照らす〉ということである。それを意訳して大日如来という。

しかし、真言宗の寺院には、さまざまなご本尊がおまつりしてある。大日如来はむろんのこと、不動明王・観音菩薩・地蔵菩薩・薬師如来・阿弥陀如来などである。浄土宗や浄土真宗では阿弥陀如来、禅宗では釈迦如来、日蓮宗では大曼荼羅《まんだら》本尊というように本尊が教義的に統一されているのに、なぜ真言宗ではさまざまな本尊がゆるされるのであろうか、という疑問がおこってくるにちがいない。法身大日如来は、諸仏菩薩の総徳の本尊であり、一つ一つの尊は、その一つの徳を分担しているという関係にある。すべての仏菩薩の本体は大日如来にほかならないというのである。

私たち一人一人は、環境や、それによって培《つちか》われた性格や、現在の生活の状態、そしてもっている悩みや苦しみもすべてが異なっている。そのような人びとのすべてを救済せんがために、法身大日如来から諸仏菩薩がそれぞれ一つの徳をあずかり、衆生救済のために派遣されているのであるから、それらの仏菩薩の数は膨大なものになる。曼荼羅上に登場するおびただしい仏菩薩も、その一部分にすぎないのである。そして、人びとが自分の因縁によって出会った仏が、その人にとってのかけがえのない本尊であり、その有縁の本尊を通して総本尊大日如来と結びついてゆくことになる。であるから、多くの種類の本尊の存在は、人びとが本尊と出会う可能性と、その自由さを広く認めているということである。

即身成仏をめざして

つぎに、真言宗の法（教え）とは、法身大日如来によって教示され、宗祖弘法大師（空海）によって体得確認されたものであり、それにもとづいて体系化された教学であるということができる。

真言宗の教えの中心は、即身成仏ということである。それは法身大日如来を私たち自身のなかに確認することであって、尋常でない超能力を獲得するということではない。

私たちの生活活動には三つの領域がある。身体《からだ》の行い、口にする言葉、心の働き（身口意の三業《さんごう》）がそれである。大日如来にも同じく身口意三つの領域がある。この仏の三つの活動領域を三密《さんみつ》というが、一般の仏教では悩みや苦しみのもと、煩悩のもとと見られる私たちの三業も、真言宗においては根源的には仏の三密と一体のものとし、私たちの三業をも三密と呼ぶ。煩悩でさえ、本来は清浄なものと見るのが真言宗の教えである。

さて、このように仏と一体になるためにはどうすればよいのか。大日如来の三密活動は、人びとの救済という大きな目的に向けられているのであるから、私たちの生活の目的もそれに応えてゆくものでなければならないはずである。そのためには、まず菩提心(悟りを求める心)をおこすことが必要であり、正しい生活の基本である十善戒を実践することが大切である。十善戒とは次の十項目をいう。①生命あるものを殺さない。②他人のものを盗まない。③よこしまな男女関係をもたない。④うそをつかない。⑤たわごとをいわない。⑥悪口をいわない。⑦二枚舌をつかわない。⑧むさぼりの心をおこさない。⑨おこらない。⑩まちがった考えをもたない。これは倫理道徳的な行動であり、かつ宗教的な実践でもある。それらを基本として真言密教の実践法へと深めてゆくことが必要であり、手に仏の誓願を象徴する印を結び、口に仏の心中よりほとばしり出た真言をとなえ、心は仏の悟りの境地にとどめることで、「仏日の影、衆生の心水に現ずるを加《か》といい、行者の心水よく仏日を感ずるを持《じ》と名づく」といわれるように、如来の大慈悲と衆生の信心とが加持感応することによって、私たちの心や行い、言葉が浄化され、やがて仏と私とが一体となった生活ができるということこそ「即身成仏」ということにほかならないのである。このことは、同時に私たちが本来仏と異るものではないということの確認でもあるといえよう。

ともに生きるために

三宝帰依の最後にある僧とは、僧伽（サンガ）の略称で、仏を礼し、法を依りどころとし、ともに生きる仲間の意味である。よって、大日如来を礼し、真言宗の教えを依りどころとし、ともに真言宗の教えをひろめ、充実した生活をしてゆこうとする仲間のことである。弘法大師は、四恩ということを大切にし、人びとの生活指針としている。父母の恩・国の恩・衆生の恩・三宝の恩がそれである。まず、私たちに生命を与えはぐくんでくれた父母、生命を守りそだててくれた国、そして精神の充実に大きな力を発揮してくれた人びと・社会、そして宗教的な心の安らぎを与えてくれた三宝、そのようなものによって今の自分があり、それを恩として強く自覚しなければならない。であるから、その恩に報《むく》いることこそが、人生の目標であるというのである。『三昧耶戒序《さんまやかいじょ》』に、「自の身心を検知し、他の衆生を教化す」とあるように、一方では自分のなかに仏を求め、他方では恩に報いるため、人びとの幸福のために自分の力を発揮することが必要である。そのような人びとの努力が一つに結集する、それが真言宗の僧ということであろう。そして、このような力を拡大してゆき、やがて社会の平和や人類の福祉にまで貢献してゆくことこそ、真言宗の使命でなければならない。

（福田亮成）

真言宗の歴史

弘法大師空海の生涯

宗祖弘法大師空海は、宝亀五年（七七四）、讃岐国多度郡屏風《さぬきのくにたどごうりびょうぶ》ケ浦《うら》で誕生し、父は佐伯直田公《さえきのあたえたぎみ》、母は阿《あ》刀《とう》氏の玉依御《たまよりご》前《ぜん》といわれ、幼名を真《ま》魚《お》といい、めぐまれた環境のなかで成長した。十五歳のとき、母方の伯父である阿《あ》刀大足《とのおおたり》について本格的に学問を学び、十八歳のとき大学に入って、より高度な学問の世界に入った。しかし、ある僧侶との出会いが、大師を仏教の世界に導くこととなり、大学を中退して仏教修行の道に入ることとなった。大師は阿波の大滝嶽《たいりょうたけ》、土佐の室戸崎《むろとのさき》、伊予の石鎚山《いしづちやま》などの四国の山野や、大和・吉野の山野をめぐって修行を続けた。さらに、奈良の仏教の教学を深く研究し、二十四歳のとき『三教指帰《さんぎょうしいき》』を著して出家の宣言をした。その後は、修行と勉学のあけくれであったが、延暦二十三年（八〇四）、大師三十一歳のとき、入唐求法の機会が与えられ、遣唐大使藤原葛野麿の一行に加わり中国に留学、当時の国際都市であった長安において、インド僧般若三蔵、牟尼室利三蔵に会い、やがて、密教の阿闍梨恵果和尚との出会いによって灌頂を受け密教の奥義を伝えられた。恵果和尚は、中国密教の中心的人物であった大翻訳家不空三蔵の高弟で、もっともその枢要を伝えられた人であった。

弘法大師空海は、五月の末に師恵果和尚と出会い、六月には学法灌頂、七月には金剛界の灌頂、八月には伝法阿闍梨の灌頂を受け、その秘法のすべてを相承された。その間、曼荼羅や法具の調製、新訳の経論儀軌の書写など懸命な努力をされた。

しかし、恵果和尚は、この年の十二月十五日に遷化し、翌年一月十七日に埋葬され、そのときに大師は選ばれて先師追悼の碑文を草した。そこには、先師の人柄をつぎのように評し、偉大な人物との出会いを感激をもって記している。

——貧を済《すく》うには財を以《もっ》てし、愚を導くには法を以てす。財を惜まざるを以て心とし、法を慳《おし》まざるを以て性とす。故に、もしは尊、もしは卑、虚しく住いて実ちて帰る。近きより遠きより交を尋ねて、集会することを得たり。

恵果和尚の遷化によって、大師は帰国を思いたち、遣唐使高階遠成の一行とともに長安を出発、その年の十月には日本の九州は太宰府の観世音寺におちつき、大同元年（八〇六）十月二十二日付の『御請来目録』を朝廷に提出、帰朝の報告をした。

大師は大同二年に上京、槇尾山寺、高雄山寺に住し、最初は新帰朝者の文化人として庇護されていたが、だんだんと請来した密教の教えの体現者としての評価をうけ、高雄山寺における灌頂には、天台の伝教大師最澄とその弟子たちも参加し、ここに内外に立教開宗を印象づけることとなった。

弘仁七年（八一六）、高野山上に修禅のための一院を設けるべく朝廷に上奏し、やがて高野山開創の大事業が始まることになったが、これはその後の大師の生涯をかけた事業となった。

弘仁十四年、東寺を賜わることとなって、学僧をあつめた教学の根本道場とし、さらには攘災招福・

済世利民のための祈願所とし、徐々に山容をととのえ、天長五年（八二八）には、その境内にわが国最初の庶民教育の学校である綜芸種智院《しゅげいしゅちいん》を設立したのである。

大師は弘仁十二年には、四国の満濃池の修築事業を指導して完成させたが、その活躍分野は真言宗の教学体系の確立のための独創的な思想を充分にもりこんだ多くの著作、さらには文芸・美術の発展に寄与し、教育や土木・社会事業にわたる諸方面に多彩な才能を発揮したのである。

天長十年の春、高野山に隠棲を決意し、山上において修禅観行を楽しまれていたが、承和二年（八三五）三月二十一日、六十二歳で入定されたのであった。

真言密教の展開

さて、大師は高野山に隠棲するについて、東寺を実慧（七八六〜八四七）に付属し、高雄山寺を真済（八〇〇〜八六〇）に託したのであるが、他に門弟は真雅・泰範・智泉・真如・道雄・円明・杲隣・忠延とくわえて十大弟子を数える。弘法大師の入定後は、高雄山寺・東寺・高野山を中心として、それらの門弟が真言宗を発展させたが、その後、東寺長者益信（八二七〜九〇六）、醍醐寺を創建した聖宝（八三二〜九〇九）、その弟子の観賢（八五三〜九二五）などがうけつぎ、平安時代の半ばごろから仁和寺や大覚寺、そして醍醐寺を拠点として密教の実践法である事相が展開し、その流派が多く分かれ、小野・広沢十二流といわれるごとき発展を見ることとなった。平安時代の終りに近づき興教大師覚鑁（一〇九五〜一一四三）が出で、真言宗の教学を振興させようと高野山上に大伝法院を建立し、事相の統一を図った。しかし、金剛峯寺方の学侶との間に争いがおこり、門弟とともに根来山に隠退、根来寺を建立し、修禅観行と、門弟の養成に努め、四十九歳で示寂。これがのちに、新義真言宗の源となったのである。

鎌倉時代になると、新仏教の展開にともない、叡尊（一二〇一～一二九〇）や忍性（一二一七～一三〇三）の活躍によって真言律宗がおこり、高野山・東寺そして根来を中心として真言教学が大いに振興され、関東地方にも真言宗の勢力が拡張されていった。室町時代は、それらがもっと押し進められたということができよう。

この発展にともない、戦国時代には豊臣秀吉と根来寺の強力な僧兵とが衝突することになる。当時の根来には玄宥（一五二九～一六〇五）と専誉（一五三〇～一六〇四）の二人の高僧が学徒を率いていたが、その一人、専誉は大和の豊山長谷寺に逃れ、玄宥は京都の東山にとどまることとなり、諸堂を造営して智山智積院とした。このように根来の系統から長谷寺と智積院とが分立したのである。

江戸時代になると、徳川幕府の政策によって、高野山・東寺・仁和寺・醍醐寺などを中心とする古義真言宗と、長谷寺・智積院を中心とする新義真言宗とに大別され、それぞれの組織を拡充し、各地方寺院においても寺檀関係が確立されていったのである。

明治維新になって排仏毀釈の法難にあい、なかでも真言宗の寺院の勢力は大いに圧迫されることとなったが、やがて復興にむかい、第二次大戦中には諸派合同や分立があったが、昭和二十年以後になると宗教法人法が制定され、現在に至っている。

（福田亮成）

真言宗小事典

凡例

【収録した語】

真言宗の教義的に重要な言葉・経典・書物、歴史的に重要な人物・事件・寺名に加え、現代の法会・行事・法具および仏教一般に共通する基本語を可能なかぎり掲載し、総計五〇六語を収録した。なお、仏教一般語については、真言宗における解釈を重視して解説した。

【見出し】

全項目を五十音順に配列。【　】内に漢字で示し、その下に読み方を示し、読み方が複数ある場合は〈　〉内に示した。人名については同時に生歿年を掲載した。

【参照項目】

内容的に関連する項目を（↓）で示した。複数の単語が「・」で並記された見出しについては、一部を〈　〉内に示した。

【表記】

原則として現代仮名づかいにより、書物からの引用も、現代仮名づかいに改めた。

【愛染明王】あいぜんみょうおう

愛情の明王。衆生が本来具備する愛欲がそのまま浄菩提心の三昧（悟りの境地）とする煩悩即菩提を表した尊。本地身（本来の姿）は大日如来の化身である金剛薩埵。左右に六本の手があり、第一手の左右には五鈷鈴と五鈷杵をもち息災を象徴する。第二手には弓箭をもち、敬愛を表し、第三手は拳《こぶし》に蓮華をもち、幸福を招くことを表す。額には第三の眼ともいわれる三目《さんもく》がある。真理・智慧・悟りの三つの徳を統一する眼である。背には日輪を有し、赤色の身体である。映画「愛染かつら」で知られるように恋愛成就の仏である。↓金剛薩埵・煩悩即菩提

愛染明王

【阿吽】あうん

寺の山門の左右にある仁王像の口元をみると、一方は口を開き、一方は閉じている。つまり、一方は口を「ア」にし、一方は「ン」にしている。阿は口を開いて最初に発する音声、吽は口を閉じて発する音声で、この二字はすべての存在の最初と最後、すなわち全体を表す。空海の『秘蔵記』には、「毘盧遮那経には阿字を毘盧遮那の種子となし、吽字を金剛薩埵の種子となす。金剛頂経には吽字を毘盧遮那の種子となし、阿字を金剛薩埵の種子となす。（中略）まさに知るべしこれ互に主伴となるの義なり」と説かれる。↓金剛薩埵・種子・毘盧遮那仏

【閼伽】あか

仏に供える水のこと。功徳・功徳水・水の意味もある。インドでは客人を歓待するときに水を供する風習が転じて、密教に取り入れられ、六種供養（閼伽・塗香・華鬘・焼香・飲食・燈明）の一として、修法のさいかならず本尊に供える。六種供養には前

供養と後供養の別があり、前供養の閼伽は洗足水を意味し、後供養の閼伽は漱口水を意味する。阿伽・遏伽なども音写する。↓灌頂・供物・洒水

【閼伽井】あかい

閼伽（仏に供える水）専用の井戸。閼伽の水はつねに清浄を要するために、ほかの雑用水とは区別をして特別に掘られた井戸。↓閼伽

【閼伽器】あかき

六種供養の一である閼伽（仏に供える水）の容器。碗と皿との二部より成る。↓閼伽

【閼伽棚】あかだな

仏に供える水をいれる閼伽器・閼伽桶などを置く棚。仏具などを洗う棚をいう。↓閼伽

【阿字】あじ

文字のはじめが、ア（阿𑖀）であることから、阿字をもって一切の言説・音声の根本とする。『大日経疏』の巻第七に、「阿字は是れ一切法教の本なり。凡そ最初に口を開くの音にみな阿の声あり。若《も》し阿の声を離るればすなわち一切の言説なし。ゆえに衆声の母となす」と説かれる。阿字は一切の言説・音声の根本であり、すべての教法の根本であり、大日如来の象徴とされる。さらに、阿の字には無・不・非の三つの否定の意味があるが、この三義は『大日経疏』では積極的に空・有・不生の三義と解釈される。空海は、『吽字義』において、「阿字の実義とは三義あり。いわく、不生の義、空の義、有の義なり。梵本の阿字のごときは本初の声あり。もし本初あればすなわちこれ因縁の法なり。ゆえに名づけて有となす。また阿とは無生の義なり。もし法の因縁を攬って成ずるはすなわち自ら性あることなし。このゆえに空となす。また不生の義とは、すなわち一実の境界すなわちこれ中道なり」と解釈し、阿字の実義としての三義をとくに重視している。↓阿字観

【阿字観】あじかん

宇宙根源の仏・大日如来を象徴する阿字を観念し、

阿字の一字に自身の根源を見る観法。密教におけるもっとも重要な行である。大日経悉地出現品には、「阿字門をもって出入の息を作し三時に思惟せよ。爾《そ》の時に能《よ》く寿命を持て長劫に世に住す」と、その趣旨が説かれている。『大日経疏』第十には、「阿字は即ち是れ菩提の心なり、若し此の字を観じてしかも与《とも》に相応すれば、即ち是れ毘盧遮那法身の体に同じきなり、此の阿字の輪を観ずると、なお孔雀の尾の輪の光明の囲繞するが如し、行者その中に住すれば、即ち是れ仏法に住するなり」と解釈され、大日如来の象徴である阿字を観念することによって、自身が大日如来と一体になると説かれる。↓阿字・阿字観用心口決・字輪観

【阿字観用心口決】あじかんようじんくけつ

真言密教に伝えられた観法のうち、月輪観法とともにもっとも伝統的に行われる「阿字観法」の基本を示す最古の書物。「阿字檜尾口決」「檜尾口決」ともいわれる。一巻。空海の十大弟子の筆頭に当る実慧（七八六～八四八）の記と伝えられ、空海の口伝とも考えられている。阿字観法に関する口決や作法の伝書は多いが、いずれも本書を出発点としている。阿字観の用心と修観法を示し、菩提心（悟りを求める心）の種子である阿字とその三昧那形である蓮華・月輪を観じて、自身の仏性を開示することを明かす。↓阿字観・月輪観・檜尾口決

【阿闍梨】あじゃり

インド一般では、師・師匠の意で、小乗仏教では五種の阿闍梨があり、大乗仏教では文殊菩薩を羯磨阿闍梨、弥勒菩薩を教授阿闍梨とする。密教においては、灌頂授法の師を大阿闍梨といい、広くは灌頂の職位を受けた者を阿闍梨という。大日経巻第二具縁品には、灌頂導師としての阿闍梨は次のような十三徳をそなえていなければならないと説く。①菩提心（悟りを求める心）を発し、②智慧と慈悲があり、③諸芸に秀で、④巧みに般若波羅蜜（菩薩の行うべき徳目）を実践し、⑤三乗の教理に通し、⑥よく真言の実義を理解し、⑦衆生の心を知り、⑧諸仏菩薩の聖語を信じ、⑨伝法灌頂などを得て曼荼羅の画を

理解し、⑩温和で我執を離れ、⑪真言行においてよく決定して迷うことなく、⑫瑜伽（ヨーガ・瞑想）を修習し、⑬勇健の菩提心に住す。↓灌頂

【阿修羅】あしゅら

もともとはゾロアスター教でアフラマズダと呼ばれる善神であったが、後代のインドでは神でない者すなわち非天・悪神とされ、インドラ（帝釈天）と戦い、あるいは日や月と争う者となる。ヒンドゥー教から仏教にはいると、仏教の祖である釈迦を守護する善神として八部衆の一とされた。また六道の一

阿修羅

で争いの絶えない世界を表す。↓帝釈天・六道

【愛宕山】あたごやま

京都市西北隅にそびえる山で勝軍地蔵菩薩の霊地。縁起によると役行者《えんのぎょうじゃ》の開創で、のち天応元年（七八一）僧慶俊が勝軍地蔵を本地仏として中興し、愛宕大権現と号したという。明治以前は嵯峨大覚寺の所轄で、真言道場として隆盛をきわめた。また鎮火の神として修験の愛宕火伏大事が行われ、各地に勧請された。明治維新で寺院が廃されて阿多古神社として現在に至る。慶長八年（一六〇三）鎮護神として江戸に移され、現在の愛宕山真福寺は真言宗智山派東京出張所である。↓修験道

【阿弥陀秘釈】あみだひしゃく

密教の立場から、大日如来の分身としての阿弥陀仏を解説した書。一巻。興教大師覚鑁（一〇九五～一一四三）の撰。大意・名号・字相字義の三段に分けて説く。大意の段において阿弥陀仏とは自性法身観察智体（大日如来の五智のうち衆生をよく観察

して誤まらない智慧を体現した仏）であると説き、つぎに十三種の翻名をあげて名号を解釈し、名号の各字について字相字義の両面から解釈している。

↓五智・五仏・無量寿如来根本陀羅尼

【安心】あんじん

仏法によって心の安らぎを得て、動じることのない境地。心を一点にとどめて安住させ不動なることをいう。密教では、仏と衆生はもともと一体であり、すべての功徳は衆生の自心に本来的にそなわっていると説く。衆生のこの身このままが本来の仏なのである。しかし本来仏である衆生は妄念妄執のゆえに、凡夫の相となっている。このような立場をふまえ、仏と一体なる信心に安住することを安心という。

↓即身成仏

い

【威儀】いぎ

日常の立居ふるまい。姿勢を正し、起床より就寝までの洗面・食事・沐浴・便時など、それぞれの行動について作法・観念・呪願があり、これらを総称して威儀という。また、五条袈裟・絡子などにつけた平絎の紐のことをいう。↓行法

【意識】いしき

認識し、思考する心。仏教では、目・耳・鼻などの五官に識（心）を加えた六識により物事が認識できると説くが、空海は『秘密曼荼羅十住心論』で六識は小乗仏教の見解であるとし、さらに八識・九識と発展した識の相違をもって最終的に密教にいきつく仏教の発展段階を説明している。九識の最後の菴《あん》摩羅識《まらしき》は本来の悟りそのものを知る清浄な意識である。また仏の意識は衆生をよく観察して誤ることのない妙観察智とされる。↓五智

【石鎚山】いしづちやま

愛媛県にそびえる四国山脈の主峰。修験道の霊場として奈良時代から信仰される。空海の『三教指帰』には、空海が若いころ、当地で修行したという記述がある。もと三体の蔵王権現をまつり、山麓に

前神寺（四国八十八か所第六十四番）、横峰寺（同第六十番）が建立され、明治維新後は山頂の石鎚神社に石土毘古神《いわつちひこ》をまつる。↓四国八十八か所・修験道

【石山寺】（大津）いしやまでら

滋賀県大津市石山寺辺町にある真言宗の古刹で、西国三十三観音霊場の第十三番札所。聖武天皇の勅願。良弁僧正（六八九〜七七三）の開基、天平勝宝元年（七四九）の創立。古来月の名所として知られ、寛和年中（九八五〜九八七）紫式部が参籠して『源氏物語』五十四帖を著した。古写経・古写本類がよく保存されており、天平写経を含む石山寺一切経四千六百四十四帖（ほかに百九十九巻）をはじめ、石山内供淳祐筆の「匂いの聖教」のほか、古写本の多くは紙背文書として残る。円珍の『行歴抄』『不空三蔵表制集』巻三『釈摩訶衍論』『倶舎論記』（普光・二十二巻）、同疏（法宝・三十巻）、同頌疏（円暉・五巻）などを蔵す。↓西国三十三観音霊場

【板碑】いたび

石卒都婆の一種。扁平な石の表面に仏像・仏名・種子などを刻し、その下部に花瓶・蓮華座・発願銘・年号・造立者氏名などを刻す。建立の目的は追善供養や死後の平穏を願う逆修のためで、寺院境内・墓地・街道の四辻などに建てられた。描かれる仏像には阿弥陀如来・釈迦如来・大日如来が多く、地蔵菩薩・十三仏もみられる。関東地方に多く、古くは鎌倉時代からのものがあり、室町時代にもっとも盛行した。↓塔婆

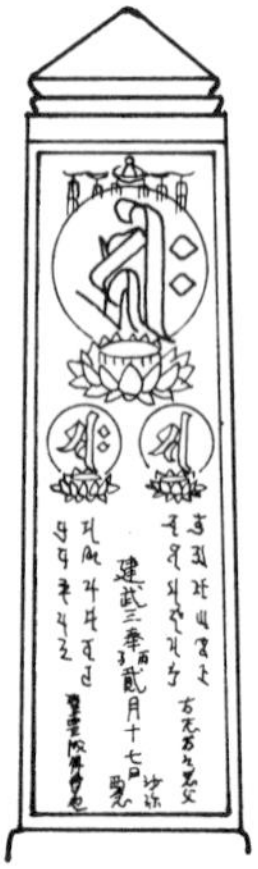

板　碑

【一行】いちぎょう　六八三〜七二七

中国唐代の僧で真言宗伝持の第六祖。二十一歳の

年父母を喪い、荆州の景禅師に会い、出家する。玄宗の碑銘によれば、嵩山の普寂により禅門を究め、つぎに常陽の恵真のもとで律と天台とを修め、その後開元四年（七一六）にインドから中国に来た善無畏より胎蔵法を受け、同八年に中国に来た金剛智より陀羅尼秘印の伝授を受け、禅・律・円（天台）・密の順に修行した。開元十二年、善無畏の大日経翻訳にさいしては善無畏の口述を筆記し、注釈書である『大日経疏』二十巻を完成した。また天文暦学に精通し、『大衍暦』五十二巻を著した。↓金剛智・善無畏・大衍暦・大日経疏

【一期大要秘密集】いちごたいようひみつしゅう

興教大師覚鑁（一〇九五～一一四三）撰。一巻。修行者の一期（一生）で留意すべきことについて、可惜身命・不惜身命・移本住処・奉請本尊・懺悔業障・発菩提心・観念極楽・決定往生・没後追修の九項に分けて密教の立場を説く。ただし極楽往生については顕密二教の異説を示し、阿弥陀仏の極楽も大日如来の密厳浄土《みつごんじょうど》に異らないことを強調する。↓覚鑁・密厳浄土

【一字金輪】いちじきんりん

一字頂輪王・金輪仏頂・奇特仏頂などともいう。仏頂尊は仏の頭頂つまり智慧を仏としたもので、金輪仏頂は如来がもっとも深い境地のときに説いた真言一字を象徴とする。仏菩薩の功徳はすべてこの一尊に帰し、諸仏頂のなかでもこの金輪仏頂を最尊とする。この尊には大日金輪と釈迦金輪とあり、前者は宝冠形智拳印の尊形で日輪に住し、後者は螺髪形

一字金輪

で法界定印の上に輪を置き須弥山に坐す。この尊が最勝最尊であることから、金剛頂経一字頂輪王瑜伽一切時処念誦成仏儀軌には、「この三昧を修す者は仏菩薩を現証す」と説かれ、空海は『即身成仏義』に、即身成仏の根拠として最初に引用している。

↓即身成仏・仏頂尊

【一門・普門】 いちもん・ふもん

一門とは部分、普門とは全体を意味する。あらゆる仏の総体、根源である大日如来を普門、大日如来の分身として大日如来の一徳をそれぞれ司る諸仏諸尊を一門という。大日如来を本尊として修法することを普門の行、諸仏諸尊をそれぞれ本尊として修法することを一門の行という。『大日経疏』巻第一には「若《も》し諸の行人慇懃に修習すれば、能《よ》く三業をして本尊に同ぜしむ。此の一門より法界に入ることを得れば、即ち是れ一切法界の門に入るなり」と説かれ、諸仏諸尊に帰依することは大日如来に帰依することと同じであり、一切法界の門に入ることを得られるという。↓大日如来

【一切経開題】 いっさいきょうかいだい

一切経つまりあらゆる経典の根本思想は何かを追求した空海撰の論書。この論説は他の論書と性格を異にし、一切経と仏心（衆生心）との関係・仏心と妄心との関係、縁起と中道、唯心と空性、仏身観、法身説法の思想など、仏教思想の基本的問題がきわめて論理的に説かれており、空海の仏教思想の精要が示されている。一切経と衆生の本心（仏と等しい本来の清浄な心）とを対比して、衆生の本心が根本であり、一切の文字・経典は本心より出たものにほかならないといい、この本心はすなわち法であり、本心をはなれて法はないという。またこの本心は如来であり、菩提心・仏心・仏性・自性清浄心と名づけ、道心とも名づけるという。また本心は主であり、妄念は客である。妄念を起こせば苦しみが生れるが、妄念不生を知れば、生死の苦海を渡って彼岸（悟り）に到る。またもろもろの妄念によって一切万法（あらゆる現象）は生じるが、その万法は本来は空であると悟るを真実となすといい、また法身（宇宙

の真理そのもの）の現れである万法を説法と名づくといい、この法身説法は仏と仏とのみよく知りたもうところであるという。↓法身説法

【一切智智】いっさいちち

一切の智のなかのもっともすぐれた智。大日経巻第一には五大（事物の構成要素である地水火風空）にたとえて一切智智を説き、この一切智智は菩提心（悟りを求める心）を因とし、大悲（慈悲）を根とし、方便（実際的な手段）を究竟（究極）として獲得する旨を説いている。また『大日経疏』巻第一には「衆生自心品即一切智智」と説かれており、衆生自ら実のごとく自心を知れば一切智智を得ることを示している。↓五大・智

【一刀三礼】いっとうさんらい

仏像を彫刻するにあたり、一刀を下すたびに三礼することをいう。多くの高僧・仏師はこのような態度で仏像を彫り、一刀三礼の尊像と伝えられる仏像が多く現存する。また写経のさいの一字三礼も、図

像を描くさいの一筆三礼も同じ精神をこめている。↓合掌

【位牌】いはい

死者の法名を書いて、その霊をまつるもの。霊牌ともいう。真言宗では、法名の上に根源的真理を象徴する𑖀（阿）字を書き、亡者が仏の世界に入ることを願う。また、童子・童女には地蔵菩薩の種子である𑖎（訶）字を書き、地蔵菩薩の救護を願う。このほか、[illegible]字あるいは[illegible]の三字を書くこともある。位牌の起源は儒教の神主位牌・虞主《ぐしゅ》・木主の転用か、わが国上代の霊代《たましろ》からの転用と考えられている。鎌倉時代の中ごろに位牌の記録があるが、いつからか明らかでない。↓戒名・便覧編（仏壇）

【いろは歌】いろはうた

涅槃経聖行品に説かれる四句偈の内容を七五調の歌にして詠じたもの。「色は匂へど散りぬるを〈諸行無常〉」「我世誰ぞ常ならむ〈是生滅法〉」「有為の奥山今日越えて〈生滅滅已〉」「浅き夢見じ酔ひもせ

ず〈寂滅為楽〉」この四十七字に、終りに「ん」あるいは「京」の字を加えて四十八字とすることもある。作者は弘法大師空海といわれるが明らかではない。↓和讃

【石淵寺】（奈良）いわぶちでら

奈良市東南部、春日山の南、高円山の東にあった寺。空海の剃髪の師、勤操《ごんぞう》（七五八〜七百五十八八二七）の開基と伝えられ、盛時には千有余の堂塔があったが、中世、東大寺天地院と争い、焼失したといわれる。新薬師寺蔵の天平塑像十二神将像は、もと当寺の蔵と伝える。↓勤操

【印契】いんげい

印相・密印ともいい、狭義では手印のこと。広義では大・三昧耶・法・羯磨の四種曼荼羅（四曼）をことごとく印と名づける。手印はヒンドゥー教や民間信仰にあったものを密教思想により組織体系化したもので行法の中心となった。手印はその形や組み方によってさまざまな意味を表し、すこぶる多くの種類があるが、十二合掌・六種拳の計十八種を基本とすることから、この十八種の手印を印母《いんも》という。また、印契と真言を並称して印明《いんみょう》という。印は諸尊の身密（身体）をいい、明は明咒すなわち諸尊の真言・語密（言葉）をさす。この身・語の両密は諸尊の三摩地すなわち意密（心）と相応し、一の印契を結び、一の真言を誦することによってその功徳はきわめて広大とされる。↓合掌

【院号】いんごう

もと天皇の退位後の御所を院とよび、そこに住む上皇その人をもさしたが、漸次、皇后・親王にも院の称を用いるようになり、その後、さらに摂家や将軍・門跡寺などにおよび、江戸時代には大名にも院号が与えられ、法名の上に加贈する尊称ともなった。また、寺の別称として用いるが、これには寺に付属する堂舎をさす場合と、独立の堂舎をさす場合がある。中世以来の寺では、一寺で山号・寺号・院号を有す。↓戒名

【印信】《いんじん》

法門授受の証として阿闍梨（師）から弟子に与えるもの。印は印可、信は符契の意味である。広義には阿闍梨の法具をも意味するが、普通は授けられた法の印明（印契・真言）を記した文書をさす。種類は多数あり、印明のほか、法門相承の血脈の大旨を述べ、法を付属する旨趣を記した紹文《じょうもん》などがある。これらの印信は、それぞれの法流により異なる。

↓印契・血脈・真言

【引導】《いんどう》

詳しくは誘引開導といい、人々を導いて仏道に引き入れることであるが、葬儀のさい、導師が死者に法語を与えて、涅槃（悟り）の世界に行くべきことを教示することをいう。真言宗では導師が即身成仏の秘印明を授ける引導法を修法する。↓即身成仏

【因分可説果分不可説】《いんぶんかせつかぶんふかせつ》

『十地経論』の所説にもとづき華厳宗が主張する教え。仏の悟りの境界は説くことができないが、その内容を仏になっていない人々の能力にしたがって細かく分けて説くことはできる。しかし、悟りそのものを説くことは不可能であるということ。空海は『弁顕密二教論』において、これを批判し、果分（悟りそのもの）を説くところに密教の真面目があると主張した。↓密教

う

【宇多天皇】《うだてんのう》 八六七〜九三一
光孝天皇の第三皇子。仁和三年（八八七）に即位し、翌年、先帝の遺旨で仁和寺を建立する。在位十年ののち昌泰元年（八九八）朱雀院に入り、翌二年十月仁和寺において益信（八二七〜九〇六）のもとで落飾、法名を空理と称し、亭子院《ていじいん》・寛平法皇と号す。その後延喜元年（九〇一）十二月、東寺灌頂院において益信を大阿闍梨として伝法灌頂を受け金剛覚と称す。同四年仁和寺に円堂ならびに南御室を建立して移住した。これよりのち、仁和寺に東密（真言密教）の法灯が流れ、弟子に真寂・寛空・会理・

貞慶・延敏らが出る。広沢流第二祖として『法皇次第』といわれる著作を著した。↓仁和寺・益信

【打敷】うちしき

内布・打布・敷具ともいう。仏前の卓上に敷く荘厳具である。多くは金襴・錦繍を用いてつくられ、前面を垂らして敷く。打敷の典拠には異説があり、一説によれば壇敷の転化したものといわれ、あるいは経文に説かれる天衣を師子座に敷いて荘厳したことにもとづくなどと考えられる。↓供物

【盂蘭盆会】うらぼんえ

お盆のこと。盂蘭盆とは一説に「さかさまに吊るされている」という意味で、死者が死後にさかさに吊るされるような非常な苦しみを受けているのを救うために仏法僧の三宝に供養することといわれる。のちにはとくに祖先の霊を供養する法会をいうようになった。盂蘭盆経によると、仏弟子の目連が餓鬼道に堕ちて苦しんでいる母を救うために僧に種々の食を供養したことが起源であるという。日本では斉明天皇三年（六五七）七月十五日に飛鳥寺においてはじめて行われたことが『日本書紀』に見られる。現在でも、七月中旬（地方では八月中旬）に催され、民間の重要な仏教行事となっている。↓供養・施餓鬼会

【吽字義】うんじぎ

空海撰。吽という字を字相と字義との二方面から解釈した書物。一巻。十巻章の一。『即身成仏義』『声字実相義』とあわせて三部書といわれ、真言教学の重要な聖典。字相とは言葉の表面上の意味を示すものであり、字義は言葉の深い真実の意味を示すものである。はじめに字相を説く段では、吽字は梵字（）で表せば、訶・阿・汙・麼の四字の合成であり、この四字のそれぞれの字相は訶は因、阿は不生、汙は損減、麼は増益の意味であると説く。つぎに字義を明かす段では、別釈と合釈との二節に分ける。別釈段では、訶・阿・汙・麼の四字それぞれの根本的な意味を説き、合釈段では、四字を順次に法身・報身・応身・化身の意味に解釈し、あるいは理・

教・行・果の意味に解釈する。この吽字の意義を知ることが正覚（悟り）を成ずる要道であると説く。

↓阿・字相字義

【雲伝神道】うんでんしんとう

慈雲飲光《じうんおんこう》（一七一八～一八〇四）が江戸時代中期に開いた神道。飲光の居所にちなみ、葛城神道ともいう。江戸時代の代表的国学者本居宣長《もとおりのりなが》の神道復興と同時代におこっただけに、密教を背景としながらも神道の純正さを説いた。飲光は十善戒を基本的道徳とする『人となる道』を著し、雲伝神道も倫理的色彩が強い。↓慈雲飲光

え

【叡尊】えいそん（一二〇一～一二九〇）

大和国（奈良県）の出身。姓は源氏、字《あざな》は思円。興正菩薩と諡号される。真言律の中興者。十一歳で醍醐寺叡賢の室に入り、十七歳で金剛王院円明阿闍梨にしたがって剃髪、元仁元年（一二二四）高野山に登り、真経のもとで密教を学び、安貞二年（一二二八）霊山院貞慶より灌頂を受ける。その後諸師について小野諸流の奥義を究め、西大寺流を立てた。九十年の生涯において、布薩（僧が罪を懺悔する集まり）を一万回以上行い、戒を授けた者六万六千百三十余人、密教灌頂の受者七十余人、殺生を禁じ放生池を千三百五十余所設けるなどの業績を残す。著書には『梵網古迹文集』『表無表章文集』『感身学生記』『菩薩戒本釈文鈔』をはじめ多く著す。↓西大寺・真言律宗

【回向】えこう

廻向とも書く。悟りに向かって進む。向かわしめる。めぐらすなどの意味があり、自己が行った善根功徳をめぐらし、一切衆生と自己の悟りのために施与する行為。回向の真精神は、施者・施物・受者の三者がすべて清浄（三輪清浄）であり、施す者も受ける者もこだわりや負い目がなく、慈悲をつねに心がけるところにある。↓供養・布施

【柄香炉】えごうろ

柄をつけた香炉のこと。柄炉・手炉ともいう。仏にたいして礼拝供養するときかならず柄香炉をもつ。仏に香を供養する意味であり、また行者の勇猛精進を表している。柄香炉のかわりに華《け》を使用する場合もある。↓香

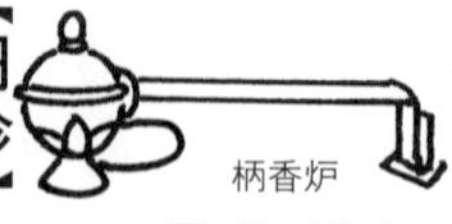
柄香炉

【円珍】えんちん　八一四〜八九一

天台宗寺門派の開祖で、台密（天台密教）の第六祖。讃岐国（香川県）出身。姓は和気氏。童名は広雄。字《あざな》は遠塵。勅諡号は智証大師。弘法大師空海の甥。十五歳で比叡山に登り、座主義真に師事し、十九歳で得度して円珍と名のる。仁寿三年（八五三）入唐し、各地で修学ののち、青竜寺にて法全にしたがって伝法灌頂を受け、不空三蔵の法孫智慧輪より金胎両部の秘旨を受ける。天安二年（八五八）帰国し、翌貞観元年（八五九）園城寺に唐院を建立して請来の経論・法具を収蔵した。貞観十年、延暦寺座主となり園城寺を下賜されて伝法灌頂の道場とする。付法の弟子は宗叡・遍路・猷憲・康済をはじめ多い。円珍は円仁・安然とともに台密史上もっとも功績が大きい。著作は『山家諸祖撰述目録』には七十四部二百余巻を数える。↓入唐八家

【円通寺】（高野山）えんつうじ

和歌山県高野山蓮華谷の南方にある金剛峯寺の支院。平安時代前期、智泉の開基と伝える。鎌倉時代初期に俊乗房重源が中興し、新別所と称した。二十五三昧講が行われて多くの念仏徒が登山した。源空（法然）や熊谷蓮生房などもたずねた。江戸時代初期に宗愚が再興し、その後とくに戒律堅固な僧が住持し、高野山における真言律の道場となった。そのために円通律寺とも呼ばれる。↓金剛峯寺

【縁日】えんにち

毎月三日は毘沙門天。八日＝薬師如来、十三日＝虚空蔵菩薩、十八日＝観音菩薩、二十一日＝弘法大師、二十四日＝地蔵菩薩、二十八日＝不動明王・大

日如来など、仏菩薩などの有縁日をいう。経典には説かれていないが、仏菩薩と因縁を結ぶ日として信仰を広めた。この日に参詣すればとくに功徳があるとされる。また、年に一度の縁日を千日詣りということもある。↓現世利益

【円仁】 えんにん 七九四～八六四

慈覚大師。平安時代前期の天台宗の学僧で、天台座主三世。下野（栃木県）、壬生氏の生れ。比叡山に登り、最澄に学び、承和二年（八三五）唐に留学する。元政・義真・法全・元簡・宝月などの名僧を訪ねてとくに密教を学ぶ。帰国後、天台座主となり、最澄のなしえなかった天台宗の密教（台密）の教学を確立した。多くの密教に関する重要著作があるが、在唐日記『入唐求法巡礼行記』四巻は有名。↓入唐八家

【役行者〈小角〉】 えんのぎょうじゃ〈おずぬ〉 六三四?～七〇一以後

奈良時代の人。大和国・賀茂《かも》役《え》公氏《きみうじ》の生れという。大和葛城山にて秘術を修得した呪術的山岳修行者。呪術をもって鬼神をも駆使したという。小角を師として修行した外従五位下韓国連《からくにのむらじ》広足《ひろたり》が朝廷に讒言したので、文武三年（六九九）伊豆に配流される。金峯山・吉野山・紀伊熊野山など多くの霊山を開いた。のちに修験道の開祖とされる。神変大菩薩ともいう。↓修験道

【閻魔天】 えんまてん

梵語ではヤマといい、閻魔はその音写。訳語は多いが死王として知られる。もともとは古代インドで説く神の一つ。死後の世界の支配者で、死者の罪を裁く地獄の主。十王の一人。閻魔王。地獄変相図や十王図として古来地獄のイメージを形づくってきた。密教に入って護法神となる。十二天・八方天（南方）の一つ。形像は二臂像で身は肉色、片手に人頭幡をもち、白水牛に乗る。閻摩天供には除病・息災・延寿を祈る。↓十王・十二天

【応化身《おうけしん》】

応身ともいう。仏菩薩が衆生を救い導くために人々の気質や能力（機根）に応じて種々に示現した身。大乗仏教で説く法身・報身・応身の三身説の一つ。三身説を含む仏身論は古来教学上の重要な問題なので立場によって理解が異なる。空海は『弁顕密二教論』で、この応化身の仏が説く仏教を顕教といい、密教は真理そのものである仏（法身）が直接に教えを人々に示すと述べて、顕教・密教の違いを明らかにしている。→三身

【お砂踏み《おすなふみ》】

四国八十八か所霊場あるいは西国三十三観音札所の各寺院より境内の砂を頂戴してきて、これを袋などに納め、本堂内で踏みながら参拝巡礼すること。霊場の砂を踏めばいながらにして札所寺院を参拝するのと同じという便法。一砂踏むごとに南無大師遍照金剛あるいは南無大悲観世音菩薩と唱える。定期的にこれを行って行事化している寺院もある。→西国三十三観音霊場・四国八十八か所

【御室曼荼羅《おむろまんだら》】

仁和寺曼荼羅・御室版古本曼荼羅ともいう。明治三年（一八七〇）、仁和寺塔頭の皆明寺で開板した金胎曼荼羅で、胎蔵法百八十四紙、金剛界百十四紙からなる。板木は仁和寺に現存する。この金胎曼荼羅は高雄曼荼羅と呼ばれる。高雄曼荼羅は高雄（京都）の神護寺に伝わるもので、弘法大師請来の根本曼荼羅の写しといわれる現存最古のものである。しかし、剥落ははなはだしく欠損した部分が多い。そのため、白描本の高山寺本（兼恵本の転写本）をもとに、この御室板がつくられた。はじめは無言蔵大願が正確な両部曼荼羅の印行を計画したが果たせず、のち、志摩（三重県）庫蔵寺の僧、法雲が発願した。これに師の大願の志をついだ大成・宗立・雲道の三人の画僧が献身的努力を傾けて成った。計二百九十八枚からなる大板で資料的価値はきわめて高い。→高雄曼荼羅

【折五条】おりごじょう

五条袈裟を簡略化した道中用の袈裟のこと。もともと五条袈裟は高位の僧だけに許され、位によって色も決まっていた。この五条袈裟を折りたたんだ形で輪袈裟に似ており、広げると五条になる。現在は、金襴地で多くつくるが、一定していない。とくに大僧正のみ緋色。真言宗古義派にて用いる。新義派は輪袈裟を用いるのが本来であるが、現今はどちらでも用いる。通常服に折五条で法会に列なる場合もある。↓袈裟・便覧編（法衣）

【恩・四恩】おん・しおん

恩は漢字の構成が示すように原因を心にとどめるという意味。サンスクリットの原意もこれに同じ。一般の倫理としても知られるが、とくに大乗仏教では重視され、知恩報恩は一切衆生を救済する利他行、成仏への道と位置づけられている。この恩思想は次第に四恩という形で述べられるようになり、大乗本生心地観経には、父母の恩・国王の恩・衆生の恩・三宝の恩の四恩を説く。国王の恩とは広く国の恩・社会の恩、三宝の恩は仏法僧の三宝、仏恩と考えてよいであろう。空海は四恩酬答（四恩に酬《むく》い答える）などと述べて四恩を説いている。具体的には追善供養・仏教の造立・経典の書写・両部曼荼羅の図写供養・造塔・造寺・教化活動など、すべて四恩に酬いるためであると説き、とくに師の恩がもっとも高く深いという。↓供養（法衣）

【飲食】おんじき

僧侶の食物あるいは諸仏に供養する食物（供物）をいう。六種供養・五種供養の一つ。種類は多く、本尊と修法の種類によって異なる。固形物と汁物に大別され、飯・汁・餅・菓の四種に分類される。飯食は熟飯と粥があり、いまは洗米で代用する。汁は小豆汁が多い。餅は菓子類などもち米でつくった餅。菓は果実。『大日経疏』によれば、法喜禅悦を食の義とするとある。↓五穀

か

【戒】かい

小乗仏教では優婆塞・優婆夷（在家信者）の五戒・八斎戒、比丘・比丘尼（出家者）の具足戒を説く。大乗仏教では菩薩戒として十重禁・四十八軽戒・三聚浄戒などを説く。密教では三昧耶《さんまや》戒を説き、密教の法を授けられる伝法灌頂のときに受ける。大日経によれば、①正法を捨ててはいけない。②菩提心を捨ててはいけない。③正法を惜しまず人に施す。④人のためにならない行為はしてはいけない。以上の四項目。これを四重禁または四重戒ともいう。これを犯せば波羅夷罪すなわち教団追放の重罪で一般仏教で説く婬・盗・殺・妄の四波羅夷に当たる。なお、在家には十善戒を説く。↓三摩耶戒・十善戒

【開基】かいき

寺院を創建すること、または創建した人をいう。開山ともいう。普通は開基も開山も同じ意味に使用しているが、あえて区別すれば、寺院を開いた僧にたいし、寺院の経済的基礎を開いた人、寺院をつくった経済的支持者を意味する。↓開山

【開経偈】かいきょうげ

経文を読誦する前に唱える偈。「無上甚深微妙《むじょうじんじんみみょう》法《ほう》・百千万劫難遭遇《ひゃくせんまんごうなんそうぐう》・我今見聞得受持《がこんけんもんとくじゅじ》・願解如来真《がんげにょらいしん》実義《じつぎ》」の一頌四句をいう。各宗共通して用いるが、真言宗では、在家勤行に多くこれを用い、懺悔文に続いて唱える。「遭いがたき無上の法にいま遇い、見聞受持するを得た。如来の真実義を解せんことを願う」の意。↓表白・便覧編（勤行経典）

【開眼】かいげん

凡夫の智慧の眼を開くという意味と新らたにつくった仏像・曼荼羅・塔婆・墓碑などに魂を入れる儀式の意味がある。後者を開眼供養ともいう。また在家で行う開眼供養を地方によっては「精入《しょうい》れ」とも呼ぶ。密教では、開眼の儀式に厳密な作法（開眼作法）の行法を修し、洒水点眼によって、本尊として拝まれる対象となる。↓本尊

【開山《かいさん》】

寺院を創建すること。一般には、寺を開いた僧をさし、転じて宗祖・派祖と呼ばれる高僧をもさす。ちなみに開山堂といったときは派祖（興教大師など）開祖の意。宗祖の場合は御影堂《みえどう》と呼ぶ。↓開基・御影堂

【開壇《かいだん》】

法が師から弟子に受けつがれる重要な儀式（伝法灌頂）において、灌頂壇を設けることをいう。開壇して灌頂を授ける阿闍梨（師）を開壇阿闍梨または開壇者といい、灌頂を受ける弟子を入壇者・受者という。現在、伝法灌頂は多くの場合、各総本山で開壇され、阿闍梨になるのを便壇、弟子になるのを入壇と呼ぶ。↓阿闍梨・伝法灌頂

【戒名《かいみょう》】

死者につける法号（法名）のこと。葬儀にさいし、導師は引導法を修し、戒を授けて仏門に帰入させるがゆえに戒名という。本来は仏門に入った者に授けられたが、日本では出家すると法名を授け、在家で受戒した者に戒名を授けた。密教では、結縁灌頂において三帰十善戒を授かり、投華得仏によって仏縁を結んだ者に戒名を授ける。↓院号・結縁灌頂・十善戒

【覚鑁《かくばん》】 一〇九五～一一四三

興教大師。平安時代後期の真言宗の僧。空海の入定より約四百年後に衰微した真言宗を中興した。古義にたいして新義真言宗の開祖。生れは肥前国藤津荘（佐賀県鹿島市・誕生院）。父が仁和寺成就院領の藤津荘惣追捕使であったため、十三歳で仁和寺成就院寛助の室に入り出家する。密教はもちろん、唯識・倶舎・華厳・三論など南都の教学を学ぶ。寛助に従って得度、東大寺で具足戒を受けて二十歳で高野山に登り、高野山では高野聖の指導者青蓮に会い、明寂に師事して求聞持法などの修行をする。寛助より両部灌頂を受け、再び高野山に登り、修法に専念するとともに荒廃した高野山の再興、弘法大師教学

の復興を発願した。教学復興のために中絶して久しい伝法会の復興を企画した。これは大伝法院・密厳院の建立、鳥羽上皇臨幸の大伝法会の復興という形で結実する。また、事相（実践と教義）の統一を願い、諸流に学んで伝法院流を開いた。さらには、東寺長者が金剛峯寺座主を兼職するという慣例を廃して高野山の独立を説いた。しかし、金剛峯寺座主に任ぜられると金剛峯寺方（本寺方）の反感を買い、座主職を退き千日間の無言の行に専念するが、大伝法院・密厳院を破壊され、根来山に難をのがれた。これより本寺方と院方（大伝法院）の確執が長く続き、のち、両派は古義と新義に分裂した。伝法会の復興、事相の統一、高野の独立、また、真言念仏に新しい道を開くなど弘法大師教学の復興に尽した。著書は多い。鑁上人・密厳尊者ともいう。↓高野聖・伝法会・根来寺

【笠置寺】（笠置）かさぎでら

京都府相楽郡笠置町笠置山上にあり、弥勒菩薩が高さ十五メートルの大岩面に彫刻されている。天智天皇の皇子が当地で狩猟のさい、山神に救いを求め、誓いをたてて建立したという。山内千手窟は役行者《えんのぎょうじゃ》が修行した場所で、東大寺良弁・実忠・空海なども秘法を修したという。建久五年（一一九四）解脱上人の中興。「笠置曼荼羅」にその山容をうかがうことができる。↓役行者・弥勒菩薩

【加持祈禱】かじきとう

加持とは仏が衆生を守り教化するために起す超自然的な現象をいい、加護・護念ともいう。祈願・奇跡・恩寵などの意味が含まれている。密教では特別な意味が与えられ、空海の『即身成仏義』の定義では、加持とは如来の大悲（仏の大いなる慈悲）と衆生の信心を表す。仏日の影が衆生の心水に現ずるを加といい、行者の心水がよく仏日を感ずるを持と名づく。これは仏の大悲が衆生に加わり、衆生が信心によって仏の力をしっかりと受けとめるという意味。それが可能なのは仏と衆生が本来平等だからである。そして仏の加護を実現する手だてが三密行という密教の修行であり、実現した境地を三密加持という。

また、供物・香水・念珠などを清めるための作法をも加持といい、現世利益のために行うことも加持祈禱という。↓願・現世利益・三密

【火舎】 かしゃ

香炉の一種。香を薫焼し供養するのに用いる。修法のさい、大壇の正面に火舎を置き、両側に六器を並べて一揃い（一面器）とする。修法中に行う六種供養の一つである焼香の香を盛る器。普通は真鍮・銅などの金属でつくられている。卍字火舎・蓮華形火舎などの種類もあるが、弘法大師請来形を一般に用いる。↓香

火舎

【伽陀】 かだ

四句を一頌とする仏を讃える韻文。諷誦《ふじゅ》・偈頌《げじゅ》ともいう。通偈にたいして別偈のこと。密教では、声明で漢語・和文の偈頌に曲調をつけたものを伽陀と呼ぶ。黄鐘調（また平調《ひょうじょう》）で唱える。東密（真言密教）では、門前・総礼・別礼・讃嘆・回向の五種の伽陀を用いる。二月十五日の常楽会（涅槃会）には四座講式のなかで伽陀が唱えられる。伽陀の節を「なき節」ともいう。↓風誦文・唄

【月輪観】 がちりんがん

密教の基本的な観法。密教では月輪を自心にたとえ、心月輪ともいう。『菩提心論』によれば、なぜ自心を月輪にたとえるかというと、つぶらな満月は菩提心（悟りの心）と相似するからだと説く。自心に菩提心（自浄菩提心）を悟るのを目的とするのが月輪観である。阿字観や字輪観も月輪観を基礎にしており、金剛頂経で説く五相成身観なども月輪を五相に分けて観じていく月輪観といえる。↓観法

【月忌】 がっき

祥月ともいい、月々の忌日（命日）のこと。また、この忌日に僧を招いて読経などの供養を営むこと（月牌）をいう。現今では、毎月の忌日に施主家に出向くことを月経《つきぎょう》と呼んでいる。真宗にこの風習があり、その影響で真言宗でも行う。また、年の終り

に施主家を寺に招いて行う月忌供養を月忌納め・仏供米供養などと呼ぶ。↓月牌・忌日

【合殺】 かっさつ

読経の終りに、仏名に曲調をつけて繰り返して唱えるもの。平安時代以後、各宗で用いた。『谷響《こっきょう》集《しゅう》』（運敞《うんしょう》撰）によれば、合殺という言葉は音楽より出たといい、唐の舞楽が終ろうとするときが合殺といわれた。真言宗では、理趣経の終りに唱える毘盧遮那仏の句（醍醐流十二遍、南山進流十一遍）を合殺と呼んでいる。↓便覧編（勤行経典）

【合掌】 がっしょう

両手を合わせて礼拝すること。右の手は清浄、仏を表し、左の手は不浄、衆生を表し、左右合わせて仏と衆生の合一、成仏の相を表す。手の組み方を印契といい、その基本が合掌（十二合掌）と拳（六種拳）である。『大日経疏』によれば、十二の合掌が説かれる。①堅実心合掌。②虚心合掌。掌内を少しあける。③未敷蓮華合掌。④初割蓮合掌。⑤顕露合

掌。⑥持水合掌。⑦帰命合掌。両掌交叉させて合わせる。⑧反叉合掌。⑨反背互相著合掌。⑩横拄指合掌。⑪覆手向下合掌。⑫覆手合掌。以上のうち、⑦帰命合掌はとくに金剛合掌と呼ばれる。普通、合掌といった場合はこれを指す。この金剛合掌と②虚心合掌の形から種々の印契が組まれる。↓印契

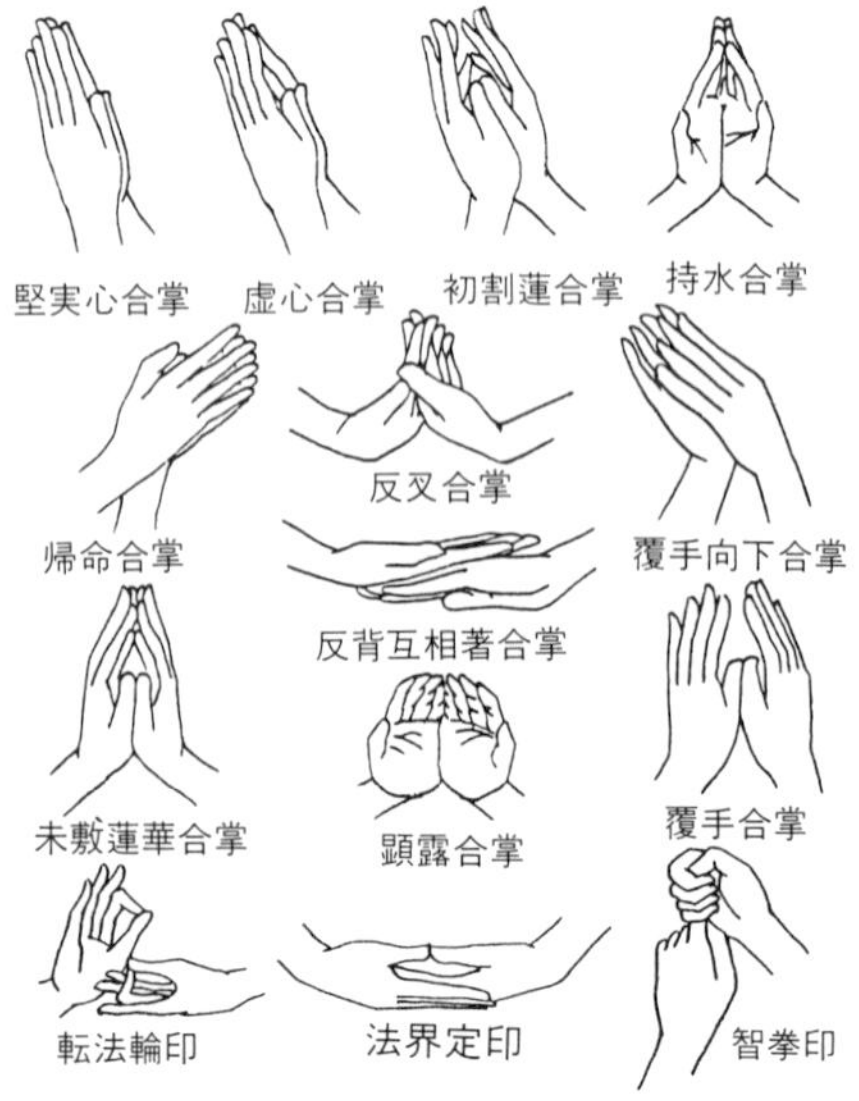

【月天】 がってん

快楽・光明を与えるものを意味する月を神格化し

たもの。毒熱煩悩を除く。十二天の一つ。胎蔵曼荼羅では外院西方、金剛界曼荼羅では外金剛部南方に位置する。『大日経疏』によれば、日天と相対して白鵝車に乗る。形像は半月、またはなかに兎のいる月輪杖をもつのが特徴。↓十二天・日天

月天

【月牌】がっぱい

毎月の忌日（月忌）に位牌をまつって読経供養すること。月牌供養の略。高野山などで参詣者にたいして、その親族縁者の日牌・月牌の供養を勧めて伽藍の維持経営を行った。現在、真言宗各総本山にてこれを行う。一般寺院においては、檀家など施主家全員を寺に招いて他の行事（たとえば報恩講）と一緒にして行うことが多い。↓月忌

【羯磨】かつま〈こんま〉

梵語ではカルマといい、業と訳す。諸尊・衆生の行儀作法を表すときはカツマ、受戒・懺悔・結界などの作法のときはコンマと読む。また、密教法具の三鈷杵を十字に組み合わせた羯磨杵（羯磨金剛）の略。修法の大壇の四隅に蓮弁型の羯磨台の上に載せて置く。羯磨に作業という意味があり、羯磨杵は仏の事業成就を表す。三鈷は身口意三業成就の意。十字に交叉させるのは仏と衆生の三業が融合するという意味がある。↓三鈷杵・三密

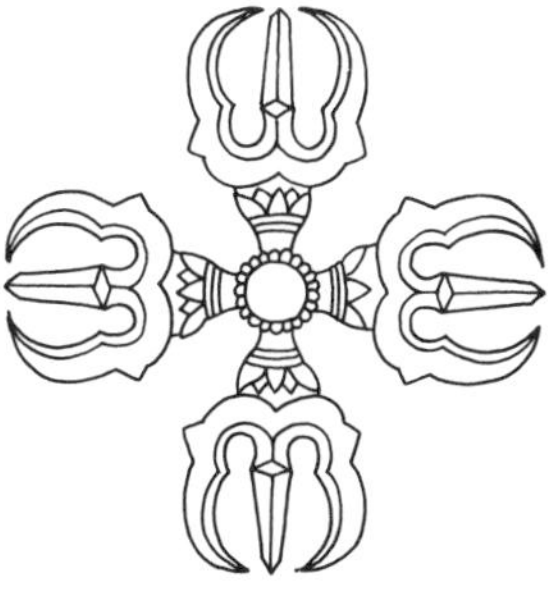

羯磨

【火天】かてん

梵語ではアグニという。古代インドの火神が密教にとり入れられて火天となり、十二天・八方天（東南方）の一つに数えられる。『大日経疏』によれば、火は煩悩を焼くといい、仏の智徳を表す。金剛界曼荼羅では四大神（四執金剛）の東南を司る。胎蔵曼荼羅では最外院南方に位置する。形像には四臂像と二臂像とあるが、四臂仙人形が知られている。↓十二天

火天

【蟹満寺】（山城）かにまんじ

京都府相楽郡山城町綺田《かばた》浜にある。開山は行基と伝える。秦氏一族の建立ともいう。百済国伝来と伝える本尊紫銅八尺の釈迦如来（国宝）と『日本霊異記』などに説く蟹の恩返しの説話の寺として有名。この説話より蟹満寺という名称がつけられているが、一名普門山紙幡《かばた》寺ともいう。正徳元年（一七一一）智積院の亮範が再興した。↓恩

【荷葉座】かようざ

蓮の葉の台座のこと。『大日経疏』『行法肝葉鈔』などによれば、諸仏菩薩は八葉芬陀利《ぶんだり》華《か》の座、諸仏は開敷蓮、菩薩は半開敷または宝蓮華。明王は六葉蓮。縁覚・声聞は四葉蓮または荷葉あるいは倶勿頭《くむだ》華《か》の葉上。諸天は鉢頭摩《ばどま》華または荷葉とある。縁覚・声聞・諸天の台座に用いるのは、これらはまだ蓮華（悟り）を開かないけれども荷葉あればかならず花を開くので内に成仏する可能性をもっていることを表す。↓蓮華

【迦楼羅】かるら

インド神話上の架空の大鳥。梵語ガルーダの音写。金翅《こんじ》鳥《ちょう》・妙翅鳥と漢訳される。竜を常食とし、金色の羽をもち、広げれば三百三十六万里という。仏教に入って八部衆の一つに数えられる。密教では梵天・大自在天が衆生を救うために化身した姿であるという。不動明王の火焔（迦楼羅焔）となったり、その姿は天狗にヒントを与えたという。↓大自在天・梵天

迦楼羅

【願】がん

人々が仏に願うことだけでなく、仏菩薩にも願があり、誓願ともいう。顕教では四弘誓願、密教では五大願を説く。阿弥陀の四十八願、薬師如来の十二願、普賢菩薩の十願など衆生を救済し利益するために立てられた願にたいし、衆生が悟りを求めて起こす願を発願という。空海は入定にさいし、「虚空尽き、衆生尽き、涅槃尽きなば、我が願いも尽きなん」と万灯会の願文に述べている。現世利益を願うことを一般に願をかけるというが、本来の意味は菩薩の誓願に生き、自分が悟りに到達するだけでなく、人々を救うところに願の最終目的がある。↓行願・二利双修

【歓喜天】かんぎてん

一般に聖天さんとして知られる。梵語ではナンディケーシュバラまた、ガナパティ・ビナヤカともいう。歓喜自在の意。古代インドでは悪神であった。大自在天の子、韋駄天《いだてん》の兄弟とされ、行動自在のゆ

えに智慧の神となる。密教にとり入れられてからは、夫婦和合・子授け・財宝の神として信仰された。生駒の聖天さん（宝山寺）は有名。形像は多種あるが象頭双身で知られる。↓大自在天

歓喜天

【観自在菩薩】 かんじざいぼさつ

梵語ではアバロキティシュバラ。玄奘《げんじょう》は観自在と漢訳し（新訳）、羅什《らじゅう》は観世音と訳した（旧訳）。観音経（法華経観世音菩薩普門品）・般若心経に登場する菩薩として知られる。法華経の流布や三十三観音札所巡り（西国三十三観音霊場）によって観音信仰が広まる。阿弥陀三尊の脇士。密教に入ってからは多くの変化観音が登場し、観音部あるいは七観音としてまとめられた。とくに如意輪観音は真言宗では重視された。↓観音経・観音霊場・西国三十三観音霊場・十一面観音・千手観音・如意輪観音・不空羂索観音

【勧修寺】（京都）かんしゅじ

京都市東山区山科にある真言宗山階《やましな》派の大本山。醍醐天皇の生母藤原胤子の願により、藤原冬嗣の六男良門の孫定方が外戚宮道氏の邸跡に勧修寺を建て、昌泰三年（九〇〇）に承俊律師によって開山された。延喜五年（九〇五）に定額寺となり、年分度者をおき真言・三論の道場となった。同十八年に済高が初代の長吏に任ぜられてから盛大になり、第七世寛信が勧修寺流を樹立した。古くは「かじゅうじ」といった。↓便覧編（系譜）

【勧請】 かんじょう

仏に願って説法を請い、仏が永遠に世に住して

人々を救ってくれることを請願すること。釈尊が成道したのちに梵天（インドの神）が出現して人々のために説法を請うたといい、それを梵天勧請という。密教では、修法のとき行者が仏菩薩に道場へ降臨することを請願すること、他所の神仏の威霊・尊像を招請してまつること、護摩のときに炉中に本尊を招請することなどを意味する。↓驚覚・梵天

【灌頂】 かんじょう

法を授ける儀式で頭に水を灌《そそ》ぎかけること。もとはインドで、国王の即位や立太子のときに水を頭上にそそぐことによって、将来四大海を掌握する王になるという意味の儀式であった。大乗仏教では菩薩が最終の地位（第十地）に入るとき、諸仏が智水を菩薩の頂にそそぎ、法王になれるという意味に転じた。密教では、如来の五智を象徴する五瓶の水を弟子の頭頂にそそぐことによって阿闍梨《あじゃり》となし、法灯を継承する重要な儀式である。灌頂は内容・目的・形式などによって多くの種類がある。人の師・阿闍梨となる者に大日如来の秘法を授ける伝法灌頂、真言行者となる人にたいし、有縁の一尊の法を授ける受明灌頂、多くの人々に仏縁を結ばせ、本来具有している仏性を開発させる結縁灌頂などがある。↓阿闍梨・結縁灌頂・伝法灌頂・流灌頂

【灌頂歴名】 かんじょうれきめい

空海が高雄山（後の神護寺）で、結縁灌頂（密教の仏門に入らせる儀式）を行った受者の名を連ねた記録で『灌頂記』ともいう。平安時代初期のもので、弘仁三年（八一二）の十一月・十二月、翌年の三月にそれぞれ灌頂を受けた人の名が書かれている。この『灌頂記』には日本天台宗の開祖最澄の名もあり、空海と最澄の関係について、あるいは書の方でも顔真卿（七〇九～八五）の影響のあるものとして重要である。紙本墨書一巻・神護寺蔵・国宝。↓結縁灌頂・神護寺

【勧進】 かんじん

人々を勧めて仏道に入らせることを意味するが、中世以後、寺院の建立・修復あるいは仏像の造立・

修理などのために、信者・有志を勧誘し、寄付を募ることをいうようになった。勧財・勧募ともいい、これを行うものを勧進聖《かんじんひじり》という。また勧進の趣旨を記したものを勧進文・勧進疏・勧進状などといい、その寄付名簿のことを勧進帳という。そして勧募の発願者・従事者を勧進上人・大勧進・小勧進などといい、有名な勧進上人に東寺（教王護国寺）再建の勧進をつとめた重源（一一二一～一二〇六）などがいる。↓高野聖

【観音経】 かんのんぎょう

法華経の観世音菩薩普門品のことで、元来は単独の経典であった。この経は観音菩薩（観自在菩薩）が、智慧の光で世間を普く照らし見、救いを求める声を聞いて、大慈悲をもって人々を苦しみから救うと説く。人々の苦悩は千差万別であり、観音菩薩は人の資質や願望に応じて、三十三の姿をとって現れ、すべての人々を救うと説く。密教経典が日本にもたらされた平安時代からは両部曼荼羅をはじめ、種々の観音が出現したので、聖観音《しょうかんのん》を通称とした。↓

観自在菩薩・観音霊場

【観音霊場】 かんのんれいじょう

観音菩薩は奈良時代より調伏息災の現世利益の菩薩として信仰されたが、その後浄土教の発展にともない、極楽往生を願う側面が強調され、念仏聖が霊験力を高めるために諸国の霊場を巡り歩いた。平安時代には日本の補陀洛山《ふだらくせん》（観音菩薩の浄土）とされる那智山の観音霊場からはじまる西国三十三か所観音、江戸時代には坂東三十三か所・秩父三十四か所が選定され、あわせて百観音霊場として今日にいたる。なお、三十三か所は、観音経に観音の三十三化身が説かれることに由来する。↓観自在菩薩・西国三十三か所観音霊場

【観法】 かんぽう

心に真理を観じ念ずる瞑想の修行法。密教の観法は、月輪や種子（仏菩薩の象徴）など具象的なものを観想し、それに含まれている深い教義や仏教哲理を観じ、仏と一体の境地に到達して悟りを得るため

に努める。↓阿字観・月輪観・五部心観・数息観

【甘露】かんろ

古代インドの聖典『ヴェーダ』では神々が常用する飲料で、不死の霊薬であるソーマ酒のことをいったらしい。その味が蜜のように甘いということから甘露といい、陶然とさせる美味なもの、あるいは酒のことをさす。仏教では忉利天の甘い霊液とみなされた。甘い味がし、飲むと不死を得るということから、仏の教え、あるいは涅槃（悟り）・仏智のことを意味する。↓智

き

【儀軌】ぎき

仏菩薩・諸天などの造像・供養・呪文の読誦などで定められた規則をいう。一般には教理を記した経典にたいして儀軌というが、密教ではこれらの区別は明確でなく、経典を含めて儀軌とすることが多い。密教の修法次第は種類が多く、相承の師の口伝として数多く編集された。↓事相・行法

【鬼子母神】きしもじん

もとはインドの王舎城に住み、五百人の子どもがあり、他人の幼児を食べる鬼女であった。人々はうれえて仏に願ったところ、仏は鬼女の子の一人を隠した。鬼女は神通力で探したがわからず、仏に子どもの行方を尋ねると「五百人の子のなかの一子すら汝はこのように悲しむ。汝に食われる親の胸中はどうか」とさとされ、以後仏に帰依し、とくに母子を守る神になったという。梵語でハーリーティーといい、愛子母・天母・功徳天と意訳される。↓吉祥天

鬼子母神

【吉祥天】《きちじょうてん》

福徳を授ける女神。元来インド神話の神であったが、仏教に入り、父を徳叉迦、母を鬼子母とし、毘沙門天の妃となったという。天女形で宝冠をいただく形像はさまざまで、容貌は端麗である。功徳天・宝蔵天女ともいわれる。↓鬼子母神・毘沙門天

吉祥天

【忌日】《きにち》

故人の死んだ日。命日・諱日と同じ。故人を追懐して忌み慎しむことから、読経・法要を行って死者の追福を祈る習慣がある。儒教の小祥・大祥の影響を受け、死亡した月を祥月といい、死後年ごとの祥月を年忌という。またインドの中有（中陰）の思想を受けて、初七日・二七日（十四日）、四十九日などといい、忌日と同様に扱われている。↓中有・年忌

【逆修】《ぎゃくしゅ》

生前に、自分の死後の平安を願って善根功徳を修すること。地蔵本願経に、生前に自ら聖事を修すれば、すべての功徳が得られると説かれる。日本でも古くから行われ、平安時代の中期ごろから盛んになる。生前に戒名を授かり、墓石・位牌に戒名を朱で書き入れるのは、その思想の転じたものである。預修ともいう。↓戒名

【教王護国寺】（京都）《きょうおうごこくじ》

京都市南区九条にあり、真言宗東寺派の総本山で、東寺と通称される。東寺は西寺とともに平安京の玄関口に建てられた官寺だが正確な記録はない。弘仁十四年（八二三）に嵯峨天皇より空海が賜わった。

鎮護国家のための道場であり、また真言密教の根本道場としても栄えた。江戸時代中期ごろより毎月の二十一日は「弘法さん」として民衆の信仰を集めている。境内には五重塔など文化財が多い。↓弘法大師信仰

【驚覚《きょうがく》】

驚かせ、目覚めさせることで、次の三種の意味がある。①行者が三摩地（三昧）に入り、なお悟りが得られないとき、秘密仏が出現して行者を驚覚する。②行者が修法中に本尊・聖衆の助けを請うために、驚覚の印を結び、真言を誦し、驚覚の鈴を振って、仏を驚覚する。③行者が、本来自分にもっている自心仏を驚覚する。警覚とも書かれる。↓修法

【行願《ぎょうがん》】

他人の利益（救済）を願い、それを実践修行すること。密教では他人を解脱させようとする慈悲の心をいう。悟りを得ようとする心を起こし、自分のためだけでなく他の人々に尽すことである。三種あるいは四種菩提心のうちの一つ。↓菩提心

【経木《きょうぎ》】

経文を書く木片。杉・檜などの材木を紙のように薄く剥いで、幅四センチメートル、長さ三八センチメートルぐらいに切り、上部を卒都婆形に切り込んだもの。これに追福供養するための経文、死者の法名を記し寺に納めた。平安時代末期からあるが、現在は卒塔婆と同じように梵字・法名を書いて供養のために川海に流すか、回向のために墓に挿し立てる水塔婆をいう。↓供養

【教主《きょうしゅ》】

教えを説く者。仏教は総じて釈尊の教えであるから釈尊が教主であるが、後世仏身観の発達展開によって教主についてもさまざまな考えかたが生れた。真言密教では、大日如来が教主であり、この大日如来と釈尊は同じなのか別の仏なのかという問題が、大釈同異説として古来より論じられている。歴史上の実在人物である釈尊は、真理（法）を体得して仏

となった。この真理そのものを仏の法身というが、釈尊はその法身を体得し、法と一体となったという意味では大日如来と同体である。しかし歴史上の釈尊の説いた教えはすべてその時々の人の資質に合わせて説かれた説法（対機説法）であるから顕教の教主とされる。法そのものは時空を超えた永遠不滅のものであり、特定の形に限定できない。この法を体得するには、われわれが自らの内において証明（自内証智）するしかない。その意味では、永遠不滅の法はいつでも、どこでも、だれにでも説法されている（法身説法）。この法そのものが大日如来であり、密教の教主である。↓自内証・釈迦牟尼仏・大日如来・法身説法

【教相《きょうそう》】

密教は行軌作法（規則）にしたがって修法を実行する事相と、根本的な理論を追求する教義すなわち教相に大別できる。真言密教の教相は、仏教一般と密教を比較して密教の優位性を説いたものと、真言密教のみに論じられる菩提心・即身成仏の理趣を説

いたものとに分けることができる。前者は『弁顕密二教論』『秘密曼荼羅十住心論』『秘蔵宝鑰』などに著され、後者は『菩提心論』『即身成仏義』などに著されている。古来、真言宗内でも教相の解釈に相違があって、本地身説法・加持身説法、本有家・修生家、而二門・不二門などの説があり、古義派・新義派、あるいは宝門派・寿門派などに分かれた。
↓教相判釈・事相

【経蔵《きょうぞう》】

経文を納める庫。一切経を安置する堂舎をいう。経庫・蔵殿・経堂・輪蔵・転輪蔵などともいう。古い遺構は校倉造りが多く、堂の中心に円筒型の経箱をおいて回転させる構造は鎌倉時代からである。経文を読誦しなくても、経箱を転じることで功徳が得られるという。また、経そのものを総括して経蔵いい、経のなかには真理を含蔵するので蔵という。律蔵・論蔵とともに三蔵の一つ。↓五蔵

【教相判釈】きょうそうはんじゃく

数多くの経典を比較分類し、自らの依るべき経典を明らかにすること。略して教判という。真言密教では空海が横竪の二方面から教相を判釈している。

横の教判は『弁顕密二教論』に説かれる。①顕教（一般の仏教）の教主は肉体をもった応身であり、密教の教主は姿形・言語を超越した法身（真理そのもの）である。②顕教では仏の悟りそのものは説くことができないが、密教では内証智（悟り）の境界が説かれる。③顕教の成仏は長時間の修行が必要、密教では現生に成仏を得る（即身成仏）。④密教は顕教にたいして勝益（霊験）が大である。

竪の教判とは『十住心論』などに説かれる。中国の儒教・道教、仏教の声聞・縁覚、大乗仏教中の法相・三論・天台・華厳の諸思想を前九住心に位置づけ、第十住心（秘密荘厳心）を密教にあて、顕教にたいする密教の優位性を主張する。↓顕教・十住心論・弁顕密二教論・密教

【行法】ぎょうぼう

修行の方法。密教では修法・密法と同義に用いられる。代表的なものに四度加行（十八道・胎蔵界・金剛界・護摩）があり、また供養する本尊によってさまざまな修行の方法がある。↓四度加行・修法

【金峯山】（吉野）きんぶせん

奈良県吉野郡にあり、現在は吉野山と金峯山を区別するが、吉野山から山上ケ岳までの総称。元来、真言と天台の兼摂であったが、現在は金峯山修験本宗として独立。奈良時代の修験道の開祖といわれる役行者《えんのぎょうじゃ》の開基である。平安時代には天台・真言の名僧が入山し密教化が強まった。平安時代の中期に弥勒浄土と信仰され、埋塚（経塚）も行われた。平安時代以来、女人禁制の地として、また修験道の聖地として仰がれた。↓役行者・修験道・弥勒菩薩

【空海】 空海《くうかい》 七七四〜八三五

弘法大師。平安時代初期に真言宗を開いた。讃岐国多度郡屛風ケ浦（香川県善通寺市）に、父佐伯氏、母阿刀氏の三男として生れる。幼名は真魚《まお》。少年の勉学時代すなわち十五歳ごろまでは外舅阿刀大足について論語・孝経・史伝などの儒書を中心に国学を学んだ。十八歳ごろ都に出て、大学の明経科に学び、のち中退する。二十四歳の年に『三教指帰』を著し、仏教への道を進む。三十一歳で最澄や橘逸勢らとともに入唐するまでの七年間は不明の時代であるが、阿波の大滝嶽や土佐の室戸崎で虚空蔵菩薩求聞持法を修していたと思われる。唐に留学生《るがくしょう》として渡った空海は、青竜寺の恵果阿闍梨に会い、恵果より密教の大法を受け、在唐二年余で帰朝した。弘仁元年（八一〇）の藤原薬子の事件の直後に高雄山寺（神護寺）で国家鎮護のための修法を行う。またこの年から四年間東大寺の別当職に任じられる。同三年（八一二）に高雄山寺において最澄らに灌頂を行った。同六年ごろから東国地方へ密教の流布を図り、同十年に高野山を結界し伽藍を建立する。その後、満濃池の修築、東寺講堂の建立、綜芸種智院の開設などを行い、天長七年（八三〇）に淳和天皇の勅命により、『秘密曼荼羅十住心論』を著し、進献する。承和二年（八三五）高野山で入定、延喜二一年（九二一）に弘法大師の諡号を賜わる。空海は、密教経典・章疏・仏像道具などを数多く請来し、さらに『即身成仏義』『吽字義』『声字義』によって即身成仏の思想を宣揚し、『弁顕密二教論』『十住心論』などによって密教と顕教の違いをあらわし、密教を確立し宣揚した。↓弘法大師信仰

【空海僧都伝】 くうかいそうずでん

高雄山神護寺第二世の真済（八〇〇—八六〇）によって、承和二年（八三五）十月二日に撰述されたもの。撰述の年・撰者については疑問点が多いが、簡略、素朴で空海の伝記の祖形をなし、信憑性が高い。後の贈大僧正空海和上伝記（貞観寺座主撰）・請賜諡号表一首（寛平法皇撰）・弘法大師略伝（済暹

撰）などに影響をおよぼした。↓大僧都空海伝

【口決・口伝】くけつ・くでん

師が弟子に法を口承すること。インドでは古く、仏典を筆録することはその神聖を害するものとし、教えは口承された。密教では阿闍梨（師）が、選び出した弟子に直接自ら口で奥義・秘伝を授けることをいい、それを筆録したものを口決という。口決は法を尊重すべきこと、法がみだりに伝えられないこと、法の要領を得させることのために公開されない。口訣・面授・口授ともいう。↓血脈

【九字を切る】くじをきる

災害をはらい勝利を得るために、臨《りん》・兵《びょう》・闘《とう》・者《しゃ》・皆《かい》・陳《ちん》・列《れつ》・在《ざい》・前《ぜん》の九字と、それに相応する印を手に結び、つぎに刀印を結んで、横・縦の順に四縦五横の直線を空中に画する呪法をいう。この法は、本来道教の六甲秘祝という九字の呪法が、わが国の修験道に混入したものである。↓護身法・修験道

【孔雀明王】くじゃくみょうおう

孔雀は毒蛇・毒草・毒虫を食うといい、人々の貪・瞋・痴（あらゆる煩悩）の毒を消し、迷いを除くことを誓願としている。姿は一面四臂の菩薩形で、手に蓮華・倶縁果・吉祥果・孔雀尾をもち、孔雀に乗っている。仏母大孔雀明王・孔雀王母ともいい、密号では仏母金剛という。

孔雀明王

【功徳】くどく

価値のあるすぐれた特質という意味で、善行を積

んだ結果として得られる徳性のことをいい、福徳ともいう。仏道を歩むのに蓄えなければないものとして功徳（福徳）と智慧の二つがあり、それを完成（悟り）に至るまでの食料にたとえて資糧《しりょう》という。善行をなすことを「功徳を積む」といい、それによって仏道が成就するといわれる。↓回向

【熊野】くまの

紀伊半島南端の山地一帯の名称。人跡の絶えた奥深い地の意味で黄泉《よみ》の国、死霊の宿る地として畏敬された。出雲族が祖神の熊野神（素戔嗚尊《すさのおのみこと》）を勧請したのに始まる。本宮（熊野坐神社）・新宮（熊野速玉神社）・那智大社（熊野夫須美神社）の三社を中心に信仰され、熊野三山・三熊野といい、神仏習合によって本宮の本地（本来の姿）を阿弥陀如来、新宮の本地を薬師如来、那智の本地を十一面観音とし、熊野権現・三所権現とも称した。那智の神宮寺である青岸渡寺は西国観音霊場第一番であり、観音菩薩の浄土めざして海のかなたをめざす補陀落渡海《ふだらくとかい》が盛んに行われた所である。天台系修験の霊場ともなり、

多くの信仰を集めて平安時代末期には「蟻の熊野詣」といわれるほどに参詣・修行が流行した。↓西国三十三観音場・修験道・神仏習合

【久米寺】（橿原）くめでら

奈良県橿原市畝傍町久米にある真言宗御室派別格本山。聖徳太子の弟、来目皇子の眼病が薬師如来に祈念して平癒したため寺を建て来目寺と称したが、後に久米寺と改称。一説には久米仙人が寺を創建したとも伝えられる。『扶桑略記』などによれば、養老三年（七一九）善無畏三蔵が密教をひろめようと来朝し、久米寺に寄寓したが機縁が熟せず、多宝塔を建立し仏舎利と大日経を納めて帰国、のちに空海が霊夢によってこの大日経を発見し、この機縁によって入唐求法し真言宗を開くことになったと伝えられる。本尊は薬師如来。多宝塔（仁和寺より移建）・御影堂（善無畏三蔵・空海像）・久米仙人像などがある。↓善無畏・薬師如来

【供物】くもつ

仏菩薩などに供えるもののことで、供養物・お供物ともいい、飲食・焼香・華などがその代表的なもの。最初は出家者にたいする衣服・飲食・臥具・湯薬の四種であったが、時代とともに変化し、華（華鬘）・飲食のほかに閼伽《あか》（水）・塗香・灯明が主要なものとされており、閼伽は布施、塗香は戒律、華鬘は忍辱、焼香は精進、飲食は禅定、灯明は般若という六波羅蜜（大乗仏教徒のそなえるべき六つの徳目）にあてて、その成就を誓願する。↓閼伽・飲食・供養・華鬘・焼香・塗香

【求聞持法】ぐもんじほう

求聞持法には虚空蔵・観音・如意輪などの法があるがふつうは虚空蔵菩薩求聞持法をさす。虚空蔵菩薩を本尊としてその真言を百万遍唱えれば一見一聞したことはけっして忘れることがないという記憶力増進のための秘法である。この法は善無畏訳『虚空蔵菩薩能満諸願最勝心陀羅尼求聞持法』一巻の所説による。空海も『三教指帰』の序に、出家以前に一人の沙門より求聞持法を受け、阿波の大龍山・土佐の室戸崎において、この法を修したと述べている。その方法は、東南西の三方の開けた所で、虚空蔵の化現である明星の光を迎えるために東壁に小窓をつくる。本尊は一尺一寸の月輪形の板に描く。そして虚空蔵菩薩の真言を百万遍唱える。結願の日は日蝕か月蝕の日に限る。夜は黄色を用い、毎朝閼伽《あか》（水）汲作法と明星礼をする。また、牛乳を加持する牛蘇加持作法などがある。なお、この法は善無畏・道慈・善義・勤操・空海と伝えられたという説と恵果から直接空海が相承されたという説がある。

↓虚空蔵菩薩・三教指帰

【供養】くよう

「尊敬」の意味をこめた言葉で、恭敬供養・奉献・供施などともいう。尊敬されている人に衣服や飲食などの物品を献ずることから、僧侶や寺院に金銭・土地などを施したり、また精神面から仏菩薩を讃歎し、礼拝したり、経典を読誦して心をささげること

も供養とされ、物品の供養を事供養、心の供養を理供養という。さらに祖先崇拝の儀礼なども供養といわれる。↓回向・供物・勤行

【倶利伽羅竜王】《くりからりゅうおう》

八大竜王の一。病や魔障を除くとされる。クリカは黒で黒竜の意味。不動明王を念じて、この竜を制御し、またその保護を受けるという信仰から次第にこの黒龍を不動明王の化身とするに至った。また不動明王と外道とが争ったとき、不動明王は倶利迦羅竜になって剣に変身した外道を呑みこもうとしたと倶利伽羅大竜勝外道伏陀羅尼経に説かれる。このため多くは四足金色の竜が剣にまといつく形で示されている。刺青（いれずみ）をクリカラモンモンというのは、この図柄からきたという。↓不動明王

倶利伽羅竜王

【裙】《くん》

下半身にまとう布で、下裙・内衣ともいい、また裙子《くんず》ともいう。最初、比丘（男性の出家者）用は一枚の布のまま、比丘尼用は一枚の布を筒状に縫い合わせてスカートのようにしてあり、それを腰にまきつけてひだを作るようにまとめ、紐で結んで着用する袍服の裳《も》と同じものとして用いられていた。現在、真言宗ではひだがついた形で紐もつけてあるものを用い、白衣の上から腰に着けるが、法衣を着けるときにはずさなければならない。↓直綴・法衣・袍服

【軍荼利明王】《ぐんだりみょうおう》

梵語のクンダリー（瓶）の音写。甘露軍荼利・吉里吉里明王などともいう。五大明王の一で、南方宝生如来の教令輪身（怒りの表情をとる化身）とされる。一面三目八臂像と四面四臂像とがあり、蛇を全身にまといつかせる。諸事をかなえ、障害を除く功徳があるとされ、調伏・息災・増益の修法が行われ

る。五大明王像に含まれるほかには木像が多く、大覚寺・延暦寺・滋賀金勝寺・埼玉常楽寺などに安置されている。↓五大明王

軍荼利明王

け

【華】け

仏菩薩などに供えられる花のことで供華ともいう。真言宗では六種供養物（ほかに閼伽《あか》・塗香・焼香・飲食・灯明）の一つに数えられ、法要の目的（息災法・増益法・敬愛法）によって、それぞれ白色・黄色・赤色の花を用いると伝えられているが、降伏法の場合には悪臭・刺のある花を用いるほかは、一般には悪臭や刺のない花であれば、種々とりまぜて供えてかまわない。↓華瓶・供物・散華・樒・投華得仏・華篭

【磬】けい

修法や法要のときに打ち鳴らす器具。玉（石）・鉄・銅など材質の種類は多い。形はおおむね板状で両端が下がっており、磬架という器具につるされている。中央部の撞座、およびその端を一打ずつ二打、あるいは単に一打して鳴らす。香川県産のサヌカイトという石は、よい音がするので磬に用いることが多く、磬石《けいせき》ともいわれる。↓鐃

磬

【敬愛】けいあい

尊い人を尊敬し、慕い、多数の人々が仲よく和合することで、一般には「きょうあい」というが、真言宗では「敬愛法《けいあいほう》」という修法の一種がある。それ

は人々の和合・親睦などを祈るもので、愛染明王や千手観音を本尊として西方に向かって修法すると伝えられており、すべて赤色の器具・法衣・供物などを用いる。↓愛染明王・千手観音・修法

【恵果《けいか》】 七四六～八〇五

真言宗付法の第七祖で、青竜寺《せいりゅうじ》和尚《かしょう》ともいわれ、ふつうは恵果阿闍梨・恵果和尚と呼ばれる。幼くして出家し、不空三蔵について金剛頂経系と思われる密教を授かり、二十二歳のとき、善無畏三蔵の弟子玄超から胎蔵部の秘法を授かった。金胎両部を兼ね授かった最初の阿闍梨といえる。多くの弟子に法を伝授し、中国において密教を興隆させた。また日本からの留《る》学生《がくしょう》空海に金胎両部の秘法を授けるなど、日本・朝鮮などにも密教をひろめるとともに、唐の代宗・徳宗・順宗から尊崇され、三朝の国師と称された。永貞元年（八〇五）空海に両部の大教および五十種にのぼる諸尊法を授け、図像・仏具などを付属した直後、十二月に入寂した。六十歳。恵果入寂までの数か月間に、密教の大法がすべて空海に授けられたことは千載一遇の機会であり、宗教史上特筆すべき邂逅といえる。↓空海・青竜寺

【契沖《けいちゅう》】 一六四〇～一七〇一

江戸時代中期の真言宗の僧侶で国学者。摂津国（兵庫県尼ケ崎）の武家の出身で俗姓は下川氏。十三歳のときに出家して高野山に登り、二十四歳で阿闍梨位につき、四十歳で妙法寺を継ぐ。四十四歳のころ、水戸光圀《みつくに》（一六二八～一七〇〇）の命を受けて古典を研究し、のちに『万葉代匠記《まんようだいしょうき》』二十巻を光圀に献じる。同書ほかの古典注釈書、『和字正濫《わじしょうらん》抄《しょう》』などの語学書、随筆や歌枕研究などの著作があり、真言宗関係では空海の『性霊集《しょうりょうしゅう》』の歴史的考証をした『応需雑記《おうじゅぞうき》』がある。↓性霊集

【外金剛部】 げこんごうぶ

胎蔵曼荼羅の外郭四周を取り巻く第四重に相当するところ。最外院《さいげいん》とも呼ばれる。この部院に位する諸尊はもともとは外道《げどう》（バラモン教の神々など）であったが、仏教の守護神となったものである。護世

八方天（帝釈天《たいしゃく》・火天・閻摩天《えんま》・羅刹天《らせつ》・水天・風天・多聞天・伊《い》舎那《しゃな》天）、四天王（持国天・増長天・広目天・多聞天）、星宿《せいしゅく》などで現図曼荼羅では二百一尊、高雄曼荼羅では二百二尊、子島曼荼羅では二百四尊となっている。↓胎蔵曼荼羅

【袈裟】けさ

インドにおいては衣《ころも》そのものであったが、中国・日本では装飾的なものとなり、衣の上につけるようになった。元来、五つの原色（五正色《ごしょうじき》＝白・赤・黄・青・黒）と五つの中間色（五間色《ごけんじき》＝緋・紅・紫・緑・瑠黄《くりげ》）は用いずに、にごった壊色《えじき》を法にかなった色とする。青（緑青で染めた青濁色）、黒（純黒色ではなく、皀色と呼ばれる泥で染めた鼠色に近い色）と木蘭《もくらん》色（木蘭の樹皮で染めた黄褐色）の三色の壊色がある。このように濁色が用いられるがゆえにサンスクリット語で「濁」という意味のカシャーヤを音写して袈裟という。袈裟には多くの種類があるが、代表的なのは大衣《だいえ》（九条衣・十三条衣・二十五条衣）・七条衣・五条衣の三衣《さんね》であり、その他に省略された形のものとして折五条・輪袈裟などがある。僧侶は三衣をかならず整えなければならないが、なんらかの理由で持てない場合、灌頂などでは、帰命吽《うん》（九条衣）・帰命鑁《ばん》（七条衣）・帰命阿（五条衣）とそれぞれ書いた紙を袋に包んで入れて三衣護持を伝える。↓折五条・五色・色衣・法衣・輪袈裟・便覧編（法衣）

【結縁】けちえん

仏道と縁を結ぶことで、将来、仏となれる因縁をつくること。密教においては、広く在家のものに仏縁を結ばせるために結縁灌頂《けちえんかんじょう》を行い、投華得仏《とうげとくぶつ》（花を投げて自分の守本尊を決定する儀式）を行い、仏と縁を結ばせる。↓結縁灌頂・投華得仏

【血脈】けちみゃく

師匠より弟子へと法門を受け継いだ系譜を、血筋にたとえて血脈または血脈相承という。真言宗においては密教の教主大日如来からインド・中国の諸師を経て空海へと法が受け継がれ、現代にまでおよぶ。

その系譜は空海の相承を正伝とするが種々の説がある。①八代等葉の血脈（小野・広沢両流に用いる）＝大日如来・金剛薩埵《こんごうさった》・竜猛《りゅうみょう》・竜智・金剛智・不空・恵果《けいか》・空海。②七代等葉（不空が金剛智の寂後に再度インドに行って竜智から直接に相承したということによる）＝八代等葉の血脈より金剛智を除く。③両部不等葉の血脈（醍醐《だいご》・勧修寺《かじゅうじ》流に相承した血脈）＝金剛界は八代等葉の血脈、胎蔵界は七代等葉の血脈と同じ。④胎蔵界は台密と同じ、金剛界は八葉等葉の血脈と同じとする血脈（真言宗では傍伝）＝胎蔵界は大日如来・金剛薩埵・達摩掬多《だるまきくた》・善無畏・玄超・恵果・空海。↓付法伝

【結界】 けっかい

戒律をよく保つために一定の地域を浄域として区画することであるが、密教においては行者が修行にさいして道場を魔障が侵入できない空間とすることをいう。その方法は種々の儀式によって行われる。結界する広さについてはその時によって異なり、たとえば空海が高野山を中心として七里（約二七・三km）四方を結界するという広い範囲のものもある。しかし、一般的には修法する道場を浄化する道場結界、または修法壇の四囲のみを結界する壇上結界である。↓高野山・壇・修法

【結跏趺坐】 けっかふざ

両足の背を両股のうえで組む坐り方。略して結跏坐・跏趺坐・跏坐ともいう。とくに左足を右股のうえに乗せてから右足を組む坐り方を蓮華坐、もしくは吉祥坐《きっしょうざ》と呼び、左足を衆生界、右足を仏界として衆生界と仏とが不二であることを示すので如来坐とも呼ばれる。天台宗・禅宗においては吉祥坐と逆に右足を組んだうえに左足を乗せる降魔坐《ごうまざ》をよく用いる。また、結跏趺坐の略式として右足、もしくは左足のみをうえに乗せる半跏趺坐《はんかふざ》（半跏坐・菩薩坐）という坐法があり、おもに修法などに用いられる。↓修法

【華瓶】 けびょう

仏に供養する花をさす瓶。献花は折々の生花も用

いるが、普通、造花が多く、広沢・醍醐・新安《しんあん》・中院の諸流は五茎の蓮（五智を象徴する）、古安《こあん》・持明院両派は三茎（仏部・蓮華部・金剛部の三部を象徴する）、勧修寺《かじゅうじ》・随心院では一茎、伝法院流では花と葉とを各一枚。また、花の色としては中央が白《びゃく》であり、後の花を時計回りでいうと、金剛界壇では白《びゃく》・青《しょう》・黄《おう》・赤《しゃく》・黒《こく》となり、胎蔵界壇では白・赤・黄・青・黒であり、両部不二の壇では白・黄・赤・青・黒となる。↓華・五色

【華鬘】けまん

もともとインドの風俗で、芳香のある生花を糸でつづった花かずらを華鬘（クスママーラ）といい、装身具として首にかけたり、身体を飾ったりしたが、のちに仏の供養物となり、密教における六種供養の一つとなった。また、仏前を荘厳するものとして道場の柱や長押に懸ける荘厳具ともなった。ただし、荘厳具としての華鬘は、現在、生花を用いず、組糸や金属板などが用いられる。↓供養・供物

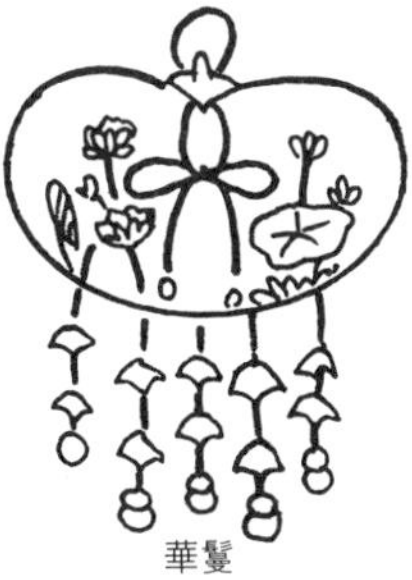
華鬘

【顕教】けんぎょう

顕教は理解しやすい教え、方便の教えといった意味。真言宗ではすべての仏教を顕教と密教とに分ける。密教は仏の悟りの体験そのものを説いた真実の教えであるのにたいして、顕教は人々の機根（能力）に応じてさまざまな手段（方便）をもって説かれた権《かり》の教えであるとされ、顕教は密教よりも劣り浅い教えとされる。この顕教に属するのは真言密教以外の声聞・縁覚の小乗の二乗、大乗の法相宗・三論宗・天台宗・華厳宗などである。↓三乗・密教

【現図曼荼羅】げんずまんだら

図画で表現された曼荼羅のこと。『大日経疏』などで文章で説明された仏の世界を図化したものである。狭義には、真寂《しんじゃく》の『諸説不同記』のなかにおいて東寺曼荼羅を現図、宗叡の将来図を或図《あるず》、そして、

円珍請来の図を山図《さんず》と区別しているように、空海請来の東寺曼荼羅を指す。なお、胎蔵界は善無畏《ぜんむい》、金剛界は金剛智《こんごうち》が空中に見たものを図にしたものと伝えられている。↓曼荼羅

【現世利益】 げんぜりやく

現世は過去・現在・未来の三世のなかの一世。真言密教では、この現世を大日如来の浄土である密厳浄土とし、そして、現世一生において悟りに達する即身成仏を説く。また、世間的な現世利益を肯定して、個人・国家の繁栄を祈禱するが、これを息災《そくさい》・増益《ぞうやく》・敬愛《けいあい》・調伏《ちょうぶく》の四種法に体系化して世間的な利益をも得られるとする。↓加持祈禱・即身成仏

【眷属】 けんぞく

もともとは家族・親族などの意味であるが、仏菩薩に従属している侍者をいう。ただし、三尊仏の脇《わき》侍仏《じぶつ》、たとえば阿弥陀三尊の観音菩薩・勢至菩薩などは眷属とは呼ばない。眷属とは、たとえば釈迦如来の十大弟子や如来を守る八部衆・十六善神、薬師如来の十二神将や阿弥陀如来（来迎）の二十五菩薩、千手観音の守護神二十八部衆、不動明王の八大童子《どうじ》などである。↓三身

【乾闥婆】 げんだつば

釈迦如来に教化されたインドの神々で仏と仏法の守護神である八部衆（他に天・竜・夜叉・阿修羅《あしゅら》・迦楼羅《かるら》・緊那羅《きんなら》・摩睺羅伽《まごらか》）の一。帝釈天《たいしゃくてん》に仕えて音楽を演奏する神である。この神は香を求めて食すといわれており、食香《じきこう》とも訳される。↓帝釈天

乾闥婆

【顕密不同頌】 けんみつふどうじゅ

興教大師覚鑁撰。一巻。五言八十四句の頌文で顕教と密教との相異を明確に示したもので、顕密差別頌・顕密相対頌ともいう。この書の註釈書としては霊雲寺開祖・新安流流祖である浄厳の撰述である『顕密不同頌諺註《げんちゅう》』がある。↓覚鑁・顕教・密教

こ

【香】 こう

香りのよい樹脂や木片などによってつくられる。香には悪気を去らせ、心や身体を清らかにするという効用があるために仏を供養するのに用いたり、また、行者が用いる。密教においては香を香水《こうずい》（香を入れた水）・塗香《ずこう》（本尊に供えたり、行者の身体に塗って清浄にする）・含香《がんこう》（香を嚙んで口中に香気を満たす）・焼香（丸香《がんこう》と抹香〈散香〉とがある）として用いる。修法の種類や本尊の部類によって用いる香の種類は異なる。↓焼香・塗香

【劫】 こう

インドにおけるもっとも長い時間の単位であり、大時とも訳される。その長さは、つぎのような喩えで示される。四方上下一由旬《ゆじゅん》（約一四・四km）の鉄塔に芥子を満たして、それを百年に一粒ずつ取り去り、すべての芥子がなくなったとしてもまだ一劫たっていない。また、四方一由旬の大磐石を百年に一度ずつ柔かい衣でなで、この大磐石が磨耗してなくなったとしても一劫たっていない。このために、芥子劫とか磐石劫ということもある。真言密教においては、この劫を時間の単位ではなく妄執《もうじゅう》（迷い・煩悩）と解する。↓三劫・三妄執

【講】 こう

もとは学徒が集まり経論の講読をすることを講といったが、次第に経典を講讃し、あるいは本尊、祖師の功徳を讃美する法会を講と呼ぶようになった。法華八講・不動講・観音講・大師講・光明真言講などは平安時代より各宗を通じて盛んに行われたが、

この法会に参詣し、あるいは霊山・名刹などに参拝や寄進をする信者の組織をも講・講社と名づけ、その構成員を講中、講員というようになった。↓大師講

【高貴寺】（**大阪**）こうきじ

大阪府南河内郡にあり、古義真言宗に属す。文武天皇の代に役行者が開き香花寺と称したが、嵯峨天皇の代に弘法大師空海が当所に巡錫し、三密瑜伽行を修したさいに高貴徳王菩薩が出現したために高貴寺と改めた。安永年中（一七七二〜八一）、慈雲飲光（一七一八〜一八〇四）が留錫し信仰を集め、伽藍を修築し、天明六年（一七八六）五月、正法律一派の本山となる。このため慈雲を中興第一世とするが、明治六年（一八七三）高野山に属す。境内には金堂・開山堂・講堂・十三塔・御影堂などあり、古来より三宝鳥（ブッポウソウ）の名所として知られ、寺宝には空海請来の松虫宝鈴・三鈷杵・貝多羅葉・慈雲尊者真蹟などがある。↓役行者・慈雲飲光

【高山寺】（**京都**）こうざんじ

栂尾《とがのお》山。京都市右京区にあり古義真言宗仁和寺派に属す。建永元年（一二〇六）十一月後鳥羽上皇の院宣により高弁（明恵）が伽藍を建立し高山寺と号す。華厳・真言兼学の道場であったが、近世以後はまったく真言となる。応仁の乱後、堂宇が荒廃するが、織田・豊臣・徳川の三氏が寺領を与え再興を図る。明治維新後、再び廃頽するが、現在では諸堂が修復されやや旧観に復している。境内には金堂・四所明神社・明恵上人廟・石水院（国宝）などがあり、寺宝には乾漆薬師如来像・覚猷筆紙本水墨鳥獣戯画・絹著色不空三蔵像・紙本篆隷万象名義などの国宝、その他古写本が多数現存する。↓篆隷万象名義

【降三世明王】ごうざんぜみょうおう

大日如来が説法をしているとき、大自在天が「我は三界の主なり、我に勝る者なし」と如来にしたがわなかったために、如来は降三世忿怒の身となって大自在天およびその妃烏摩を踏んで調伏したと説か

れている。この降三世および大自在天と妃は貪瞋痴の根本煩悩を表し、忿怒の相はこのもっとも調伏しがたい煩悩を鎮めるためとされる。金剛界曼荼羅には金剛薩埵の忿怒形として降三世羯摩会・降三世三昧耶会の主となり、胎蔵曼荼羅には持明院に降三世・勝三世として、金剛手院には忿怒月黶尊として坐す。→大自在天・忿怒相

降三世明王

【講式】《こうしき》

信者が集まって経典を講讃し、あるいは本尊、祖師の功徳を讃揚する法会の儀式、またはその儀式の規則をいう。この次第の内容としては、総礼伽陀・導師着座・法用・式文・回向などがあげられるが、このなかの式文は本尊を讃嘆し、法会の目的を優麗典雅な美文をもって表白し、聴衆を感動せしめる講式の主要部分であるが、狭義には、この式文をも講式という。真言宗における代表的な講式作者は興教大師覚鑁、明恵上人高弁であり、高弁の四座講式は現在でも常楽会（涅槃会）にはかならず用いられている。→覚鑁・四座講式

【弘仁の遺誡】《こうにんのゆいかい》

弘法大師空海が弟子に教訓を示した文で、弘仁四年（八一三）作とされる。出家修行の目的は仏の悟りを得ることであり、それには戒律の実践こそが肝要であるとして、密教の戒律である三摩耶戒（発菩提心戒）と顕教の戒律をあわせて守るべきことや諸戒の根本は十善戒（不殺生・不偸盗・不邪婬・不妄語・不綺語・不悪口・不両舌・不慳貪、不瞋恚・不邪見）であることが述べられており、密教独特の戒律観が示されている。→三摩耶戒・十善戒

【弘法清水】《こうぼうしみず》

お大師水・杖つき井戸・弘法池ともいわれ、弘法大師空海が掘った井戸のことをいう。弘法大師空海が諸国をめぐっているとき、水を求めた大師に遠くから運んでくるなど、親切な村人にたいして水の便をはかってお礼に杖をつき立てて掘ったという類の話がもとになっており、弘法大師に関する伝説のなかでも、水に関わるものはとくに多く全国的な分布を示している。↓弘法大師信仰

【弘法大師信仰】《こうぼうだいししんこう》

大師といっても弘法大師空海に限らないが、「大師は弘法にとられ」という言葉があるように、「お大師さん」といえば弘法大師のことをいう。弘法大師は他の宗祖にはみられない、超宗派的な偉人として尊敬されており、その幅の広い人気こそが大師信仰の第一の特色である。多種多様な大師信仰の代表的なものをあげると、まず入定信仰がある。これは空海の入定後、御廟のなかの空海の髪が一尺ほど伸

びていたということがもとになり、大師は不老不死であり、五十六億七千万年後に弥勒菩薩が出現するまでの間、留身仏・入定仏として現世に留まり諸国をめぐって人々を救いつづけているという信仰である。そこから大師ゆかりの地を巡礼することによって苦しみからのがれようとする遍路・霊場めぐりの信仰も生れた。また、日本には古来より幸せを家々にもたらす来訪神（まれびとがみ）の信仰があり、これが、諸国をめぐりながら弘法大師への信仰を広めた高野聖の活動と結びついて来訪神としての弘法大師信仰が形成され、弘法大師に関する伝説も日本全国に生れた。いずれにしても宗教家であり、教育者であり、すぐれた芸術家でもあった弘法大師空海の人間的魅力が密教および広範な民間信仰とも結びついて生れたのが弘法大師信仰である。↓高野聖・巡礼・入定・札所

【弘法筆をえらばず】《こうぼうふでをえらばず》

古来より弘法大師空海は、嵯峨天皇・橘逸勢とともに三筆と称えられた能書家であり、書道に関する

逸話や伝説もいくつか伝えられている。「弘法筆をえらばず」とは、真の名人は道具の良し悪しを問題にしないということ。しかし、空海は唐で筆の製作技術を学び、実際に筆をつくらせて天皇に献上するなど筆にはたいへん興味をもっていたことが知られている。また、空海は五筆和尚と呼ばれた。これは唐に留学中、皇帝の命令によって壁に文字を書くことになったが、そのとき空海は口に筆をくわえ、両手両足を使い、一度に五本の筆を使って書いたので皇帝から五筆和尚の名を賜わったとか、五本の筆をひとまとめにして大きなすばらしい字を書いたのでその名を与えられたという話である。↓五筆和尚・嵯峨天皇・三筆・大師流

【光明真言】《こうみょうしんごん》

詳しくは不空大灌頂光明真言、略して光言ともいう。真言宗では代表的な真言陀羅尼として、しばしば唱えられる。「オン　アボキャベイロシャナウマカボダラマニハンドマジンバラハラバリタヤ　ウン」（オーン、不空遍照尊〈大日如来〉よ、大印を有する尊よ、摩尼と蓮華の光明をさし伸べたまえ、フーン）。不空羂索神変真言経二十八灌頂真言成就品、不空羂索毘盧遮那仏大灌頂光明真言（不空訳）、毘毘遮那仏説金剛頂経光明真言儀軌に説かれる。この真言を二、三、七遍聞く者は一切の罪障が除滅し、重罪極悪の者でも臨終のときにこの真言を百八遍唱え加持した土砂をその屍や墓に散ずれば、たちまち罪障を除滅し西方極楽浄土に往生すると説かれる。この真言は大日如来（不空＝不空成就、毘盧遮那＝大日、大印あるもの＝阿閦、摩尼＝宝生、蓮華＝阿弥陀に配して五智如来を表すなど種々の説がある）の真言であり、また一切諸菩薩の総咒であるために、これを読誦すれば無量無辺の功徳があるとされる。日本での信仰はとくに鎌倉時代に高弁（明恵）や叡尊によって広められ盛んに行われた。↓真言

【高野雑筆集】《こうやざっぴつしゅう》

空海の遺文のうち、とくに書簡類を集めたもので七十四文から成る（空海以外の作も五文含まれる）。内容的には『性霊集』『発揮拾遺編』と重複する文

もあり、別名「拾遺性霊集」とも「高野往来集」ともいわれる。これらの書簡類から空海の交友関係や活動状況の一面が知られる。↓性霊集

【高野山】《こうやさん》

和歌山県伊都郡高野町にある弘法大師空海の霊廟地。高野山真言宗総本山。別名を野山・南山・八葉峯と称し、本坊・金剛峯寺が一山の総称。高野山は僧坊全体を含む名称である。弘仁七年（八一六）の修禅道場建立の地を請うための空海の上表文には、空海が少年のころ、山野を渉猟し、この山が幽寂なる霊地であることを知ったと述べており、奏請が許可されてのち、空海は弘仁九年に登山し、翌年には七里四方を結界して伽藍造立を開始した。天長九年（八三二）高野山にて万灯会を修し、その後住房・大炊屋を建立したが、承和二年（八三五）宝塔の建立中に入定し奥院に安置された。第二世真然は鐘楼・真言堂・経蔵・食堂・中門・准胝堂・瑜祇塔・西塔などを建立し、ようやく伽藍が整う。現在、創建当時の伽藍は残っていないが、建物の配置は創建の姿をそのまま伝えている。延喜年間（九〇一～九二三）の三十帖策子問題、正暦五年（九九四）の火災などを経て荒廃するが、長和五年（一〇一六）、祈親が登山して興隆を企て、維範を経て明算に至り復興し、行の面では中院流が興り、学業面においては長承元年（一一三二）興教大師覚鑁が伝法大会を再興し、また鎌倉時代に法性・道範などの高野八傑といわれる学匠が輩出し、応永のころ、宥快・長覚によって高野山教学が大成した。天正年間（一五七三～一五九二）、豊臣秀吉が高野山攻略を企てるが、木食上人応其は秀吉と和を講じ、以来秀吉の帰敬を受け、青巌寺・興山寺を創建し、大塔・金堂など二十五宇を修造する。江戸時代には徳川家をはじめ全国の大名豪族が高野山の檀那となり、日本総菩提所の観を程す。大正十四年（一九二五）、金剛峯寺を古義真言宗総本山、仁和寺・大覚寺を大本山とする。伽藍および仏像などの彫刻・絵画・工芸品・書蹟など、国宝・重要文化財はきわめて多く、空海創建以来千二百年間、日本随一の霊場として信仰を集めている。↓覚鑁・高野三方・高野聖・高野明神・三鈷

の松・便覧編（高野山略図）

【高野三方】 こうやさんかた

高野山の僧侶の三つの立場、学侶《がくりょ》・行人《ぎょうにん》・高野聖《こうやひじり》をいう。学侶は大治五年（一一三〇）に覚鑁が定め、学業専修をめざしたが、雑務に従事する行人が次第に大勢力となり、圧迫を受けるようになる。いっぽう、平安時代後期には念仏を修する高野聖が集まり、その後、各地を巡遊して全国に高野山への信仰をひろめた。三方はその立場のちがいから反目することが多かったが、明治元年（一八六八）学侶方の本寺であった青巌寺を金剛峯寺と改め、三方を統一して現在に至る。→高野聖

【高野聖】 こうやひじり

真言宗の教義と浄土教的な念仏を融合した僧をいう。高野山奥院で雑用に従事していた承仕・夏衆より生れた。彼らは弘法大師の入定信仰と念仏とによって高野山を霊場として喧伝し、高野山への納骨・建墓を勧めながら全国を歩きまわり、一方ではまた、民衆を対象にした勧進活動によって高野山の経済面の支えとなった。代表的な高野聖としては、『高野往生伝』の最初に見える教懐（一〇〇一～一〇九三）、高野山新別所に住み東大寺大仏殿再建の勧進職であった重源（一一二一～一二〇六）、蓮華三昧院を建立し蓮華谷聖の祖となった明遍（一一四二～一二二四）、萱堂聖の祖と仰がれた法燈国師覚心（一二〇七～一二九八）、時宗聖の祖となり千手院に住した一遍（一二三九～一二八九）などがあげられる。また、念仏のもつ浄土教的思想を真言密教の立場から解釈し密教的な往生（成仏）観の一環としての念仏を確立したという意味から興教大師覚鑁（一〇九五～一一四三）と高野聖との関係も深い。鎌倉時代までの高野聖には代表的な知識人が輩出したが、その後学侶方などとの争いなどもたびたび起り次第にその勢力も衰えた。→弘法大師信仰・高野山

【高野明神】 こうやみょうじん

高野山麓の天野神社にまつられる四所明神（高野明神・丹生明神・蟻通または気比明神・厳島明神）

の一つ。弘法大師空海の伝記および『紀伊続風土記』などによれば、弘仁七年（八一六）、空海が大和国宇智郡において、弓矢を携え二犬を伴った猟師に会い、この猟師の土地である南山の平地を献上されて、そこに高野山を開いたと伝えられている。この猟師は犬飼明神・狩場明神とも称されるが、これが高野明神あるいは丹生明神の化身であるとされ、空海が高野山開創にさいし勧請してまつったとされる地主神である。↓丹生津姫

【御詠歌】ごえいか

巡礼歌とも単に詠歌ともいう。一般の信者が、霊場・寺院を巡礼するときの仏教讃歌で、鈴《れい》または鉦《しょう》を鳴らしながら斉唱されることが多い。歌詞は三十一文字の短歌体で、ゆるやかな哀調を帯びた旋律は真言宗や天台宗の声明の通俗化したものといわれている。寺院めぐりの風習は平安時代から行われており、花山法皇（九六八〜一〇〇八）が性空上人とともに西国三十三か所の観音霊場めぐりをしたさいに各霊場に一首ずつ和歌を奉納し、それにメロディをつけて歌ったのが御詠歌のはじまりであると伝えられるが、総じて作者などについては明らかではない。江戸時代の『淋敷座之慰《さびしきざのなぐさみ》』には、西国巡礼歌品々、坂東巡礼歌品々として各三十三番の歌詞が記録されているが、現在の歌いかたが確立されたのは、江戸時代初期以後であろうとされる。近代以降、各宗派が布教活動の一環として、かならずしも巡礼の歌としてだけではなく御詠歌を普及し、真言宗にも、大和流・金剛流・密厳流・豊山流・明音流などの流派がある。↓巡礼・声明・和讃

【虚空蔵菩薩】こくうぞうぼさつ

広大無辺の福徳と智慧の功徳を蔵することが虚空のごとく限りがないことから名づけられた。胎蔵曼荼羅虚空蔵院の主尊、釈迦院賢劫十六尊の一、また虚空蔵求聞持法の本尊とされている。右手に利剣、左手に宝珠、または左手に輪を立てた蓮華、右手に宝珠をもつ半跏坐の姿が一般的な像容。求聞持法とは一種の暗記法であり、修行時代の空海もこの法を修したことが伝えられており、とくに智慧増進の功

徳があるとされている。↓求聞持法

虚空蔵菩薩

【五具足・三具足】 ごぐそく〈みつぐそく〉

本尊前の前机に備える五個の仏具のうち、華瓶一対・燭台一対・香炉一個を五具足という。前机の中央に香炉（置香炉・居香炉）を置き、その両側に燭台を一対、さらにその外側に花瓶を一対置く。これにたいし、花瓶・燭台・香炉を一個ずつ備える場合を三具足という。↓便覧編（仏壇）

【五穀】 ごこく

五種の穀物のことであるが、すべての穀物を代表する意味でも用いる。一般に米・麦・黍・粟・豆をいうが、諸説があり、かならずしも一致しない。護摩の供養物に用い、あるいは五宝《ごほう》・五薬《ごやく》・五香《ごこう》とともに宝瓶《ほうびょう》に納める。護摩に五穀を供ずるのは、五穀は貪瞋痴《とんじんち》慢疑《まんぎ》の五つの煩悩を表すとし、煩悩を焼きほろぼす意である。↓供物・護摩

【護国寺】（東京） ごこくじ

東京都文京区大塚にある真言宗豊山派の別格本山。神齢山悉地院大聖護国寺という。天和二年（一六八二）に徳川五代将軍綱吉《つなよし》が生母桂昌院《けいしょういん》の発願により亮賢《りょうけん》を迎え開基とし、雑司ケ谷大塚薬園の地に伽藍を造営し、桂昌院の念持仏である如意輪観音を本尊とし、寺領三百石を寄せたのにはじまり、関東真言宗の大檀林となる。享保二年（一七一七）に神田の護持院が焼失したのちは護国寺を護持院と改称

し、観音堂を護国寺として護持院に付属させた。この観音堂は元禄十年（一六九七）に第三世の快意が幕府の命で建立したもので現在の本堂である。明治元年（一八六七）に護持院の号を廃して護国寺に統一した。現在、本堂・内仏堂・大師堂・薬師堂・月光殿（園城寺の客殿を移建、桃山時代の書院造）・本坊・山門・仁王門などがある。寺宝としては尊勝曼荼羅・金銅製五鈷鈴などがある。↓如意輪観音

【五色】ごしき

密教では青《しょう》・黄《おう》・赤《しゃく》・白《じゃく》・黒《こく》の五色を原色（根本《こんぽん》色《しき》）とし五智・五大・五仏などに配する。①青色《しょうしき》＝他の色よりも勝れて、すべての色を含むものとし、空大の色とされる。また、無量寿如来（阿弥陀如来）に配して妙観察智を表すとし、敬愛もしくは降《ごう》伏《ふく》の色とされる。②黄色《おうしき》＝他の色に加えるとその光色を増し、しかも黄色の性を失わないために堅固不壊の性質であるとして地大の色とし、また、開敷華王如来（宝生如来）に配して平等性智を表すとし、増益の色とされる。③赤色《しゃくしき》＝熾然が猛烈である意を示しており火大の色とし、宝幢如来（阿閦如来）に配して大円鏡智を表すとし、降伏もしくは敬愛の色とされる。④白色《びゃくしき》＝諸垢を遠離した清浄の色であり、水大の色であって、大日如来に配して法界体性智《ほっかいたいしょうち》を表すとし、息災の色とされる。⑤黒色《こくしき》＝諸色を消して諸物を隠す色であり、風大の色とされ、天鼓雷《てんくらい》音《おん》如来（不空成就如来・釈迦如来）に配して成所作《じょうそさっ》智《ち》を表すとし、降伏の色とされる。以上、五色それぞれの色について説明したが、五仏・五智などの配し方には異説がある。↓五智・五仏

【護身法】ごしんぼう

真言行者が読経や修法などにさいして、自らの身心を浄《きよ》め、堅固にする法。一般に浄三業・三部三昧《さんま》耶《や》（仏部三昧耶・蓮華部三昧耶・金剛部三昧耶）・被《ひ》甲護身《こうごしん》の五種の印を結び真言を唱える。①浄三業＝泥のなかにあっても蓮華は染まらないように、一切の法は本性清浄であり、行者の三業（身口意・身心の全体）もまた清浄にすること。②仏部三昧耶＝仏部の諸尊が行者を加護し、身業（身体）を清浄にし

て罪障を消滅させること。③蓮華部三昧耶＝蓮華部の諸尊が行者を加持して語業（言葉）を清浄にし、説法が自在となること。④金剛部三昧耶＝金剛部の諸尊が行者を加持して意業（心）を清浄にし、菩提心（悟りを求める）を起こさせて解脱を得させること。⑤被甲護身＝あらゆる仏の大慈悲の甲冑をつけて諸障難を離れ、衆生に利益をほどこすこと。なお、中院流および子島流においては護身法を授けるための準備として護身法加行がある。→加持祈祷・三昧耶

【五蔵】ごぞう

一般に仏教の教え全体は経・律・論の三蔵で示されるが、六波羅蜜経の帰依三宝品では、経・律・論・般若波羅蜜多・陀羅尼門の五蔵によって仏教全体が示されている。空海がとくに陀羅尼門はもっともすぐれているとし、真言陀羅尼の不思議な功徳を強調した。また、「人・天・声聞・菩薩・如来」の五つの立場、「仁・義・礼・智・信」の五つの教えをも五蔵という。→陀羅尼

【五体投地礼】ごたいとうちらい

礼拝の一種。五体投地礼は、五体すなわち右膝・左膝・右手・左手・頭頂を順次に地につけて、全身を地に投げ伏す。チベット仏教では手のひらを地面につけるが、日本では手のひらを上に向け、自分の頂に本尊の足をいただく思いで礼拝する。インドの習俗の礼拝、あるいは仏教にても最勝の礼拝が五体投地礼である。五輪投地礼・投地礼・頭面礼・頂礼などともいう。

【五大明王】ごだいみょうおう

不動・降三世《ごうさんぜ》・軍荼利《ぐんだり》・大威徳の四明王に、東密（真言密教）では金剛夜叉明王を、台密（天台密教）寺門派では烏《う》枢瑟摩《しゅしつま》を加える。五大明王の考え方は中国で起り、平安時代には鎮護国家の秘法である「仁王経法」が修せられるにともなって、配置も中東南西北の五方から横一列のものがみられるようになった。五大尊・五大忿怒・五部忿怒などともいう。胎蔵曼荼羅の持明院の五尊で忿怒形をとる。→軍荼

利明王・降三世明王・大威徳明王・不動明王・夜叉

【五大力菩薩】《ごだいりきぼさつ》

金剛吼・竜王吼・無畏十力吼・雷電吼・無量力吼の五菩薩をいう。諸国王が仏法僧の三宝を護持するとき、その国土を守るために五人の菩薩が派遣されるという。のちに密教化し、五大明王と結びつき、忿怒形をとる。民間では盗難除けの護符とする。配置は、中＝金剛吼、東＝無畏十力吼、南＝竜王吼、西＝無量力吼、北＝雷電吼とされる。五方菩薩・五大力尊ともいう。↓五大明王

【五智】《ごち》

大日如来の智慧を五種に分けたもの。①法界体性智＝真理の世界の本性を明らかにする智。②大円鏡智＝鏡のように万像を明らかにする智。③平等性智＝もろもろの事象が平等であると観ずる智。④妙観察智＝もろもろの事象の違いを正しく観察する智。⑤成所作智＝自己および他人のためにすべきことを成就させる智の五種。顕教でも法界体性智を除いた

四智は説かれるが、法界体性智を四智の総体として説くところに密教の特徴がある。五智は金剛界曼荼羅の五仏（法界体性智＝中央大日如来、大円鏡智＝東方阿閦如来、平等性智＝南方宝生仏、妙観察智＝西方阿弥陀仏、成所作智＝北方不空成就仏）に配される。この五智は、真言行を修する人が発心し修行して得るところの智慧であり、大日如来の内証（悟り）の智慧でもある。↓五仏

【五筆和尚】《ごひつわじょう》

三筆の一人として知られ、能書家であった空海の別称。空海は留学僧として入唐したおり、韓方明に書法を学び、在唐中に五筆和尚と呼ばれた。空海の書法は、篆・隷・楷・行・草・飛白文字にまでおよび、とくに書聖といわれる王羲之の書風の影響を強く受けている。その筆跡は、『聾瞽指帰』『三十帖策子』『風信帖』『灌頂暦名』『大日経開題』『崔子玉右座銘』『請来目録』など数多く残っている。↓大師流

【五秘密】ごひみつ

金剛薩埵《こんごうさった》およびその眷属である欲金剛・触金剛・愛金剛・慢金剛の四菩薩をいう。浄菩提心（悟りの心）を体とする金剛薩埵と、欲望・生存欲・愛欲・慢《おご》りなど表す四菩薩とによって、煩悩即菩提の境地を密教的に表現したものである。煩悩に染められている衆生の心中にも、本来菩提心がそなわっており、この煩悩の力を転じて悟りへの力にすることが五秘密法である。→金剛薩埵・煩悩即菩提

五秘密

【護符】ごふ

護身符・お守・守札・御札などともいう。仏菩薩・天神などの形像・真言・種子などを紙片・木札に書き記し、加持したものをいう。護符は、身につけたり、貼ったり、飲みこむことによって、厄除・開運・安産・招福・治病などの霊験があると信じられている。中国では道教の影響を受け、日本では平安時代から行われている。→加持

【五部・三部】ごぶ・さんぶ

金剛界において大日如来のそなえている智慧を五種に分けたもので、つぎの五仏によって表現される。中央（仏部・如来部）―大日如来、東（金剛部）―阿閦如来、南（宝部・摩尼部）―宝生如来、西（蓮華部）―阿弥陀如来、北（羯磨部・迦嚕摩《きゃろま》部）―不空成就如来である。五仏は五部の教主であり、その眷属の諸尊を含めて五部諸尊といい、五部諸尊の集会を五部海会という。大日経において説かれる仏部・蓮華部・金剛部の三部も同じ意味である。五部

は相互供養の世界であり、大日如来から四如来が生れ、四如来を供養するために十六大菩薩が出生する。大日如来によって供養された四如来は、大日如来の供養に応えるために、阿閦如来は金剛波羅蜜菩薩を、宝生如来は宝波羅蜜、阿弥陀如来は法波羅蜜、不空成就如来は業波羅蜜の四波羅蜜菩薩を出生する。このように順に内供養の四菩薩、外供養の四菩薩を出生し、大日如来を含む三十七尊が出生する。この相互供養の世界が、金剛界の大日如来の自内証（悟り）の世界である。↓五智・金剛界・三十七尊

【五部心観】ごぶしんかん

金剛界の五部諸尊の観法を容易にするために図示したもので、詳しくは「哩多《りた》僧蘖囉《そうぎゃり》五部心観」という。円珍が請来したものと、転写本とがある。金剛界曼荼羅の成身・三昧耶・微細・供養・一切の六会の諸尊を、尊像・印契・真言などによって説いている。現図金剛界九会曼荼羅とこの五部心観の六会曼荼羅とは、ともに金剛頂経にもとづいて図絵されているが、異なっているところが多い。五部心観は現図九会曼荼羅の成立課程の重要な資料と思われる。

↓五部〈三部〉・現図曼荼羅・観法

【五部陀羅尼問答偈讃宗秘論】ごぶだらにもんどうげさんしゅうひろん

略して五部宗秘論・宗秘論ともいわれる。一巻。空海の作とされ、初期の作品と考えられる。修真居士と秘密上人との問答の形成をとり、全体として百八問答、五百二十行の偈頌（漢詩文）で書かれている。内容は真言陀羅尼や曼荼羅の意義や用法、護摩法、息災・増益・調伏・調愛の法などの修法上の問題、仏菩薩などについての説明など、真言密教の種々の問題について簡単に説明したもの。↓真言・曼荼羅・修法

【五仏】ごぶつ

大日如来を中心として、その四方に坐す四仏を合わせて五仏といい、五如来・五智如来などともいう。大日如来のもっている智慧・功徳を四つに分けたものが四智であり、四仏である。金剛界では阿閦仏《あしゅくぶつ》

(東)・宝生仏（南）・阿弥陀仏（西）・不空成就仏（北）の四仏、胎蔵部では宝幢仏(東)・開敷華王《かいふけおう》仏(南)・無量寿仏（西）・天鼓雷音《てんくらいおん》仏（北）の四仏で、金胎で名称を異にするが、それぞれ同体の仏という説もある。↓五智

【護摩《ごま》】

供物（護摩木・五穀など）を投じて神仏を供養する儀式。智慧の火で煩悩など一切の苦を焼きつくすことを意味する。古代インドのバラモン教で行われたものが仏教にとり入れられ、とくに密教で盛んになった。日本では密教から修験道や神道の一派にも取り入れられ民間信仰の火祭りとも結びついた。密教の護摩供養には内護摩と外護摩の二種がある。内護摩とは行者が内心の智慧の火をもって一切の煩悩と無知を焼きつくす精神的な護摩のことであり、また理護摩ともいう。外護摩とは実際に火を焚いて供物を火中に投じながら真言を唱え、諸神仏を供養することをいい、事護摩ともいう。しかし、この外護摩の修法はかならず内護摩をともなったものでなければ功徳が得られないとされる。また、外護摩には、その祈願する目的によって、災いを除くための息災護摩、幸福をもたらすための増益護摩、悪を屈服させるための降伏護摩などの修法の別がある。その祈願する内容を書いたものが護摩札であり、炉のなかに投じて燃やす小木を護摩木（乳木）という。また護摩を行う堂を護摩堂といい、護摩壇が設けられ、本尊には不動明王や愛染明王が安置される。↓護摩の灰・柴灯護摩

【護摩の灰《ごまのはい》】

火に供物や護摩木を投じる護摩供養のときに出る灰をいう。また諸国を巡り歩いた高野聖のなかには弘法大師の修した護摩の灰と称して押売りを行った者がいて、江戸時代には人をだまして金品を取る僧侶（売僧《まいす》）を「護摩の灰」といった。またそれから転じて、旅人の道ずれとなって金品を盗み取る者を護摩の灰（胡麻の蠅）といった。この言葉は人形浄瑠璃などでしばしば用いられる。↓高野聖・護摩

【御遺告】ごゆいごう

弘法大師空海の遺言。真言宗徒が守るべき心得を得き示したもので、弘法大師全集には真撰と思われるもの六本（第二輯）と偽作とされるもの三本（第五輯）の九本が収められているが、一般には、『二十五条御遺告』（弘法大師全集第二輯）のことをいい、これは承和二年（八三五）三月十五日付となっており、空海が入定する一週間前のものであることがわかる。この書の初めには「諸弟子らに遺告す」とあり、その内容が二十五条よりなっているゆえに『二十五条御遺告』ともいう。この『御遺告』の空海真筆本といわれるものが、今日、高野山御影堂にあるが、雲照によって真筆本であることが疑われてより空海の口述を門人が筆記したとする説が強い。この書には多くの注釈書があり、古くよりよく研究されていたことがわかる。→入定

【五輪九字明秘密釈】ごりんくじみょうひみつしゃく

興教大師覚鑁（一〇九五〜一一四三）の著作。一巻。本書は平容時代末期における浄土思想の流行を背景に真言密教の立場からの浄土観・往生観をのべた著作であり、別名、頓悟往生秘観・五輪九字秘釈ともいう。内容は大日如来の悟りの境地を象徴する五輪すなわち地水火風空と阿弥陀如来の九字真言とは同一であり、阿弥陀は大日の分身であり、極楽（阿弥陀如来の浄土）も密厳仏国土（大日如来の真理の世界）も同一であることなどを十門に分けて論述している。→覚鑁・大日如来・密厳浄土・無量寿如来根本陀羅尼

【五輪塔】ごりんとう

五輪卒塔婆の略。大日如来の悟りの世界を象徴し、地水火風空の五大を表す。古代インドで考えられた宇宙の構成要素を説明する思想が発展して密教にと

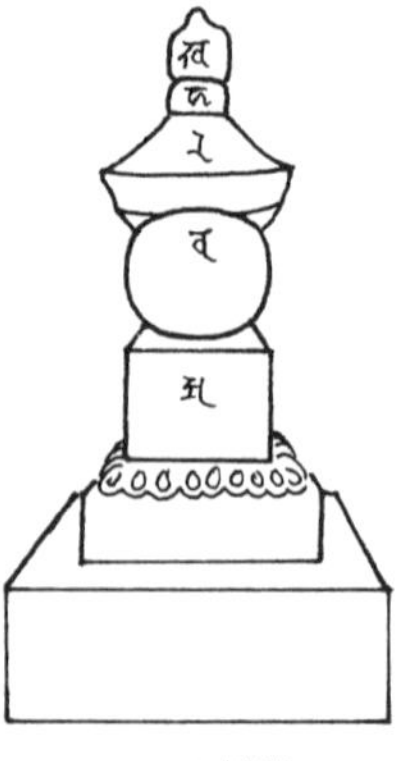

五輪塔

り入れられたもの。密教では、この五輪に大日如来の悟りの境地である一切智々をはじめ五方・五字・五行・五色・五体・五智・五仏などが配され、空海の『即身成仏義』では五輪は大日如来の六大法身を象徴するものとなった。一般に用いられる板の卒塔婆や墓碑としての五輪の石塔も、この五輪塔に由来するものである。↓一切智々・五色・五大・五智・五仏

【勤行】 ごんぎょう

お勤《つと》めともいう。元来は広く道を勧め行う意味であるが、のちに仏前において読経などをすることをとくに勤行というようになり、次第に時間・方法なども決められた。その内容は、真言宗においても各派異りがあるが、おおむね次のような経文・真言などを唱える。懺悔文・三帰・三境・十善戒・発菩提心戒・三昧耶戒・間経偈・般若心経（理趣経・観音経など）・本尊真言・諸真言・光明真言・宗祖宝号（両祖・派祖など）・祈願文・回向文。↓便覧編（勤行経典）

【権化】 ごんげ

仏菩薩が衆生を救済するために権（仮り）に神・人間・鬼畜などに姿をかえて、この世に現れたもので、権現・応現・化現・示現などもいう。わが国では神仏混合の結果、本地垂迹説の隆盛にともなって、日本古来の神々も仏菩薩の仮りの姿とされた。また後年、特異な事蹟を残した人物も権現としてまつられるものが出現した。著名なものとしては、熊野・春日・蔵王・白山・箱根・伊豆・談山・東照・清滝・太郎坊・飯縄などがある。↓神仏習合・本地垂迹

【金剛】 こんごう

梵語・バジュラの訳語。元来はインドの武器の一つであったが、密教では仏の智慧を表す言葉。仏の智慧は堅固であり、煩悩をよく破る働きがあることから金剛石にたとえる。また、法具の金剛杵《こんごうしょ》のことをいう。金剛杵には、独鈷・三鈷・五鈷などの種類がある。ちなみに、弘

金剛杵

法大師空海の密号は遍照金剛という。↓金剛界・密教法具

【金剛界】こんごうかい

金剛頂経に説かれる仏の真実の智慧の世界のこと。金剛は何物にも壊されることなく、一切の煩悩を打ち砕く仏の智慧を象徴し、界は要素・本質・差別・範疇・領域・世界などの意味があり、また体・身の意味があるとされる。金剛頂経では、成仏した釈迦が金剛界如来という名前になって、その悟りの智慧の世界を展開して金剛界曼荼羅が現れたと説く。その金剛界曼荼羅の世界に入るための修行法は大日経に説かれる胎蔵法にたいして金剛界法という。金剛界如来は大日如来の智法身（大日如来の智慧そのもの）とされ、五仏の宝冠を戴き、髪を垂らし、身色白く、瓔珞（玉かざり）と天衣を着け、智拳印を結び、七師子座に結跏趺坐する。ただし一般的には師子はなく単に蓮華座に坐す像が多い。↓金剛頂経・金剛界五悔・金剛界次第・金剛界曼荼羅・金剛界礼懺・大日如来・釈迦如来

【金剛界五悔】ごんごうかいごかい

胎蔵法の九方便にたいする金剛界法の懺悔・礼仏の法。①至心帰命＝身口意の三業（身心全体）を清浄にして三宝（仏法僧）を敬う。②至心懺悔＝過去に犯した罪を悔い改める。③至心随喜＝すべての有情（生きとし生けるもの）が仏に生かされていることをともに喜ぶ。④至心勧請＝すべての仏に、一切衆生を救済することを願う。⑤至心回向＝仏になろうとする心をおこして修行し、その修行で得た功徳を一切衆生に回向して、ともに悟りに至ろうと願う。↓金剛界

【金剛界次第】こんごうかいしだい

金剛界念誦次第ともいう。次第とは実際の修法の順序に即して印契・真言・観想文などを書きとめたもので、金剛界次第は『金剛頂蓮華部心念誦儀軌』をもとにしているが、昔から多くの密教修行僧によって各種の次第が作られており、各流派ごとに異なる。↓金剛界・次第

【金剛界曼荼羅】こんごうかいまんだら

九会《くえ》曼荼羅・智曼荼羅・果曼荼羅などともいい、金剛頂経に説かれる教えにしたがって図式化され表現されたもので、全体で千四百六十一尊が描かれている。仏の智慧を表現したものとして智曼荼羅といい、その智慧が堅固であることから金剛界曼荼羅という。九会とは、①成身会《じょうしんね》、②三昧耶会、③微細《みさい》会、④供養会、⑤四印会、⑥一印会、⑦理趣会、⑧降三世会、⑨降三世三昧耶会のことで、会も曼荼羅と同じ意味をもち、九つの曼荼羅を一つにまとめたから九会曼荼羅という。成身会は根本会・羯磨《かつま》会ともいい、理趣会は金剛薩埵会・普賢会ともいい、降三世会は降三世羯磨会ともいう。このうち中央の成身会が根本となっている。九会の展開する順序として上転・下転の両面から解釈され、上転は⑨から①へと衆生の側から修行向上の階程を示し、下転は①から⑨へと仏の側からの衆生済度の階程を示している。

↓曼荼羅・便覧編（金剛界曼荼羅の構成）

【金剛界礼懺】こんごうかいれいさん

『金剛頂瑜伽三十七尊礼』などの経典に説かれるもので、金剛界の三十七尊を礼拝・讃歎するとともに、懺悔などの心を表明するもので、はじめに三宝を敬礼《きょうらい》し、つぎに五悔（至心帰依・至心懺悔・至心随喜・至心勧請・至心回向）を誓願し、つぎに三十七尊を礼拝して徳を讃歎し、発願して結びに至る。日常朝夕の勤行で読誦したり、各種法要では五悔の部分が唱礼される。↓金剛界五悔・三十七尊

【金剛薩埵】こんごうさった

真言宗付法の第二祖で、金剛手・秘密主ともいい、また、普賢菩薩と同一とする考え方もある。金剛界曼荼羅では成身会・三昧耶会・微細《みさい》会・供養会のなかで阿閦《あしゅく》如来をとり囲む四菩薩の第一として前方に坐す。理趣会では主尊として中央に坐し、欲・触・愛・慢の四菩薩が四方を囲んでいる。胎蔵曼荼羅では向かって右側金剛手院の主尊である。この菩薩は、衆生すべてが心の奥にもっている菩提心（悟

りの心）を意味しており、一切衆生の煩悩の主体という意味もあって、衆生の煩悩がそのまま菩提心であることを表した菩薩で、菩提心の徳をもつ阿閦如来の前方に坐すのである。また一切衆生の代表者ということから、大日如来（第一祖）の説法を最初に聞き、竜猛《りゅうみょう》菩薩（第三祖）に授けた菩薩で、仏界と人間との接点に位置する重要な菩薩である。↓五秘密・煩悩即菩提・竜猛

金剛薩埵

【金剛智】《こんごうち》 六七一〜七四一

中国唐代に活躍した人で、真言宗付法の第五祖。諡号を大弘教三蔵という。中インドの王子とも、また南インドのバラモン出身ともいわれる。南インドで金剛頂経系の密教を修学し、その後、海路唐に至って玄宗の加護を受け、主に金剛頂経系の密教経典・儀軌を翻訳するなど、密教を組織的に中国へ伝えた。さらに不空三蔵にそれらを授けたことによって、中国に密教の栄える基礎をつくった功績は大きい。寿七十一歳。↓金剛頂経・不空

【金剛頂経】《こんごうちょうぎょう》

大日経とならぶ真言密教の根本経典。あわせて両部大経という。仏滅の数百年後に竜猛菩薩が現れ、南天の鉄塔に入って十万頌の経文を得て人々に伝えたものが金剛頂経であり、これは十八の場所で説かれた十八会の経典の集りとされる。しかし実際には初会・第六会（理趣経）・第十五会（秘密集会経）などが当初のものと指摘されているだけで、十八の全体が最初からあったとは考えられない。とくに初会の真実摂経を金剛頂経と称し、サンスリット語原本が発見されている。漢訳には唐の不空の訳した一切

如来真実摂大乗現証大教王経三巻と宋の施護の訳した一切如来真実摂大乗現証三昧大教王経三十巻とがあり、チベット語訳も存在する。空海はこの初会の金剛頂経だけでなく、金剛頂経系の多くの儀軌（造像や修法の方法を記した書物）も金剛頂経と呼んでおり、チベット仏教では密教を四段階に分けるうちの第三段階のヨーガタントラ（瑜伽密教）に当てる。八世紀ごろ南インドで成立。内容は大日如来が金剛手などの八大菩薩とともにアカニシュタ天宮において説いた経とされ、菩提樹の下で修行していた一切義成就菩薩（釈迦）のところへ一切如来が現れて法を説き、それによって悟りを開いた釈迦は金剛界如来となり、四波羅蜜菩薩・十六大菩薩・八供養菩薩・四摂菩薩などを出現させて金剛界曼荼羅を現したと説く。→金剛界・金剛頂経開題・金剛頂経義訣・金剛頂分別聖位経・大日経・南天鉄塔

【金剛頂経開題】 こんごうちょうぎょうかいだい

真言密教の根本経典である金剛頂経を弘法大師空海が解説した書物。空海はこのほかにも『教王経開題』という金剛頂経の解説を書いている。本書は不空訳の金剛頂一切如来真実摂大乗現証大教三巻についての解説で、初めに真言密教の奥深くて優れていることを述べるほか、金剛頂経十八会の題名を一句ごとに説明し、終りに経文の解釈をする。空海の金剛頂経についての考えを知る重要な書といえる。
→金剛頂経

【金剛頂経義訣】 こんぎょうちょうぎょうぎけつ

正しくは金剛頂経大瑜伽秘密心地法門義訣といい、金剛智（六七一～七四一）が講義をしたものを不空が書きとめたとされる。もとは三巻であったというが、現在は上巻一巻のみ。空海・円珍によって日本に請来された。金剛頂瑜伽中略出念誦経六巻本の註釈である。金剛頂経の註釈書としてはもっとも古く重要なもの。仏滅の数百年後に竜猛が南天の鉄塔に入って得た十万頌の経文の存在を伝える唯一の資料。
→金剛頂経・金剛智・南天鉄塔

【金剛頂分別聖位経】《こんごうちょうふんべつしょういぎょう》

正しくは略述金剛頂瑜伽分別聖位修証法門といい、略して分別聖位経・聖位経ともいう。不空三蔵訳。一巻。空海・円仁・円珍・宗叡らが日本に請来した。金剛界曼荼羅の中台の四仏・四波羅蜜菩薩・十六大菩薩・八供養菩薩・四摂菩薩の三十六尊の出現と功徳とを説明するもので、古来より聖位経と呼ばれている。また真言宗の宗名（真言陀羅尼宗）と四種法身説を説くことで有名。↓金剛界曼荼羅・金剛頂経・三十七尊

【金剛盤】《こんごうばん》

金剛鈴と金剛杵を置く台。ふつうはほぼ三角形の心蔵形をしており三本の脚がある。京都の東寺には空海請来品とされる遺品があるが、請来録中には金剛盤一口としてあり明確ではない。また金剛盤は経典や儀軌にはみられず空海以外の入唐八家の請来録中にもなく、究海請来とされる金剛盤が基本型となって造られた鎌倉時代以後のものが多い。金剛盤上に置く金剛杵は、五鈷・三鈷・独鈷であるが、その置き方は諸流によって異なり、小型の小金剛盤を用いることもある。↓金剛鈴・密教法具

【金剛般若経開題】《こんごうはんにゃぎょうかいだい》

金剛般若経について空海が解説した書。金剛般若経は般若心経とならんで広く信仰を集めた般若系の経典で、多くの註釈書がつくられているが、空海はこれを密教的に解釈している。本書は空海の自草稿本の断簡が残されており、京都国立博物館・奈良国立博物館・松永記念館・五島美術館・前田育徳会・白鶴美術館・書芸文化院などに所蔵され、とくに京都・奈良国立博物館所蔵の残簡は国宝に指定されている。草書体のなかに行書を交え、日本書道史上の逸品とされる。↓般若心経秘鍵・大師流

【金剛鈴】《こんごうれい》

修法中に用いる楽器の一種。金剛界金剛鈴菩薩の三昧耶形（徳を象徴的に表したもの）である。円錘形の鈴部とその上部に把手にあたる部分があり、そ

の尖端が独鈷などの形をしている。この把手の尖端が独鈷・三鈷・五鈷・宝珠・塔の形をしているものを五種鈴といい、他に九鈷(大威徳鈴)・仏像鈴などがあるが、もっとも一般的に用いられるは金剛五鈷鈴である。→三昧耶形・密教法具

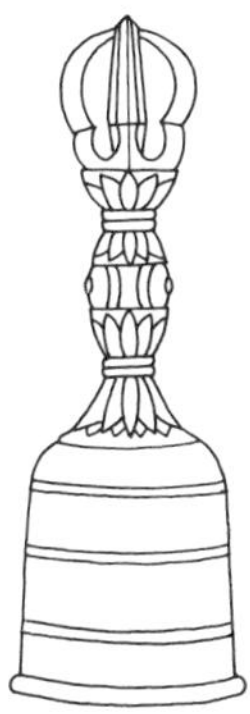

五鈷鈴

【勤操】《ごんそう》 七五八～八二七

三論宗の学僧。大和高市郡の秦氏に生れる。弘仁元年(八一〇)大極殿にて最勝王経を講じ、紫宸殿において諸宗の碩学による論議の席で座首をつとめて僧都に任ぜられ東寺の別当職につく。のちに西寺に住し大和に石淵寺を開く。空海の伝記によれば、勤操が空海の得度の師とされており、また記憶力増進を願う求聞持法を授けたのも勤操ではないかといわれている。空海の『性霊集』巻第十にその生涯が述べられている。→石淵寺・求聞持法・性霊集

【金毘羅】《こんぴら》

梵語クンピーラーの音訳。ガンジス川に棲むワニの神格化された神。薬師十二神将中の宮毗羅《くびら》大将、般若十六善神中の禁毘毗神にあたる。わが国においては香川県の松尾寺に勧請され、航海の安全を守護する神として琴平町象頭山の中腹にまつられている。本地垂迹説によって、その化身は三輪《みわ》明神《みょうじん》あるいは新羅明神とされる。なお松尾寺は明治維新の神仏分離のさいに金刀比羅宮を分離して現在に至る。→本地垂迹説

【建立曼荼羅次第法】《こんりゅうまんだらしだいほう》

弘法大師空海が曼荼羅建立の作法を説いた書。一巻。ここでいう曼荼羅とは、密教の修法を行う壇のこと。本来、曼荼羅とは壇の上に直接諸尊の像を描いたものがあるが、その諸仏菩薩の像を布や紙などに写したものを曼荼羅というようになった。壇をつくるには初めに浄らかな土地を選び、地神に啓請し、吉凶を占い、壇を造り、諸尊の像を描く。→壇・曼

茶羅

さ

【西行】さいぎょう　一一一八～一一九〇

俗名を佐藤義清《のりきよ》といい、鳥羽院の北面の武士であったが、二十三歳のときに出家、法名を円位とし、号を西行とした。各所に草庵を結び、奥州など諸国を行脚し、高野山に庵居しつつ、なお旅を重ねた。この旅路の間に多くの和歌を残し、『新古今和歌集』には最多の九十四首の歌が採録されている。家集として『山家集《さんかしゅう》』、歌論として『西公談抄』がある。また、五辻斎院頌子内親王の命により高野山に奉行として登り、蓮華乗院を建立した。↓高野山

【西国三十三か所観音霊場】さいごくさんじゅうさんかしょかんのんれいじょう

法華経観世音菩薩普門品（観音経）に観音（観自在）菩薩が衆生を救うために三十三の姿に身を変えて現れたと説かれることにもとづいて近畿全般にわたって三十三か所の観音霊場が設けられた。平安時代より行われたもっとも古い霊場であり、霊場ごとに巡礼札を納めるので三十三か所札所、もしくは西国札所とも呼ばれる。後世、坂東《ばんどう》三十三か所と秩父《ちちぶ》三十四か所とが設けられ、あわせて百観音とすることもある。↓観自在菩薩・観音霊場・巡礼・札所

【西大寺】（奈良）さいだいじ

南都七大寺の一寺で真言律宗の総本山。秋篠山高野寺四王院。奈良市西大寺町に位置する。天平宝字八年（七六四）に称徳天皇の勅によって四天王を鋳造し、翌年、伽藍が創建された。朝廷の保護により隆昌を極めたが、火災などによって衰えた。しかし、嘉禎二年（一二三六）に戒律復興をとなえた興正大師叡尊（一二〇一～一二九〇）が入って復興し、中興第一祖となった。以後、この寺は律宗の大道場となり、また、叡尊は戒律と真言密教の教義をあわせて西大寺流を起し、その本寺とした。現在、伽藍は金堂（江戸時代に再建）・観音堂・愛染堂などがあり、寺宝には絹本著色十二天像・金光明《こんこうみょう》最勝王経・金銅舎利塔などの国宝、その他多くを有する。毎年

四月十五、十六日の大茶盛の行事は有名。↓叡尊・真言律宗

【柴灯護摩】 さいとうごま

修験道において野外で修する護摩《ごま》。柴灯護摩は本尊を不動明王として天下泰平・国家安穏のために五仏の力をたよりに修する。すなわち東方阿閦如来の木を西方阿弥陀如来の金によって切り、中央大日如来の大地に積み、南方宝生如来の火を付けて焼き、北方釈迦如来の水をそそいでこれを消火するのであり、煩悩の薪を智慧の火で焼き尽し、五仏の智慧の光に浴そうとするものである。↓五仏・護摩

【祭文】 さいもん

法要のときに本尊の徳を讃え、その恩に感謝する気持を受けたまえと捧げる言葉。祭文は法会によりそれぞれ特別の曲調で読みあげる。御影供・誕生会・常楽会・仏生会・施餓鬼・盂蘭盆会・灌頂会、また、明神講・聖天講・弁天講・大黒講・涅槃講・遺跡講・舎利講・諸尊講などのときの祭文は一般に

頒布された。近世には祭文読みなどの芸人が出、歌祭文として大衆芸能化した。↓声明・唄・和讃

【嵯峨天皇】 さがてんのう 七八六～八四二

桓武天皇の第二皇子で第五十二代天皇。書・詩文などを好み、とくに書法に勝れて空海・橘逸勢《たちばなのはやなり》とともに三筆の一人とされる。また、空海に帰依することとくに深く、真言宗の開宗弘通にさいしてはつねに外護の立場にあった。弘仁九年（八一八）に天下に疫病が発生したとき、天皇は自ら紺紙金泥の般若心経一巻を書写し、空海に勅してこれを講讃するようにと命じたところ霊験があったとされ、天皇が晩年に住んだ大覚寺は今日においても「心経の寺」として有名である。↓三筆・大覚寺

【三学録】 さんがくろく

詳しくは『真言宗所学経律論目録』といい、空海が弘仁十四年（八二三）十月十日に朝廷へ上進した目録である。一巻。この目録は真言宗徒が学ばねばならない経典・律・論疏を規定したもので、経部百

三十二部二百四十二巻（金剛頂宗経六十二部八十三巻、胎蔵宗経七部十三巻、雑部真言経六十三部百四十六巻）と梵字真言讃など三十九部四十一巻、律部十五部百七十四巻と論部二部十一巻、三学すべてを合わせると百八十八部四百六十八巻となる。この目録により空海が経論をいかに分類していたかが知られ、真言宗の教学の基本となる文献が分野別にはっきりとわかる。↓経蔵

【三句】さんく

大日経に「一切智智（絶対の世界を知る根源的な智慧）は何を因（原因）とし、何を根（根本）とし、如何が究竟（究極のもの）するや」という問いがあり、それに答えて「菩提心を因とし、大悲を根とし、方便を究竟とす」と述べられる。これを三句をいい、三句の法門ともいう。「菩提心を因とす」とは、悟りを願うことが成仏の正因であるということ。「大悲を根とす」とは、悟りを求める心をゆるぎないものとするためには慈悲の実践を根本とすること。「方便を究竟とす」とは、慈悲の行いによって得た究極の智慧を明かすこと。密教における方便とは「仮りの教え」という意味ではなく、智慧と慈悲を一体化したものであり、智慧と慈悲とは方便によって初めて現実となるとされる。↓一切智智・方便・菩提心

【散華】さんげ

散華には四つの意味がある。①諸仏を供養するために華（花）をまくこと。②法会のときに諸仏の供養のためにまく華のこと。この華には樒《しきみ》・菊・蓮などの生花か、紙でつくられた蓮弁が用いられる。③法会のときに華篭《はなご》の華をまきながら唱える梵唄《ぼんばい》。職《しき》衆《しゅう》が行道して梵唄を唱えるのを行道散華《ぎょうどうさんげ》という。真言宗の法要である二箇法要の二箇とは唄とこの散華のことである。④金剛界法に用いる十七雑供養の一で金剛華ともいう。↓華・唄

【三劫】さんごう

顕教（密教以外の一般仏教）では劫とは無限といってよいほど長い時間の単位であり、成仏するため

には三劫（三無数劫）の長時にわたって難行苦行して五十二の段階を経なければならないという三劫成仏を説く。密教においては劫とは顕教でいう時間の単位ではなく、妄執《もうじゅう》（無知・煩悩）を意味する。三劫とは人間のもつ三段階の妄執、つまり麁《そ》妄執・細《さい》妄執・極細《ごくさい》妄執のことで、この三つの妄執を断つことによって成仏ができるとし、無限の時を経なくても成仏できるとする。↓劫・三妄執

【三教指帰】 さんごうしいき

三巻。空海撰。延暦《えんりゃく》十六年（七九七）十二月、二十四歳ごろ（?）の作。文体は優雅な六朝風の四六駢儷《べんれい》体で、戯曲風に書かれている。その内容は儒教と道教と仏教の優劣を論じた比較思想論であり、最終的には仏教が勝れていることを説き明かす。序文では空海みずからの境遇や修行（求聞持法《ぐもんじほう》など）について述べ、巻上は亀毛《きもう》先生論として、儒教を奉じる兎角公の不良息子蛭牙《しつが》公子を教誨するために儒者の亀毛先生が忠孝・立身出世などの儒教の教えを説く。巻中の虚亡隠士論では、その場に居合わせた虚亡隠士が一応儒教を是認しながらも、超俗の道、とくに長生術や昇天術などの道教の説を紹介し、儒教より勝れていることを説く。巻下の仮名乞児論では、最後に仮名乞児が現れ、仏教の生死観や無常観を明かし、儒教は世俗の名利を求める俗塵《ぞくじん》のあかしとし、すみやかに仏教の大道にはいるべきことをすすめる。それによって登場者はみな仏道にはいり、仏教をもって人生の指針とすることを誓う。これらの登場人物は空海の外戚佐伯《さえき》氏（兎角公）、阿刀大《あとのおお》足《たり》（亀毛先生）、空海（仮名乞児）がモデルとなっているものと推定され、出家をいさめる親族にたいして出家の理由を表明した空海自身の出家宣言書ともいうべきものである。本書の草本と思われる『聾《ろう》瞽指帰《こしいき》』二巻（空海真筆本）が現在、金剛峯寺に保存されている。↓求聞持法・十住心論

【三鈷の松】 さんこのまつ

高野山御影堂《みえいどう》前にある松。空海が大同元年（八〇六）八月に唐より帰朝のさいに日本へ向けて八祖相伝の三鈷杵《さんこしょ》（手にもつ密教法具の一つ）を投げて密

教流《る》伝《でん》宣布の霊地を占ったところ、高野山の一本の松の枝にこの三鈷がかかったとされ、空海は帰朝後、この松の地に根本大塔を建立し、松を御影堂の前に移植したと伝えられている。この伝説によってこの松を三鈷の松といい、この三鈷杵を飛行三鈷《ひぎょうさんこ》と呼ぶ。
→高野山・飛行三鈷

【三十七尊】さんじゅうしちそん

金剛界曼荼羅における根本諸尊をいい、金剛界三十七尊ともいう。この三十七尊は五仏・四波羅蜜菩薩・十六大菩薩・八供養菩薩（内四供養菩薩と外四供養菩薩）・四摂菩薩より構成されている。その関係は、大日如来の四智を四仏（阿閦・宝生・無量寿・不空成就）とし、四仏の活動面がそれぞれの四親近《ししんごん》の菩薩で、合して十六大菩薩（阿閦＝金剛薩埵・金剛王・金剛愛・金剛喜、宝生＝金剛宝・金剛光・金剛幢・金剛笑、無量寿＝金剛法・金剛利・金剛因・金剛護、不空成就＝金剛業・金剛護・金剛牙・金剛拳）である。そして、四仏より四智の徳をもって大日如来に奉仕するのが四波羅蜜菩薩（阿閦＝金剛、宝生＝宝、無量寿＝法、不空成就＝羯磨）で、それに応えて大日如来から四仏に供養するのが内四供養菩薩（金剛嬉・金剛鬘・金剛歌・金剛舞）であり、逆に四仏から大日如来に供養するのが外四供養菩薩（阿閦＝金剛香、宝生＝金剛華、無量寿＝金剛灯、不空成就＝金剛塗香）である。このように互いに供養することによって五仏の徳はますます増長するのであり、この増長せる徳をもって衆生を救い利益《りやく》を与えるのが四摂《ししょう》菩薩（金剛鉤・金剛索・金剛鏁・金剛鈴）である。→五仏・金剛界曼荼羅

【三十帖策子】さんじゅうじょうさくし

空海が入唐時《にっとうじ》に師の恵果らより学び授与された秘密儀軌・法文など百四十余種を書写して三十帖の冊子にまとめたもので、いわば空海の留学ノートである。この書はもともと東寺経蔵に保管し、長者以外一切披見できないとされていたが、文治二年（一一八六）に仁和寺守覚法親王（一一五〇〜一二〇二）の請いで借り出され、現在、仁和寺に蔵されている。国宝。→恵果・仁和寺

【三乗】 さんじょう

一般仏教では、声聞乗（釈尊の声を聞いて悟りを得ようとする者）・縁覚乗（釈尊の教えである縁起の法によって悟りを得ようとする者）・菩薩乗（大乗仏教の利他の行によって悟りに達しようとする者）を三乗とするが、真言宗では、これをより深く解釈し、それぞれに身口意の三密を配する。声聞は声による得道であるから語密、縁覚は十二因縁を観じて悟るために心密とし、菩薩は大悲心（慈悲）から利他のために娑婆世界に身を変じて衆生を済度するところから身密とされる。↓三密・菩薩

【散杖】 さんじょう

香水（香を入れた水）を振りそそぐのに用いる小枝。現在一般的には梅または柳が用いられる。インドでは香水は茅草の小束または小三股印の指頭をもってそそぐとされているところから散杖は中国や日本に始まるとする説があるが、陀羅尼集経などには楊柳枝を用いることが説かれており、空海の『持宝金剛次第』、実慧の『檜尾口訣』などは、この陀羅尼集経にもとづくとされる。↓護摩・檜尾口訣

【三身】 さんじん

大乗仏教では一般に仏の身体（仏身）について法身・報身・応化身の三身あるいは自性身・受用身・変化身の三身があると説く。法身とは、無形無色の理の仏（真理そのもの）のこと。報身とは、因位（悟る前の修行のとき）における無量の願行に報われて万徳円満を成しとげた仏をいい、阿弥陀如来・薬師如来などがこれにあたる。応化身とは、仏菩薩が衆生済度のために衆生の機根（能力）に応じて種々の身を現した仏であり、人間界における生身の釈尊がこれにあたる。一方、自性身とは、真如・法性を体とする仏であり法身とほぼ同じ。受用身《じゅゆうしん》には自受用身・他受用身の二種があり、ただ仏と仏とが説法しあう境界を自受用身といい、一定の境地（初地以上）に達した菩薩に説法する仏を他受用身という。変化身とは、初地以下の菩薩、二乗凡夫に説法する仏である。以上が三身の概要であるが、真言密

教の仏身観では以上の二種の三身説を巧みに組み合わせながら四種身（自性・受用・変化・等流）を形成し、しかもそれらはすべて法身であるとするところに特徴があり、三身説に使われた同じ名称を用いながらも内容を異にしている。↓応化身・権化・三輪身・受用身・法身説法

【三大】《さんだい》

真言宗の根本教義を本体（体）・形態（相）・その働き（用）の三方面から表す語で体大・相大・用大の三をいう。あらゆる現象・物質の要素（六大＝地水火風空識）を体大とし、その形態（相大）を四種曼荼羅（四曼）で表し、三密（身口意）を用大としてその働きを説明する。この三大はともに本来は差がなく平等であるとする横の立場と、六大を本源とし、四曼・三密を枝末であるとする竪の立場があるが、この横竪の区別は同一物の解釈の違いであって、もともと平等である。↓三密・四曼・六大

【三筆】《さんぴつ》

空海は古来より嵯峨天皇・橘逸勢とともに本朝の三筆と称えられた能書家である。空海は、唐に留学中、書法を学び、さまざまな書風に通じて、唐においてさえ五筆和尚と称えられた。わが国においても「弘法筆をえらばず」などの諺がある。↓弘法筆をえらばず・五筆和尚・嵯峨天皇・大師流

【三平等】《さんびょうどう》

三三昧耶《さんまや》ともいう。三昧耶とは悟り・平等の意味。自心と仏と衆生、身口意の三密、自他共、理行果、仏法僧の三宝、法応化の三身、過去現在未来の三世など、それぞれの三種が平等であることをいう。『秘蔵記』には「三密（身心のすべて）をもって一切諸法を摂す」とあり、広義にはすべての法は大日如来の三密に包摂されるために、そこでは万法が平等となる。阿三迷（等しきものなき）底哩三迷（三平等の）三摩曳（三昧耶）の句をもつ入仏三昧耶の真言がある。↓三身・三昧耶・三密

【三部】さんぶ

仏部（如来部）・蓮華部・金剛部の三部をいう。衆生が本来もっている自性清浄心（浄菩提心＝悟りの心）を汚れに染まらぬ蓮華にたとえて蓮華部と名づけ、その清浄心にともなう智慧は堅固にしてよく煩悩を破ることから金剛にたとえて金剛部と称し、蓮華部と金剛部の二徳をかねそなえ円満成就した仏の悟りを仏部と称する。仏部・蓮華部・金剛部には順次に大定・大悲・大智の三徳および（阿）、（沙）、（嚩）の種子が配される。→曼荼羅

【三宝院】（京都）さんぼういん

京都市伏見区醍醐寺山内にある真言宗醍醐派大本山。修験道当山派の本寺。永久三年（一一一五）勝覚の開基で、それ以前は灌頂院と称した。勝覚は先の座主定賢と義範・範俊の三師から法流を受けたことにより、その三法にちなんで灌頂院から三宝院と改称した。康治二年（一一四三）鳥羽上皇の勅願寺となり、応永三年（一三九六）第二十五世満済の代より醍醐寺座主を兼職する。開基以来たびたび焼失したがそのたびに復興し、現在の堂宇は秀吉の造営による。仏画・仏像・障壁画・書跡・文書など、国宝・重要文化財が多数現存する。→修験道・醍醐寺

【三宝荒神】さんぼうこうじん

諸説があり、如来荒神・麁乱（暴）荒神・忿怒荒神ともいう。もとは災いをなす荒々しい神とされ、神仏習合後は三宝（仏法僧）を守護する神となる。仏教では役行者《えんのぎょうじゃ》の感得した神と伝えられる。神道では荒《すさ》ぶる神として素戔嗚《すさのお》尊の子孫とし、陰陽道では御年神・奥津彦・奥津姫の三身と同一であるとされる。また荒神は不浄をとくに忌むところから火の清浄を好むとされ、竈神と結びついている形像が種々あり、如来荒神は相好柔和で金剛薩埵の姿、忿怒荒神は多面多臂の夜叉・羅刹の形相とされる。→役行者

【三宝礼】さんぼうらい

読経のはじめに三宝に帰依する意味で行う三度の

礼拝。三宝とは悟りを開いた仏、その教えである法、仏と法を信奉する教団（僧）の意味であり、まずはじめにこの仏法僧の三宝に帰依するところから法要が始まる。この三礼に唱えられる言葉は、「一切恭敬（一切恭敬す）自帰依仏、当願衆生（自から仏に帰依したてまつる、まさに願わくは衆生と共に）自帰依法、当願衆生（自から法に帰依したてまつる、まさに願わくは衆生と共に）自帰依僧、当願衆生（自から僧に帰依したてまつる、まさに願わくは衆生と共に）」。→勤行・便覧編（勤行経典）

【三摩地】 さんまじ

心を集中させ妄念より離れること。三昧・三摩帝・三摩底・三麽地・三昧地などと音写され、定・正定・正受・正思・正心行処・等持・等念などと意訳される。密教の三摩地法門とは、この三摩地に住して三密（身口意＝身心のすべて）の修行を行ずることをいい、煩悩を断じ、本尊の内証（悟り）の智慧を体得することである。また諸仏の悟りの内容および衆生の本来もっている清浄な心を三摩地ともいう。→三密

【三昧耶】 さんまや

時・平等・本誓・除障・驚覚などの意味がある。時とは単なる時間とは異なり、如来（仏）が説法しようとする時、そして衆生がそれを全身全霊をかたむけて聞こうとする時のことであるが、密教では大日如来はつねに説法しつつあるとされ、衆生がそれを自覚した時が、すなわち三昧耶とされる。平等・本誓・除障・驚覚は『大日経疏』第九において、入仏三昧耶（三平等）を解釈するさいに述べられる四つの意義。平等とは如来と衆生が本来平等であることを仏が衆生に覚らしむること。本誓とは如来がすべての衆生を無上菩提（悟り）に至らしめんと大誓願を立てること。除障とは如来が衆生の迷いを取り除こうとすること。驚覚とは無明の眠りにある衆生を如来が覚醒させること。また真言の修行者が聖尊を驚覚することの二つの意味がある。→三平等・三昧耶戒・三摩耶形

【三昧耶戒】さんまやかい

菩提心戒・三昧耶仏戒・住無畏戒・三世無障礙智戒などともいい、真言行者にとってもっとも重要な戒律。三種の菩提心（勝義・行願・三摩地）を根本精神として四重禁戒などを戒相（具体的な形）とする。四重禁戒とは①不応捨正法＝如来の正教をけっして捨てない。②不捨離菩提心＝菩提心（悟りを求める心）をけっして捨てない。③不応慳恪正法戒＝正法を惜しまない。④不応不利衆生行戒＝一切衆生にたいして不利益になるような行為をしない。真言行者はこの戒を灌頂（密教の法灯を継承する儀式）を受ける前にかならず受けなければならない。

↓戒・三摩耶・三昧耶戒序

【三昧耶戒序】さんまやかいじょ

真言行者がかならず受けなければならない戒である三昧耶戒について述べた空海の著作。一巻。著作年時不明。衆生が悟りに至る心の段階を十種に分けて説いた十住心の思想を述べ、その第十住心すなわち真言乗に入るためには信心・大悲心・勝義心・大菩提心の四種の心をおこすべきであることを強調している。また戒には、毗奈耶（律・調伏）と尸羅《しら》（戒・清涼寂静）の二種があり、悪い心を離れるのは調伏の戒により、心に寂静を得るのは尸羅の戒によるとして十善戒を強調し、衆生を利益する三聚浄戒を実践すべきことが説かれ、これが秘密三昧耶仏戒であるとしている。↓三昧耶戒・十住心論・十善戒

【三昧耶形】さんまやぎょう

諸尊が手にもつ器物および手に結ぶ印契の総称。略して三形ともいう。三昧耶には平等・本誓・除障・驚覚の四つの意味があり、諸尊の内証（悟り）は、この四つの意味を表した三昧耶形として示される。このため印契や持ち物によっても尊名や性格を知ることができる。この三昧耶形のみで描かれる曼荼羅を三昧耶曼荼羅といい金剛界曼荼羅では三昧耶会と降三世三昧耶会に示される。↓印契・金剛界曼荼羅・四曼

【三密】さんみつ

密教では宇宙の真理そのものである法身大日如来を教主としているが、その大日如来の働きは、身密・口密・意密の三密によるとする。したがって三密とは法身大日如来の身体の働きと言葉、そして心の想いを意味し、宇宙の一切の形色・物質は身密、一切の音声・音響は語密、一切の理・法則は意密となる。これにたいし迷いの世界にある衆生の言動などは三業というべきであるが、密教では如来と衆生とは本質において一体であるから衆生の三業をも三密という。この如来の三密に等しい衆生本来の三密を「本有の三密」という。そして、諸尊の印契（身）・真言（口）・観念（意）を規範とし、まず自己の三業を浄化するために手に印契を結び、口に真言を唱え、心に如来を憶念する修行を三密行というが、それは真言行者が最終目的である即身成仏をするための行である。↓印契・三平等・真言・即身成仏

【三妄執】さんもうじゅう

真言行者が因位（修行段階）から果位（悟り）に至る間に超える煩悩妄心の段階である麁妄執・細妄執・極細妄執をいう。三劫の異名。第一の麁妄執は人体を固定的な実体として自他を差別する惑。第二の細妄執とは人空の理（麁妄執）を知ったあと、その人体を構成する要素（五蘊《ごうん》）に実体ありとの妄見をもつ惑。第三の極細妄執は麁妄執・細妄執を知った修行者も、まだ平等法界を知らず、能所（造るも、のと造られるもの）に執着する惑。空海はこの三劫の妄執を超越するために十住心の思想をたて、そのなかでは、麁妄執を第一住心から第五住心までとし、細妄執を第六・第七住心に、極細妄執を第八・第九・第十住心に配している。↓三劫・十住心論

【三輪身】さんりんじん

密教の仏身を説明するための一解釈。自性輪身・正法輪身・教令輪身の三身をいう。輪は輪宝であり、煩悩を破る力をもつ。自性輪身とは宇宙の真理その

ものとしての仏（法身）で大日・阿閦・宝生・阿弥陀・不空成就の五如来。正法輪身は自性輪身の正法を説く菩薩で般若菩薩・金剛薩埵・金剛蔵王・文殊（観音）菩薩・金剛牙菩薩の五菩薩。教令輪身は、救いがたい衆生にたいして忿怒形を現して仏法にしたがわせようとする明王で、不動・降三世・軍荼利・大威徳（馬頭）・金剛夜叉の五大明王。↓五大明王・五仏・三身

し

【慈雲飲光】じうんおんこう　一七一八〜一八〇四

江戸時代後期の真言宗の学僧。慈雲尊者・慈雲律師・慈雲さんとも呼ばれる。大阪中ノ島の出身で俗姓は上月氏。十三歳で父を失い、その後得度。十八歳で京都に上り、まず儒学を学び、ついで密教を学ぶ。諸国を遊歴ののち、延享元年（一七四四）、摂津高井田長栄寺に住した。四十一歳で河内額田の不動寺にて『南海寄帰伝』の唯一の註解書『南海寄帰伝角解纜鈔』をつくる。同年、生駒山中長尾の双竜庵に隠遁し、梵学の研究に専念、十年後に『梵学津梁』千巻を著す。明和八年（一七七一）、西京阿弥陀寺に移り、十善戒を説き勧め、『十善法語』十二巻を著す。天明六年（一七八六）、高貴寺の僧坊を正法律の根本道場とし、寛政四年（一七九二）に戒壇を設けた。また晩年には理趣経の還梵を試みている。京阪の地に多く教化の日々を送り、京都阿弥陀寺で遷化。飲光の業績は①釈尊の根本仏教への復帰を主張し『十善法語』をまとめて正法律運動を展開したこと。②各宗に通じるとともに、儒学・神道さらに西欧の事情にも明かるく、雲伝神道を開く。とくに梵語の研究は有名で『梵学津梁』は世界的に知られることなどがあげられる。↓雲伝神道・十善法語・人となる道

【四箇法要】しかほうよう

唄《ばい》と散華の二種を用いる密立《みつだて》（密教独自の法式による法会）の二箇法要にたいして、唄・散華・梵音・錫杖の四種を用いる顕立《けんだて》の法会（顕教の法式に準じる法会）を四箇法要といい、常楽会（涅槃会）・仏名会・大般若会・仏生会などがそれにあたる。唄・散

華・梵音・錫杖および導師の説法を、それぞれ五智五仏に配当して讃詠するのが、この法要の構成である。↓五智・五仏・散華・唄・法要

【色衣】じきえ

僧侶の着用する染色された衣のこと。中国の唐代に国王が高僧に与えたのが最初で、わが国でも奈良時代からこの風習を採用し、官服に準じて、僧位・僧官を色で区別した。明治以降は各宗派ごとの許可制のもとに色衣を着用している。また、修法の目的に合わせて、白は息災《そくさい》、黄は増益《ぞうやく》、黒は降伏《ごうふく》、赤は敬愛《けいあい》と区別して着用することもある。↓法衣

【信貴山】（奈良）しぎさん

奈良県生駒郡平群《へぐり》町にある信貴山真言宗の単立寺院。朝護孫子寺とも呼ばれる。本尊は毘沙門天。古くは聖徳太子が戦勝を祈願し、平安時代中期、命蓮上人の中興。また楠木正成は、本尊の申し子と伝えられる。天正五年（一五七七）に織田信長の戦火により焼失。現存の建物は、慶長年間（一五九六～一六一五）に豊臣秀頼が造営したもの。寺宝の『信貴山縁起』（国宝）は平安時代末期の代表傑作で毘沙門天の霊験談を描いたもの。↓毘沙門天

【直綴】じきとつ

一般に、腰より下部が十六のひだでできている法衣をいう。元来は偏衫《へんさん》（上衣）と裙子《くんし》（下袴）とをじかに綴り合わしてつくったといわれるが、宗派によって、その形は大いに異なる。中国では唐代から禅家が多く着用し、のちに各宗に広がり今日に至る。

↓法衣・便覧編（法衣）

【樒】しきみ

モクレン科の常緑樹で、「しきび」ともいう。山中に自生し、寺院や墓地にも植えられている。葉・茎・果実に香気がある。春に白色の花をつけ、果実は有毒。インドから中国に伝わったものを鑑真が日本に伝えたといわれる。葉の形がヒマラヤのかなたにあるという阿耨達池《あのくたっち》の青蓮華に似ているので仏に供えられるという。密教では葉を生花の代りとし、

護摩のときには切華・房華として用いる。↓華

【四国八十八か所】《しこくはちじゅうはっかしょ》

四国全域に弘法大師空海の遺跡を中心として定められた八十八の霊場のこと。現在では阿波（徳島）に二十三か所、土佐（高知）に十六か所、伊予（愛媛）に二十六か所、讃岐（香川）に二十三か所を定め、それぞれに発心・修行・菩提・涅槃をあて、札所巡りの道順を表す。この札所の巡拝者を遍路と呼び、白衣を被り笈摺《おいずる》を背負い、脚絆・草鞋姿に金剛杖をつき、口に真言や御詠歌を唱え、鈴を鳴らして四国をめぐる。また、遍路は弘法大師といつもいっしょに修行していこうという意味で「同行二《どうぎょうに》人《にん》」という文字を背中に書いておく。中世からの観音巡礼や、鎌倉時代に入ってからの大師信仰の浸透によって、四国巡礼が民間にひろまったと考えられている。明治期以後、神仏分離によって一時衰微したが、その後、徐々に復活して現在に至る。↓お砂ふみ・弘法大師信仰・巡礼・札所・便覧編（四国八十八か所）

【四座講式】《しざこうしき》

仏入滅（涅槃）像にたいする思慕と涅槃の功徳、十六羅漢の遺法護持の徳、遺跡の功徳、仏舎利の功徳などを讃嘆する内容で明恵上人高弁の作。四巻。建保三年（一二一五）著。釈尊が入滅した二月十五日あるいは前日から当日に修する常楽会（涅槃会）に唱える涅槃講式・十六羅漢講式・遺跡講式・舎利講式の四種のこと。真言宗では現在も常楽会には、この式を用いる。↓講式・涅槃会

【自受法楽】《じじゅほうらく》

密教の教えを他の教えと区別するときに用いる用語の一つ。如来がその内証（悟り）の境界を自ら楽しむことをいう。空海の『弁顕密二教論』に「自性受用仏は自受法楽の故に自眷属と各三密門を説く」とあるように、密教では大日如来は、その自内証の境界を、その心から流出した眷属聖衆とともに説法して、その法味を楽しんだと考える。そして、その法門が密教であるとする。だから対機説法の方便門

（仮りの教え）である顕教にたいし、密教は随自意の法門とする。→受用身・大日如来・法身説法

【事相】じそう

真言密教における理論面を「教相」と呼ぶのにたいし、実践面を事相という。狭義では、密教独自の造壇・真言・印契・観法・護摩・灌頂などの行法一般をさす。真言密教の理想は、即身成仏にあり、その理想実現のために理論と実践を説く。そして真言密教における両者の関係は、教相を学ぶことにより、理論的に悟りの所在を知り、あるいは推定し、その悟りを求めて修行するための方法を事相が示しているという関係にある。したがって、教相の理論のみで実践がともなわなければ、真言密教の理想へは到達できず、さらに教相の裏付けのない事相は、まったく無意味な動作にすぎないということになる。慈雲尊者飲光は「事相を離れて教相なく、教相を離れて事相なし、この故に事教一致して密義を尽すべし」と、真言行者の心すべき点を明瞭に指摘している。→儀軌・行法・教相

【字相字義】じそうじぎ

悉曇の文字（梵字）は形相（字形）・音声（発音）・意義（意味）からなるが、密教では、字相（表面的な意味）と字義（本来の意味）に分け、それぞれ四段階を設けて四重秘釈として用いる。①初重＝実相を表現できない顕教の使用法による文字を字相といい、実相を如実に語らしめる密教の文字を字義という。②二重＝一字に一義、それぞれ個別の意義を表すことを字相といい、一字に無量無尽の意味が含まれるとすることを字義という。③三重＝二重の字義では、なお能所（文字とその意味）が相対しているので、これを字相とし、声字は能詮（表現するもの）であっても、そこにこそ所詮（表現されるもの）の実相が現前すると観ずることを字義という。④四重＝三重の字義は文字とその意味が一体となり円明に帰すゆえに法界遮情の法門とするが、なお究極には達せず、これを字相とする。究極においては、文字はそれぞれ一相一味をその根底としつつ、それぞれ別の義を明瞭に現前する多法界表徳法門の実義

を字義とする。↓悉曇・種子

【地蔵菩薩】 じぞうぼさつ

衆生に代って諸苦を受けても大地のように堅固で壊れないという意味からくる名称。釈迦入滅後、五十六億七千万年後に弥勒菩薩が仏として出現するまでの無仏の時代に衆生を済度する菩薩。地蔵菩薩本願経などにもとづく信仰で、中国では唐代、日本では平安時代中期から鎌倉時代以降民間にもひろまり、賽《さい》の河原での童児の救済者として和讃にもなり、子どもを守る子安地蔵・子育て地蔵として、または六道輪廻の衆生を救う六地蔵の信仰がある。↓十三仏・六道

【次第】 しだい

正式には次第書といい、修法の順序次第を記したもの。十八道次第・護摩次第などがある。本来は直接、儀軌（行法を説いた原典）を用いて修法したが、わが国では複雑な経典・儀軌を用いて修法するのを避けて修法を容易にするために、その内容を簡略にしたもの。↓儀軌

【七条袈裟】 しちじょうげさ

七条衣とも呼ばれ、三衣の一である鬱多羅僧《うったらそう》のことをいう。七つの部分の布から構成されているので七条と呼ばれる。現在では錦繍を用いてつくり、横被・修多羅といっしょに用いる習わしである。↓袈裟・便覧編（法衣）

【七福神】 しちふくじん

わが国独自の民俗信仰で室町時代末期の成立と考えられる。七神を船に乗せた宝船や七福神めぐりによって人々に親しまれてきた。仏教関係の大黒天・毘沙門天・弁財天・布袋和尚、中国の福禄寿・寿老人、それに日本の恵比須を加えた福神。仁王経に説かれる「七難即滅・七福即生」という言葉から七福神信仰が広まったと考えられている。↓大黒天・弁財天・毘沙門天

【地鎮法】じちんほう

俗に地祭りとも呼ばれ、建物の建築の前に行う土地のお清めの儀式。密教では堂塔・家屋・墓碑などを建てる前に土地を清め、地天を本尊として修法を行う。正式には土地を鎮めることを地鎮法といい、本尊を安置する土壇を鎮めるのを鎮壇法といい、両者別々に修するのが本儀である。↓結界・地天

【実慧】じっえ〈じちえ〉七八六～八四七

檜尾《ひのお》僧都《そうず》とも呼ばれる。平安時代初期の真言宗の学僧で東寺長者二世。空海の高弟。讃岐（香川県）の出身。初め儒教を学び、のちに仏教を学び、延暦二十三年（八〇四）具足戒を受け、大同元年（八〇六）空海の弟子となり弘仁元年（八一〇）両部灌頂を受ける。弘仁七年大師の命で高野山に登り開創の事業に従事する。天長九年（八三二）空海の高野山隠退のさいに東寺を付嘱され、承和二年（八三五）の空海入定後はその遺嘱を継ぎ、日本第二の大阿闍梨となる。著書に『檜尾口訣』『阿字観用心口訣』などがある。↓阿字観用心口決・檜尾口決

【十巻章】じっかんじょう

真言宗の重要な教義を示した典籍を集成した全十巻七種からなる書物。その内容は空海著の『即身成仏義』（一巻）『声字実相義』（一巻）『吽字義』（一巻）『弁顕密二教論』（二巻）『秘蔵宝鑰』（三巻）『般若心経秘鍵』（一巻）および竜猛の『菩提心論』（一巻）の合計十巻。江戸時代中期に高野山の学匠の手によって集成されたものと思われる。以後、この『十巻章』は広く真言宗の学徒の学ぶところとなった。↓吽字義・声字義・即身成仏義・般若心経秘鍵・秘蔵宝鑰・弁顕密二教論・菩提心論

【悉地】しっじ

梵語の音写語で、「成就」という意味であるが、悉地成就という術語として用いることが多い。密教では願行が成就した妙果（悟り）を悉地、その因を成就と用いる。真言行者が悉地を得て至る仏国を三段階に分けて、密厳仏国・十方浄厳・諸天修羅宮を

説き、さらに悉地を五段階に分けて、信悉地・入地悉地・五通悉地・二乗悉地・成仏悉地を説く。↓行願・密厳浄土

【悉曇】《しったん》

一般には梵字のことをいうが、厳密には梵字の書体・書法・読法・音韻・字義・文法のすべてをいう。悉曇文字は、グプタ文字の系統で四～五世紀のインドで流行し、日本には七世紀初頭（奈良時代）に伝来した。インドでは、その後、筆写に便利なデーヴァナーガリー体（サンスクリット）が十三世紀ごろに制定されて現在も通用する。日本の密教では、文字・音声に真実がこもるとする声字実相の立場から悉曇に特別の意義を認め、さらに真言陀羅尼を読誦・書写する必要があったために、古来より学習されてきた。↓字相字義・種子

【地天】《じてん》

大地を司る神として地鎮祭のときに本尊とする。インド神話では大地を司る神として信仰され、釈迦の成道時に出現して仏法を守護したとも伝えられる。十天・十二天の一。梵天にたいして下方に住するとされる。密教の作壇では、まず地天を驚覚（目覚めさせること）し、大地が一切万物を生育するように、大日如来が万物を支配する表象と考える。↓地鎮法・十二天・壇

地天

【四天王】《してんのう》

増長天・持国天・広目天・多聞天（毘沙門天）の四天のこと。インドでは神話時代から護世神とされ、仏教に入ってからは四方を固めて仏法と国家を護る

神とされる。インド・中国でも盛んに信仰されたが、わが国では聖徳太子が戦勝を祈願し四天王寺を建立した。↓毘沙門天

【四度加行《しどけぎょう》】

真言僧侶の基本的かつ必修の行で、密教の法を授けられる伝法灌頂の入壇の前行として行う十八道・金剛界・胎蔵界・護摩の四種の行法のことをいう。四度の「度」は、衆生済度の度と同じで、生死を越えて悟りに至る意。修法は一日三回、午前四時・十時・午後二時に始まる。行中は沐浴斎戒し、途中一度も休むことは許されない。なお、四度の加行の制度は、空海が恵果からの口伝にもとづいて定めたと考えられており、中国では本来、受法灌頂以前に四度の加行を修するということはなかった。四種の行法の順序や行の日数は流派によって異なる。↓護摩・十八道・伝法灌頂

【自内証《じないしょう》】

一般に仏菩薩が心中にみずから悟る真理のことを

いう。密教では、教主大日如来の内証（悟り）の境界を自内証といい、その自内証の理を悟る智を自内証智という。そして顕教ではどんなにすぐれた修行者でも見聞することのできない自内証の境地を説く法門が密教であるとする。『弁顕密二教論』などに詳しく説かれている。↓自受法楽・大日如来・弁顕密二教論

【四曼《しまん》】

大曼荼羅・三摩耶《さんまや》曼荼羅・法曼荼羅・羯磨《かつま》曼荼羅の四種の曼荼羅をいう。密教的宇宙観を四種の曼荼羅で説明したもの。具体的に絵画の形式で表現された曼荼羅は、まだ悟っていない者に示されたものであって、曼荼羅の本義からすれば、四種の曼荼羅世界を瑜伽（ヨーガ）の観法を通して直観的に体得すべきものと考えられる。四種の曼荼羅とはつぎのもの。①大曼荼羅＝諸仏菩薩の形像を描いたもの。②三摩耶曼荼羅＝仏菩薩の所持物である標幟・刀剣・輪宝・金剛・蓮華などの類、またはその像の絵あるいは印契のこと。③法曼荼羅＝本尊の種子真言、

または種子の字。④羯磨曼荼羅＝諸仏の動作のこと。
↓羯磨・三摩耶形・種子・真言・曼荼羅

【四無量心】 しむりょうしん

①慈無量心＝安楽を与える心、または貪欲の心を押さえさせる心。②悲無量心＝衆生から瞋恚《しんに》（怒り）を除く心。③喜無量心＝衆生の楽しむを喜ぶ心。④捨無量心＝怨みの念・喜怒哀楽の念を捨てさせる心。以上の四つをいう。それらによって無量の衆生が無量の福徳を得ることができるから四無量心という。密教ではさらに福徳を感じる心も無量であると考え、四無量心を仏の四徳とも解釈する。そして、四無量心の実践行為として四無量心観を修法に取り入れている。↓二利双修

【釈迦如来】 しゃかにょらい

仏教の教祖である歴史上の生身の釈尊という意味だけでなく超越的かつ普遍的な如来（仏）として性格づけられる。密教では、大日経に変化法身（真理そのものの表れ）として説かれるものがそれにあたる。そして生身の釈迦は、この尊の垂迹《すいじゃく》（仮りの姿）と考えられる。密教では、釈迦を金剛界曼荼羅の不空成就如来とし、胎蔵曼荼羅の天鼓雷音仏あるいは釈迦院の主尊として位置づけている。↓五仏・金剛界・三身・胎蔵曼荼羅

【錫杖】 しゃくじょう

金属製の金具に二股六鐶あるいは四股十二鐶をつけた杖。修行中、山林を歩行するさいに害虫を追い払うための音をたてる道具として、あるいは乞食《こつじき》のさいに相手の注意をひくために用いたともいわれるが、現在では、経を唱えるときに用いることが多い。

↓密教法具

錫杖

【釈論】 しゃくろん

竜樹著『釈摩訶衍論』十巻の略名（ときに『大智度論』を釈論と呼ぶことがある）。姚秦筏提摩多

訳。『大乗起信論』の註釈書で、それまでの註釈書には見られない独自の見解が随所に見受けられ、とくに不二摩訶衍説・如義言説・二心識の説などは有名。古来より真偽の議論が盛んで、朝鮮撰述とも、中国撰述ともいわれるが、空海が竜樹の真作と定め、真言宗所学論蔵の一つとして『三学録』にのせ、さらには『弁顕密二教論』『秘蔵宝鑰』などの主著に『釈論』を引用して顕教と密教の優劣を判ずる証文とし、真言学徒の必修の論となった。↓三学録

【洒水】 しゃすい

修法のさいに香水（香を入れた水）をそそいで煩悩・垢穢を除くこと。灑水・加持香水ともいう。その所作は器のなかの香水を散杖という棒で、真言を唱えながら、自身・壇上供具・壇外道場・尊像などにそそぎ、煩悩・垢穢を除くことを観ずる。流派によって多少異なるが、修法のさいはかならず修する重要な所作となっている。↓香・散杖

【舎利】 しゃり

一般に遺骨のことをいうが、とくに釈尊の遺骨を仏舎利と呼び、供養礼拝すると功徳があると信じられている。釈尊の舎利は滅後八分され、さらにその後、インド全国に分けて、仏塔が建立されたと伝えられる。↓釈迦如来・舎利礼文・舎利和讃・塔

【舎利礼文】 しゃりらいもん

仏舎利を礼敬する意を述べた文で、この文を唱えることによって、仏舎利を礼する功徳により成仏することができるとされる。真言宗では土砂加持・舎利講式などのときに唱える習わしとなっている。漢字七十二文字よりなる短文で、不空三蔵撰とされるが、定かではない。「一心に万徳円満なる釈迦如来の真身の舎利は、本地法身にして、法界塔婆なるに頂礼す。我ら礼敬し我の為に身を現し入我我入する。仏の加持の故に我は菩提を証せり、仏の神力を以て、衆生を利益す。菩提心を発し、菩薩行を修し同じく円寂に入り、平等大智は、今まさに頂礼する」↓加

持・舎利

【舎利和讃】《しゃりわさん》

仏舎利を讃える詩偈で五智坊融源の作。真言宗では常楽会（涅槃会）・通夜などのときに曲調をつけて唱える。真言宗における舎利信仰は、平安時代末期に、釈尊は大日如来の応化身として考えるから、釈尊の舎利を供養することは、大日如来を供養することにほかならないと考えられたことによる。鎌倉時代には舎利信仰が広まり、真言宗の新義派では一夏九旬の間、舎利和讃を唱える習しになった。現在では融源作の和讃より、むしろ追善回向舎利和讃が読誦され、また各流派の御詠歌・御和讃が普及している。↓応化身・舎利・和讃

【十一面観音】《じゅういちめんかんのん》

頭上に十一面ある姿で、雑密時代（密教初期）にインド・中国に作例があり、わが国でも法隆寺金堂壁画中や聖林寺立像などがあり、天平時代から信仰されていた。変化観音の一。十一の数は十地十波羅蜜を満足して十一地妙覚を証するとか、十一億諸仏の説く神呪があるとの諸説がある。↓観自在菩薩

十一面観音

【十王】《じゅうおう》

冥土で亡者の罪を判断する司法官の大王のことで、秦広王・初江王・宋帝王・五官王・閻摩王・変成王・泰山王・平等王・都市王・五道転輪王の十王をいう。名称も衣服も中国風で道教との融合によって成立したと考えられる。日本では平安時代末ごろから流行し、空海は『逆修日記事』のなかで十三仏と十王との関係を論じている。↓閻摩天・十三仏

【十三大院】じゅうさんだいいん

現図胎蔵曼荼羅の構成のことで、中台八葉院・持明院（五大院）・遍知院（仏田院）・金剛手院（金剛部院・薩埵院）・蓮華部院（観音院）・釈迦院・文殊院・除蓋障院・地蔵院・虚空蔵院・蘇悉地院（四波羅蜜院）・最外院（外金剛院）の十二と現図曼荼羅にない四大護院を加えて十三大院という。↓胎蔵曼荼羅

【十三仏】じゅうさんぶつ

不動明王・釈迦如来・文殊菩薩・普賢菩薩・地蔵菩薩・弥勒菩薩・観自在菩薩・勢至菩薩・阿弥陀如来・阿閦如来・大日如来・虚空蔵菩薩の十三をいう。この十三仏の信仰は、室町時代からあったといわれ、死後、順に十三仏をめぐっていくとして、広く信仰された。現在でも、死者の床の間に、十三仏の掛軸をかける習慣のある地方がある。真言宗ではそれぞれに忌日を対応させ、初七日・二七日・三七日・四七日・五七日・六七日・七七日・百箇日・一周忌・

三回忌・七回忌・十三回忌・三十三回忌の守り本尊とする。また、仏壇では十三仏の掛軸を本尊大日如来の左にかけることもある。↓阿閦仏・観自在菩薩・釈迦如来・十王・大日如来・不動明王・弥勒菩薩

【十住心論】じゅうじゅうしんろん

空海撰。世間・出世間に始まり、小乗・大乗および真言行者の境界へと十種の住心（真の仏教に到達する十の段階）に分類して真言宗の教義を宣揚した綱要書で、真言宗の立教開宗の書。十巻。詳しくは『秘密曼荼羅十住心論』という。淳仁天皇の天長年間（八二四～八三四）に、勅詔に応じて作成された。『弁顕密二教論』が横《おう》の教判と呼ばれるにたいして竪《しゅ》の教判と呼ばれる。その十種の住心とは①異生羝羊心（外道）、②愚童持斉心（儒教）、③嬰童無畏心（道教）、④唯蘊無我心（声聞乗）、⑤抜業因種心（縁覚乗）、⑥他縁大乗心（法相宗）、⑦覚心不生心（三論宗）、⑧一道無為心（天台宗）、⑨極無自性心（華厳宗）、⑩秘密荘厳心（真言宗）で、順に深い境

地に達する段階を表している。なお、『十住心論』の略論として『秘蔵宝論』がある。→秘蔵宝論

【十善戒】じゅうぜんかい

仏道修行者が行うべき十の徳目をいう。大乗・小乗の諸経論で広く説かれるが、密教では慈雲尊者飲光（一七一八〜一八〇四）が人道の根本とし、これを『十善法語（人となる道）』と名づけて用いた。十善・十善道・十善業道ともいう。①不殺生（生物を殺さず）、②不偸盗（盗まず）、③不邪淫（姦淫せず）、④不妄語（嘘をいわず）、⑤不悪口（悪口をいわず）、⑥不両舌（二枚舌を使わず）、⑦不綺語（駄言を弄せず）、⑧不慳貪（貪《むさぼ》らず）⑨不瞋恚（怒らず）、⑩不邪見（間違った見解をもたず）の十である。表現は異なるが大日経受方便学処品では、①不奪生命戒、②不与取戒、③不欲邪行戒、④不虚誑語戒、⑤不無義語戒、⑥不麁悪語戒、⑦不両舌語戒、⑧不貪欲戒、⑨不瞋恚戒、⑩不邪見戒をあげ、在家・出家に通ずる菩薩戒（大乗仏教徒の守るべき徳目）としている。さらに密教では、この十善戒を菩提心戒（悟りを求めるための戒）とすべきであると説く。また空海は『三昧耶仏戒儀』で十重戒の相をあげ、十善戒よりも思索的な十の戒相を説いている。
→十善法語

【十善法語】じゅうぜんほうご

人の行うべき十の善行を平易な記述で説いたもの。慈雲尊者飲光が後桃園天皇の生母開明門院の請いにより、京都阿弥陀寺で安永二年（一七七三）十一月八日から翌年一月十八日まで毎月八日・二十三日に講義した法話をまとめて献上した。行いを規制する従来の否定的戒律観でなく、人間が本来守るべきものとして戒を捉えた。『慈雲尊者全集』に所収。
→慈雲飲光・十善戒・人となる道

【十二天】じゅうにてん

仏法およびこの世を護る天部の十二尊で、諸天・龍鬼神・星宿・冥官のことである。八方と上下と日月とを合せて十二としたもの。帝釈天〈東方〉・火天〈東南〉・閻魔天〈南方〉・羅刹《らせつ》天〈西南〉・水天〈西

方〉・風天〈西北〉・多聞天《たもん》（毘沙門天）〈北方〉・伊舎那天（大自在天、シヴァ神の異名）〈東北〉以上が八方天で、これに梵《ぼん》天〈上方〉・地天〈下方〉・日《にっ》天・月《がっ》天が加わる。↓焔魔天・月天・火天・水天・地天・大自在天・帝釈天・日天・毘沙門天・風天・梵天・羅刹

【十八道】じゅうはちどう

四度加行《しどけぎょう》の最初に修する修行で、仏のさまざまな性格を象徴する十八種の印契《いんげい》を基本に行う。この十八種の印契は十八印契といい、さまざまな修法に共通して礼拝行につづいて修する。↓印契・四度加行

【十八会指帰】じゅうはってしき

平安初期に最澄・空海などが請来した経典。金剛頂経は十万頌《じゅ》の分量で十八の場所（十八会）で説かれた経典を集大成したものと伝統的には考えられてきたが、その十八会の内容・名称などを知るための唯一の典拠。このうち初会・第六会・第十五会は現存の教典がわりあてられているが、その他はかならずしも一致しているわけでなく、最近の研究では『十八会指帰』の成立時に十万頌の金剛頂経が完備していたかどうか疑問視されてきた。『金剛頂瑜伽経十八会指帰』という。一巻。不空訳。↓金剛頂経

【宿曜】しゅくよう

インドに由来する天文暦学。日月と星を七曜・十二宮・九宿・二十七宿・二十八宿などに分けてそこに神が宿ると考え、その運行によって一生の運命を占い、日々の吉凶を知る方法。宿曜経（二巻・不空訳）を典拠とし、（西域・ペルシャ・インド）の天文学と中国の暦法・陰陽道とを調和して吉凶を占う基準とした。日本では平安時代中期以降広く行われ、行事などの吉日決定に用いられてきた。↓十二天

【綜芸種智院】しゅげいしゅちいん

天長五年（八二八）、空海が京都九条の藤原三守の旧宅（現在の東寺の東方近く）を譲り受けて建てたわが国最初の教育機関。当時、官立の大学と有力氏族の私学はあったが、一般庶民には教育の機会は

なかった。空海は留学中に中国の教育機関が普及していることに刺激され、庶民の子弟に仏教・儒教を教授するなど空海の教育思想が端的に示された。空海の入定《にゅうじょう》後は、承和十四年（八四七）に東寺の後継者・実慧が伝法会を起すために売却したが、現在、東寺（教王護国寺）の境内地にある種智院大学に空海の精神を伝えている。↓教王護国寺・空海

【種子】 しゅじ

仏菩薩・天部の神々をそれぞれ一字で象徴的に表した梵字《ぼんじ》。たとえば、金剛界の大日如来の種子を𑖪𑖽《ばん》、胎蔵界の大日如来の種子を𑖀《あ》で表す。種子で画かれた曼荼羅を種子曼荼羅あるいは法曼荼羅という。

↓四曼・梵字

【修正会】 しゅしょうえ

正月に修する法会のこと。年頭にあたってその年の平穏を祈って七日間の修法を行う。古くは奈良時代に始まる。とくに天長四年（八二七）、東寺・西寺に四十九僧を請じて七日間の薬師法悔過《けか》を修してから恒例となり、現在でも東寺・高野山などで勤修されている。↓修二会・御修法

【修二会】 しゅにえ

二月の初めに天下泰平などを祈るために修せられる法会。天平勝宝四年（七五二）二月一日〜十四日に東大寺の羂索院（二月堂）の落慶（完成式）に行ったのを記念して毎年行われるようになり、一般にはその行事の一である御水取《おみずと》りの名で知られる。修二月会・修二法会ともいう。インドの年始は中国・日本の二月にあたるため、正月に行う修正会をインドにならって行ったものとされる。↓修正会

【修法】 しゅほう

成仏あるいは種々の願いをかなえるために仏事・祭礼を行うこと。壇を設けて本尊に香華・灯明などを供え、定められた規則どおりに口に真言を唱え、手に印契《いんげい》を結び、心に本尊を念じて行う。その願いや行法によって、①息災《そくさい》法＝災害や苦難の除去、②増益《ぞうやく》法＝寿命福徳の増進、③敬愛《けいあい》法＝相互の慈愛心

の生起、④降伏法《ごうぶく》＝悪人悪心の除去などがある。真言宗の寺院で修される護摩はその代表。↓敬愛・護摩・増益・壇

【受用身】 じゅゆうしん

真理（法）を悟った功徳を有する仏の身体のこと。悟った法をひとり享受する自受用身と、他の人々にも享受せしめる他受用身の二つがある。釈尊の入滅後、仏陀の身体について種々に考察され、それが仏身論として二身説・三身説・四身説などへと発展した。真言宗においては大日如来を根本仏として、それまでの仏身論を統一し、すべての仏は大日如来（法身）の現れであるとみる。また従来の三身説に等流身を加えて、自性身・受用身・変化身・等流身の四種法身説をうちたてたので、受用法身という場合もある。↓三身

【巡礼】 じゅんれい

仏菩薩・祖師などのゆかりの霊場や寺などをめぐって参拝すること。遍路・廻国などともいう。弘法大師空海の生地、四国の八十八か所巡礼は現在もさかん。その他古来からのおもな霊場めぐりには、西国三十三か所・坂東三十三か所・秩父三十四か所（合して百所観音霊場）や高野山・熊野三山など数多くある。↓観音霊場・熊野・四国八十八か所・札所

【請雨法】 しょううぼう

雨乞《あまご》いの法のこと。大雲輪請雨経や大孔雀呪王経などの所説にもとづき、壇を設けて修する。インド・中国でも行われ、日本では推古三十三年（六二五）高麗僧慧灌が修し、ついで天長元年（八二四）空海が神泉苑で修した。『性霊集』巻一に「喜雨の歌」がある。真言宗の僧侶では、九度修法して法験があり「雨僧正」の異称のある仁海《にんがい》（九五一～一〇四六）が著名である。↓加持祈禱・神泉苑

【勝義心】 しょうぎしん

仏の智慧をひたすら求めようとする心（菩提心）の一つ。仏法の他の教説よりすぐれた真言の法を学んで無上の悟りに到ろうとする向上心をいう。勝義

菩提心ともいう。↓菩提心

【焼香】しょうこう

仏を供養するために香をたくこと。真言宗では丸《がん》香《こう》・散香《さんこう》・抹香《まっこう》・練香《ねりこう》・線香の五種を用いる。焼香は悪気を去り心身を清浄にするとされ、インドで客をもてなすのに用いられたのが始まりで、日本には六世紀ごろ香木が渡来し、上流社会の間で一種の風習となった。真言宗では樒《しきみ》・檜《ひのき》などの葉を乾燥して粉末にした抹香を香炉に盛って点火し、そのうえに五種（または七種）の薫香を供える。↓香

【声字義】しょうじぎ

空海著『声字実相義《しょうじじっそうぎ》』のこと。『十巻章』の一つで『即身成仏義』『吽字義』とともに三部書の一つとして真言教学の重要な聖典。仏が衆生を悟らしめんがために説法するには言葉と文字、すなわち声字によらねばならないが、教主大日如来の声字は、われわれ人間の言葉・文字を超越し、より深く広い意味をもっている。それは大宇宙の広がりのままに、

永遠である法身大日如来そのものが声字であるからである。この世のすべての存在・現象はみな声字であり、法身であり、真理の本性である。しかし、われわれ衆生はそのままでは法身の真実の言葉を聞くことができないので、われわれの理解できる言葉や文字や形として如実に示されたのが両部の大経（大日経・金剛頂経）などであり、図絵の曼荼羅であり、三密の修法であると説かれている。↓字相字義

【聖宝】しょうぼう　八三二〜九〇九

平安時代中期の真言宗の僧。大和（奈良県）の人で兵部氏の生れ。真雅・真然に密教を学び、南都で三論・法相・華厳を修め、役行者《えんのぎょうじゃ》を慕って山河を徒渉して苦行した。貞観寺座主。東大寺に東南院を建てて三論の本拠とし、醍醐寺を創建し、のちに東寺の長者となり僧正に進む。小野流の元祖。当山派修験道の祖。柴灯護摩をはじめたという。『大日経疏鈔』など多数の著述がある。諡《おくりな》は理源大師。↓役行者・柴灯護摩・修験道・醍醐寺

【声明】《しょうみょう》

法要・儀式などで、僧侶が経典を歌詠する仏教音楽のこと。もとはインドの五明（五つの学問）の一つで、言語・文字・音韻について研究する学問のことを指した。仏教独自の歌詠法は古くから行われて、中国へは三国時代（二二〇～二八〇）に伝来し、わが国へは奈良時代に唐の声明が伝えられ、天平勝宝四年（七五二）東大寺大仏の開眼供養には声明を用いた法要が行われた。平安時代初期には最澄・空海がそれぞれ伝えて、天台・真言声明の源となった。真言声明は大日如来より竜猛菩薩が聴受したのを流伝の最初として伝持されたと空海の『請来目録』に記されている。声明の種類は、狭義ではインド起源の梵語で記された梵讃、中国起源の漢讃、わが国の和讃の三種があるが、広義ではわが国の講式・論義も声明に含める。平曲・謡曲・浄瑠璃や民謡、念仏踊の類の音曲には声明の多大なる影響が認められる。

↓講式・唄・和讃

【請来録】《しょうらいろく》

求法のため留学した留学僧が中国から持ち帰った経典や道具類の目録のことで、平安時代初期の入唐八家の分だけが安然編集の『八家秘録』二巻として伝わる。真言宗では空海の『御請来目録』（一巻・大同元年〈八〇六〉）があり、新訳の経典など二百十六部・四百六十一巻ならびに曼荼羅など仏具の目録を記して入唐の事情を具申した。一介の留学生であった空海はこの目録を提出したことで各界から注目を集めるようになった。↓入唐八家・八家秘録

【青竜寺】《しょうりゅうじ》

中国長安にあった寺で、隋代開皇二年（五八二）創立の霊感寺に始まり、唐代景雲二年（七一一）に青竜寺と改めた。そのころ恵果がこの寺に住して密教をひろめ、多くの学僧を輩出した。空海はこの恵果に従い、両部大法を相承して真言宗を開いた。空海以降、わが国の入唐求法の僧の多くは当寺にとどまり、諸師について真言密教の秘法を受けている。

すなわち円仁・円珍・真如などは恵果の孫弟子である法全に従学し、円仁・円行・恵運などは義真に受法しているなど、日本の真言密教・天台密教の発祥の寺となっている。↓円仁・円珍・恵果・空海

【性霊集】《しょうりょうしゅう》〈せいれいしゅう〉

空海の詩文を高弟の一人である真済（八〇〇～八六〇）が編纂したもの。詳しくは『遍照発揮性霊集』という。もとは十巻あったが、第八・九・十の三巻が散失したのち、仁和寺の済暹（一〇二五～一一一五）が補って巻八以下三巻を『続遍照発揮性霊集補闕抄』として編纂した。現在のものは両者をあわせた全十巻である。詩賦・碑銘・上表・願文・表白・達観など、詩文総計百十一首を集録。本書は空海の入唐から入定までのあいだの史実を知るうえで重要な資料となっている。部分的には真筆・模写本がある。しかし巻八・九・十は空海の著作でないものが含まれており、注意すべきである。題名中の遍照とは、空海が唐において青竜寺の恵果阿闍梨のもとで灌頂を受けたさいに授かった遍照金剛という灌頂名にもとづく。また発揮性霊とは、天性の霊異をふるいおこしたすぐれた文章を意味する。↓真済

【所依経典】《しょえきょうてん》

仏教にはさまざまな宗派があるが、どの宗派もそれによって立つところの経論を有している。真言密教においては、空海が『真言宗所学経律論目録』（三学録）を著し、宗徒の学ぶべき経・律・論、一百六部四百二十四巻（実数は百八十八部四百五十六巻）を定めた。これらの諸経論の枢要は大日経・金剛頂経に集約されており、一般には本宗正所依の経典として、この両部大経をあげている。そのほかにも、蘇悉地羯羅経（善無畏訳）三巻を加えて真言三部経といい、さらに金剛峯楼閣一切瑜祇経（金剛智訳）二巻、大毘盧遮那仏説要略念誦経（金剛智訳）一巻を加えて五部秘経といい、真言宗の根本聖典としている。また『菩提心論』『釈摩訶衍論』『般若理趣経』も真言宗にとって重要な論書である。↓金剛頂経・三学録・大日経

【字輪観】じりんかん

真言宗で本尊を象徴する文字である種子《しゅじ》や真言などの梵字を観ずる修法をいう。月輪の中央・四方に輪状に配された五字をじっと観想し、ついに本尊の意《こころ》と行者の意とが融合し一体となる境地に到る。身・口・意密の一。↓観法・三密行

【信】しん

信じたっとぶこと。「信を能入となす」というように、仏道に入る第一歩である。真言宗では悟りそのものの心を菩提心と説き、その菩提心を四種に分類して、信心・大悲心・勝義心・大菩提心とするなかの一つで、一番基本となるものである。具体的には、仏法および仏菩薩・弘法大師などの本尊にたいして合掌し、心の雑念をはらい、「南無（大師）遍照金剛」や真言などを唱え、身心を任かせて、種々の救いを求めること。↓菩提心

【真雅】しんが 八〇一〜八七九

平安時代初期の真言宗の僧。空海の弟。早くから兄空海に師事して密教を学んだ。承和二年（八三五）空海の入定に臨んで、弘福寺・東寺の経蔵を委託され、のちに東大寺別当・東寺長者を歴任し僧正に進む。藤原良房のために貞観寺を創建し、清和天皇の帰依を受け、輦車《れんしゃ》で宮中に入る初例を開いた。空海入定後の真言宗草創期にその基盤を築いた功績は大きい。貞観寺僧正とも呼ばれる。諡《おくりな》は法光大師。↓教王護国寺

【神護寺】（京都）じんごじ

京都市右京区高雄山の清滝川に面した景勝の地にある真言宗の別格本山。山号は高雄山。もと和気氏の高雄山寺があった。河内（大阪府）の神願寺を和気弘世・真綱が当地に移して、神護国祚真言寺と改称した。唐より帰朝した空海が、ここで最澄・真綱などに灌頂を授けた。本尊は浮彫の空海像で鎌倉時代の作。また寺宝には空海筆と伝える両界曼荼羅二

幅（高雄曼荼羅）など数多くある。→高雄曼荼羅

【真言】しんごん
もともとは、かならずしも真実をありのままに指し示すことのできない人間の言葉にたいして真実をそのまま示した仏の言葉をさしたが、のちに仏菩薩などの本尊にたいして唱える祈りの言葉として用いられるようになった。用語は梵語で、内容は本尊の種子を示す一字のもの、本尊の徳をほめたたえる句から成るもの、教えを説くもの、字義不詳の句を連ねたものなど雑多である。もとはインドの民族宗教であるバラモン教のなかで成立した言葉で、神々を讃える聖なる言葉であった。ヴェーダ時代（紀元前二千年〜前七百年ごろ）は除災招福のため、神々を感動させて利益を得ようとして唱えられた。のちにバラモン教の一派であるシヴァ教では、梵天（ブラフマン）を生物・音声を創造した絶対者とした。すなわち音声は森羅万象の代表であり、かつ梵天の一部分であるから、真言の修法を行じれば、すべての存在を支配することができると考え、これによって生死の苦しみの世界からの解放を図った。こうした民族宗教の雰囲気のなかで仏教が発展していくうちに、真言を唱えることによって仏教の目的である成仏も可能とされた。のちに真言も陀羅尼《だらに》も明呪も区別なしに使用されるようになった。空海は、この真言を大日如来の言葉とし、一字一句に無量の教えが含まれると、その著『声字義』の中で説いている。
→声字義・陀羅尼・梵天

【真言宗】しんごんしゅう
弘法大師空海を開祖とする宗派。宗祖空海は入唐して中国の密教を持ち帰り、それを組織化して独立宗派とした。開宗は教団・教相判釈の確立した引仁三（八一二〜八）〜四年ごろで、空海三十九〜四十歳ごろと考えられる。伝承としては空海の『付法伝』に①教祖大日如来、②金剛薩埵、③竜猛、④竜智、⑤金剛智三蔵、⑥不空三蔵、⑦恵果和尚を経て、空海は延暦二十四年（八〇五）に長安の青竜寺で恵果より真言宗の奥義を皆伝されたとする。空海の宗教活動は着々と進み、修禅道場として高野山を開き、

東寺を賜わって、一宗の根本道場として教王護国寺と改称し、奈良の東大寺に灌頂道場を設けるなど、驚異的な教宣の拡張をみた。所依の経典は大日経・金剛頂経など、論疏は『菩提心論』『釈摩訶衍論』・『大日経疏』などである。空海の主著には教相判釈の『十住心論』や真言宗の最終目的である「即身成仏」の意義と方法を示した『即身成仏義』などがあり、前二書を除いた主著は『十巻章』にまとめられている。これらの書物によって真言宗の教えの骨格は成立し、以後は、その真姿を現すための努力という形で真言教学史は形成されていったといっても過言でない。空海の入定後、弟子たちの活動期に入り、新宗教として大いに発展したが、師資相承を重んじるため多くの流派に分かれた。しかし教学の内容そのものは、空海によって大成されていたので、平安時代を通じて宗内の論争は少なかった。平安時代末期になって覚鑁（興教大師）は鳥羽上皇の信任を得て、高野山上に大伝法院などを建立し、教学の振興を図ったが、鳥羽上皇が覚鑁を座主に補するに至って金剛峯寺側との争乱が勃発し、覚鑁は根来山に下り、その滅後に、覚鑁門下が根来山に移り、新義派が独立した。その後、根来山は隆盛を極めたが、豊臣秀吉に攻められて諸堂の悉くが焼失した。難を逃れた専誉は長谷寺、玄宥は智積院を本拠として再興し、新義派は真言宗豊山派・真言宗智山派として今日に及んでいる。これにたいして従来の古義派は、高野山真言宗・真言宗醍醐《だいご》派・真言宗御室《おむろ》派・真言宗山階《やましな》派・真言宗大覚寺派・真言宗善通寺派・真言宗泉涌《せんにゅう》寺派その他がある。なお、真言宗は別称として真言陀羅尼宗・曼荼羅宗・瑜伽宗・三摩地宗・真言密教などと称する。高野山が総本山であったが、京都の東寺（教王護国寺）が都での活動の中心寺であったことから「東密」ともいい、天台宗に伝えられた密教（台密）と区別することもある。↓覚鑁・空海・便覧編（真言宗系譜）

【真言宗未決文】 しんごんしゅうみけつもん

平安時代初期の法相宗の学僧・徳一が空海にたいして十一項の疑問を提出したもの。一巻。結集者疑・経処疑・即身成仏疑・五智疑・決定二乗疑・開示悟入疑・菩薩十地疑・梵字疑・毘盧遮那仏疑・経巻数疑・鉄塔疑の十一項で弘仁五、六年(八一四、五)ごろに寄せられたもの。↓空海

【真言名目】しんごんみょうもく

真言宗の常用の術語(名目)を簡単に解説したもの。一巻。頼宝撰。鎌倉時代中期成立。内容は六大体大・四曼相大・三密用大・三種即身成仏・三劫・六無畏・十地・十縁生句・五智・四種法身・五転・十住心・両部大日・不二・有相無相・遮情表徳・浅略深秘・本有修生・字相字義・顕密分別の二十に分け、真言宗の教えの大綱を知り得るため、古来より、真言密教の入門書として流布した。↓真言宗

【真言律宗】しんごんりっしゅう

鎌倉時代初期、真言宗の奈良西大寺の叡尊《えいそん》が律宗復興につくし、いわゆる南都律(奈良仏教の戒律)を興隆したときをもって中興とする。真言宗の教義にもとづいて、四分律(小乗の戒)と梵網戒(大乗の戒)などを修する。江戸時代初め、真言僧明忍も律の復興につくし、のちに浄厳・慈雲飲光《おんこう》もこれに努力した。とくに慈雲飲光は正法律を提唱した。明治五年(一八七二)真言宗に属したが、同二十八年独立し、西大寺を本山とし、同寺住職が管長となる。↓叡尊・西大寺・慈雲飲光

【真実経文句】しんじつきょうもんく

空海撰。真実経とは真言宗の常用経典である理趣経のことで理趣経の内容を縁起分(序分)・正説分・流通分の三段に分けて要旨を解説したもの。理趣経の十七章に一々名をつけて、経文と諸尊の教えを対照している。↓理趣経

【新勝寺】(成田)しんしょうじ

千葉県成田市にある真言宗智山派の大本山。成田山明王院神護新勝寺。寺伝では平将門の乱のときに寛朝が勅命によって京都の高雄山神護寺不動堂の本尊不動明王(伝空海作)を奉じて乱の平定を祈った。乱後、同地に安置したが、やがて衰え、江戸時代に現地に移し、諸侯の保護を受けて、寺運を回復した。

その後、江戸深川の出開帳や江戸の人気役者、成田屋こと市川団十郎の帰依もあって庶民の信仰を集め、成田詣は行楽を兼ねた行事として親しまれて現代にいたる。↓不動明王

【神通力《じんずうりき》】

神とは不可思議、通とは自由自在の意で、仏菩薩など特別な修行者がもっている超自然的能力のこと。天眼《てんげん》通（通常人の眼に見えないものを見る）、天耳《てんに》通（通常人の聞きえない音声を聞く）、他心通（他人の心を知る）、宿命《しゅくみょう》通（過去の出来事を知る）、神足通（どこにでも自由に往来できる）を五神通という。密教では修法を成就した者には神通力がそなわるといい、真言宗を神通乗とも別称する。↓修法

【真済《しんぜい》】　八〇〇～八六〇

平安時代初期の真言宗の学僧で空海の詩文を集めた『性霊集』の編者。京都左京の紀氏の生れで空海に師事して阿闍梨となり、高雄山神護寺を付属されて第二世となる。真然とともに入唐を企てたが台風で断念。編著に『性霊集』のほか『空海僧都伝』『胎蔵界念誦秘記』などがある。東寺長者。高雄僧正・紀ノ僧正・柿本僧正とも呼ばれる。↓空海僧都伝・性霊集

【神泉苑《しんせんえん》】

京都市中京区二条城の南に位置し、平安遷都から造られた禁苑で史跡に指定されている。当初は東西二町（約二二〇メートル）、南北四町（約四〇〇メートル）の広大な苑池であった。平安時代を通じて天皇の遊園地であったが、天長元年、空海が善女竜王を勧請して雨乞いの修法をして以来、請雨法の道場として知られる。約一〇〇メートル四方の現在の境内も大部分が池で善女竜王をまつり、真言宗東寺派の直轄地。壬生狂言から出た無言劇大念仏狂言（五月）が行われる。↓請雨法・竜

【真如親王《しんにょしんのう》】　七九九～八六五

平安初期の真言宗の僧。平城天皇の第三皇子。嵯峨天皇の皇太子となったが、弘仁元年（八一〇）薬《くす》

料金受取人払郵便

京都中央局
承認

1126

差出有効期間
2020年12月
31日まで

(切手をはらずに
お出し下さい)

郵便はがき

6008790

110

京都市下京区
正面通烏丸東入

法藏館 営業部 行

愛読者カード

本書をお買い上げいただきまして、まことにありがとうございました。
このハガキを、小社へのご意見またはご注文にご利用下さい。

お買上 **書名**

＊本書に関するご感想、ご意見をお聞かせ下さい。

＊出版してほしいテーマ・執筆者名をお聞かせ下さい。

お買上 **書店名**	区市町	**書店**

◆新刊情報はホームページで　http://www.hozokan.co.jp
◆ご注文、ご意見については　info@hozokan.co.jp

19. 5. 5000

ご氏名《ふりがな》		年齢　　歳	男・女
〒□□□-□□□□		電話	
ご住所			
ご職業（ご宗派）		所属学会等	
ご購読の新聞・雑誌名（ＰＲ誌を含む）			

ご希望の方に「法藏館・図書目録」をお送りいたします。
送付をご希望の方は右の□の中に✓をご記入下さい。　□

注　文　書

月　　日

書　　名	定　価	部　数
	円	部
	円	部
	円	部
	円	部
	円	部

配本は、○印を付けた方法にして下さい。

イ．**下記書店へ配本して下さい。**
（直接書店にお渡し下さい）

（書店・取次帖合印）

書店様へ＝書店帖合印を捺印の上ご投函下さい。

ロ．**直接送本して下さい。**
代金（書籍代＋送料・手数料）は、お届けの際に現金と引換えにお支払下さい。送料・手数料は、書籍代 計15,000円未満774円、15,000円以上無料です（いずれも税込）。

＊お急ぎのご注文には電話、ＦＡＸもご利用ください。
電話 075-343-0458
FAX 075-371-0458

（個人情報は『個人情報保護法』に基づいてお取扱い致します。）

子《ご》の乱にあって廃せられて出家し、空海の門に入り東寺に住した。三論・法相を学び、空海に密教を学び阿闍梨となった。宗叡らとともに入唐し、青竜寺で法全に伝法灌頂を受けた。さらに仏跡を拝せんとしてインドに向ったが、途中、ラオスで没したとされる。高岳《たかおか》親王・遍明和尚・入唐三皇子・皇子禅師とも呼ばれる。→嵯峨天皇・青竜寺

【真然】 しんねん〈しんぜん〉 八〇四〜八九一

伝燈国師。弘法大師空海の甥で、高野山金剛峯寺の二世。讃岐（香川県）で生れ。九歳で出家。空海の入定にさいして高野山の経営を託され、のち東寺長者となる。→高野山

【真福寺】（東京） しんぷくじ

摩尼《まに》珠山《しゅさん》真福寺。東京都港区愛宕下にある真言宗智山派の寺。寺伝によれば空海の開基、本尊の薬師如来は空海の作とする。慶長のころ（一六〇〇年ごろ）甲斐国主の浅野長政が自らの等身大の薬師像を、当寺の住職であった照海上人に刻ませ、空海作の霊仏をその体中に納めたと伝えられている。江戸時代には、寺領百石の朱印を領し、新義真言宗の四箇役寺の一つとなった。現在は総本山智積院の別院として、真言宗智山派宗務出張所・智山伝法院を置いている。→愛宕山・智積院

【神仏習合】 しんぶつしゅうごう

神と仏とを混合、同一視する思想。神仏混淆《こんこう》とも呼ばれる。仏教は日本伝来当時、しばしば日本固有の神祇信仰と不和を生じた。その後両者の調和が図られ、奈良時代には神社に付属した寺すなわち神宮寺の建設が各地の大社で行われた。平安時代になると神前で読経が行われ、八幡大菩薩のごとく神に菩薩号がつけられるようになり、やがて、神は仏の化《け》現《げん》したものであるという本地《ほんじ》垂迹《すいじゃく》説《せつ》が成立する。このころ、神に権現《ごんげん》（権《かり》に現れたもの）という称号があたえられ、神宮寺のなかでも、神に奉仕しつつ仏事を修する僧（社僧）があらわれ、逆に寺院の境内に寺院を守るための神（鎮守）がまつられるようになった。さらに本地垂迹説が進展するにつれて、

真言宗や天台宗の教えのなかにとり込まれて、前者からは両部神道、後者からは山王一実神道が生ずるにいたった。鎌倉時代には、神本仏迹《しんぽんぶつじゃく》のように仏は神の化現とする逆の思想も神道側から現れた。また江戸時代になると国学者の間から神仏分離の立場に立つ者が現れ、明治維新を機に神仏分離は廃仏毀釈へと発展して新しい形体の日本仏教が出現するにいたった。↓権化・本地垂迹説・両部神道

【神分】 じんぶん

真言宗の修行の際、明神《みょうじん》（わが国の神祇《じんぎ》）を勧請して般若心経などを読誦し、神々にも仏の教えを分け与えるとともに神々の加護を願うこと。この世のすべての神は大日如来がわれわれを救うために現れた分身であるから、教えを分けて供養するのである。神下《こうおろし》という。↓神仏習合・大日如来

す

【随心院】（京都）ずいしんいん

京都市東山区山科小野御霊町にある真言宗善通寺派の大本山。小野流発祥の地。門跡寺院。正暦二年（九九一）仁海の創建で、牛皮山曼荼羅寺《こひさんまんだらじ》と称す。応仁の乱には荒廃したが、江戸時代に増孝が再興し、寺領二百二十石の朱印を領した。現在の堂舎は天真院らが造営したもの。寺宝に絹本着色愛染曼荼羅、木造阿弥陀坐像などがある。↓醍醐寺

【水天】 すいてん

インドのバラモン教では天地を司る神で、神と人の両界を知る諸神の王であったが、のち水の神・河の神となる。竜族の王とされることから、雨乞いの

水天

修法にさいして本尊とされる。一般的には、五竜冠をいただいて亀に乗り、左手に羂索をもち、海中に坐している姿が多い。十二天・八方天の一つで、西方の守護神。↓十二天・請雨法・竜

【塗香】 ずこう

僧侶が読経・修法するときに身に塗る香のこと。インドでは客を迎えるさいのエチケットとして体臭を消すために用いた。修法の種類に応じて、栴檀《せんだん》香《こう》・沈《じん》香・竜脳《りゅうのう》・伽羅《きゃら》・安息香・鬱金《うっこん》香などの材料を粉末にしたものを用いる。ただしわが国では、香木を粉末にした抹香《まっこう》を普通に用いる。↓香

【数息観】 すそくかん

出入の息を数え、心の散乱を除く観法。結跏趺坐あるいは半跏坐で坐り、一呼吸の出息あるいは入息のときに一から十まで数え、十以上数える場合には、また一から数える。この観法は密教のみではなく顕教でも用いるが、密教では出息に阿字を、入息には吽字を観じる。↓阿吽・観法

せ

【勢至菩薩】 せいしぼさつ

智慧をもってあまねく一切を照らす力がある。一般的には観音菩薩とともに阿弥陀仏の脇士として奉安されるが、観音菩薩ほど流行せず、単独尊としては少ない。密教では、胎蔵曼荼羅の観音院のなかの一尊であり、左手に未開敷蓮華をもつ。得大勢・得大勢至と訳される。↓観自在菩薩

勢至菩薩

【清滝権現】せいりゅうごんげん

娑掲羅竜王の第三女善女竜王のこと。密教では如意輪観音の化身とする。インド無熱池に住し、密教の守護神。唐代に長安の青竜寺に勧請された。青竜寺の名称はこの由来から。入唐し帰朝した空海は高雄山の麓に勧請した。海波を越えて来朝したことを表すために、水扁を加えて清滝と改めた。↓青竜寺・如意輪観音・竜

【施餓鬼会】せがきえ

悪趣（苦しみの世界）に堕ちた餓鬼の苦しみを救うためにもろもろの食を施し、一切の万霊を供養する法会。施餓鬼会は布施の行の実践であり、供養を受けることができない無縁の精霊を供養する儀式である。お盆のころに行うので、盂蘭盆会《うらぼんえ》とよく混同される。釈尊の弟子阿難に、のどが針のように細く、やせ衰え、醜い姿をした餓鬼が、お前の命はあと三月しかなく、餓鬼に生れかわる、と言った。それを聞いた阿難は釈尊に教えを請うた。そこで釈尊は、施餓鬼法を行え、そうすれば苦しみを受けるどころか、かえって長寿を得られる、と教えたと説かれることに由来する。↓盂蘭盆会

【節分会】せつぶんえ

立春の前日に行い、追儺豆をまいて悪鬼が侵入するのを防ぎ、諸厄を払い福を招く祈願の行事。追儺は一般的には節分の行事とされているが、鎌倉時代までは十二月晦日《みそか》に行われていた。室町時代ごろから、節分の行事に追儺が行われたといわれる。寺院では、正月に修する修正会として行うこともある。節分が旧正月と近いころなので、節分と正月の行事が関連したといわれる。↓修正会

【前讃・後讃】ぜんさん・ごさん

法会のときに曲をつけて唱える讃唄のなかで、前供養のときに唱えるのを前讃、後供養のときに唱える讃を後讃という。金剛界では後鈴ののち、胎蔵界では後供《あとく》の閼伽《あか》の音を聞いて唱える。一般には前讃は四智・心略・不動の三つの梵讃、後讃は四智漢語・

心略漢語・仏讃が用いられる。↓唄

【千手観音】せんじゅかんのん

観音菩薩の一種で、千は無量円満、手は衆生にさしのべる救済の慈悲の意味。密教が日本に入る以前に、十一面観音とともに早くから現れた。主に二十七面像と十一面像がある。二十七面像は、胎蔵曼荼羅の虚空蔵院にみられる。↓観自在菩薩

千手観音

【善通寺】（香川）ぜんつうじ

空海の誕生地、香川県善通寺市善通寺町にある。真言宗善通寺派の総本山で、四国八十八か所霊場第七十五番。寺の名称は、空海の父佐伯善通の名前に由来する。弘仁四年（八八九）に完成した真言宗最古の名刹である。寛平元年（一二四三）、高野山の金剛峯寺と大伝法院の争いで配流された道範が当寺に入った。随心院流を本流とし、空海関係の宝物が多い。↓四国八十八か所

【泉涌寺】（京都）せんにゅうじ

京都市東山区にある。真言宗泉涌寺派の大本山で、開基は俊芿《しゅんじょう》（一一六六〜一二二七）。真言密教・天台密教・禅・浄土・律の兼学の道場として有名であった。もと天台宗に属し、法輪寺・仙遊寺と称し、貞応三年（一二二四）に御願寺となり、翌年泉涌寺と改名した。明治五年（一八七二）に兼学を廃して真言宗古義派に属したが、明治四十年に独立して泉涌寺派と称した。↓便覧編（真言宗系譜）

【善無畏】ぜんむい　六三七〜七三五

インドのマガダ国の人。クシャトリア（王族）の

出身。ナーランダ寺で密教を学ぶ。若年で王位を継ぎ、名声を得たが、のちに兄に王位を譲って仏道に入り、師の達摩《だるま》掬多《きくた》の勧めによって入唐。サンスクリット原典を携え、開元四年（七一六）に長安に到着した。唐の玄宗は手厚くもてなし、興福寺南塔院に迎えた。大日経・求聞持法をはじめ多数を漢訳する。弟子では大日経翻訳のときに筆記した一行《いちぎょう》が有名である。真言宗伝持の八祖のなかの第五祖である。金剛頂系の翻訳をした金剛智と交渉があったとされ、金善互授といわれる。↓一行・金剛智

そ

【増益】 ぞうやく

幸福を増進する意。密教の修法は、一般的に息災・増益・敬愛・調伏の四種に要約できるが、その修法の一。歴史的、文献的にはインドの『アタルヴァ・ヴェーダ』（BC十一世紀〜BC六世紀ごろ）までさかのぼられ、密教はインド古来の民俗宗教と密接に関連すると考えられる。↓修法

【息災】 そくさい

災害・苦難・煩悩などを滅除する意。一般的に息災・増益・敬愛・調伏の四種に要約できる密教における修法の一。インドではヴェーダ時代（BC十一世紀〜BC六世紀ごろ）にもみられ、密教とインド古来の民俗宗教との密接な関連がうかがわれる。↓修法

【即身成仏】 そくしんじょうぶつ

凡夫の肉身そのままで仏になるという意味で、真言宗の根本教義。一般の仏教（顕教）では三阿僧祇劫という無限の時間を費やして仏となると説くのにたいして、密教では釈尊の菩提樹下での正等覚（悟り）そのものの様態を想定して表現したものと考えられる。空海によれば、即身成仏はすでに大日経・金剛頂経・『菩提心論』に説かれていることになるが、即身成仏の用語そのものは竜猛の作と伝える『菩提心論』にみられる。即身成仏の理論的根拠は『即身成仏義』（空海著）に説かれている。即身成仏

の解釈としては、『異本即身義』のなかに理具成仏・加持成仏・顕徳成仏の三種が説かれる。この三種成仏を本有《ほんぬ》・修生《しゅしょう》で分ければ、理具成仏は本有、つまり人がもともとそなえている仏性による成仏であり、加持成仏・顕徳成仏の二種は修生、つまり修行で獲得した仏性による成仏とされる。↓三劫成仏・即身成仏義・即身仏・入定・菩提心論・本有修生

【即身成仏義】 そくしんじょうぶつぎ

空海著。『即身義』と略称する。真言密教の根本教義である即身成仏を提唱した書物。成立年代は不明。『声字実相義』『吽字義』とともに三部書の一。真言教学の重要文献として現在に伝わる『十巻章』のなかにも含まれる。構成は、まず二経一論を用いて八箇の即身成仏の証文をあげ、次に二頌八句すなわち体・相・用無礙、成仏の句をあげ、以下各句の説明をする。大日経で二、金剛頂経で四、菩提心論で二、合計八箇の証文をあげる。これを二経一論八箇の証文という。また二頌八句の体・相・用は体大・相大・用大の三大といい、最も重要な真言教理となっている。体大とは地大・水大・火大・風大・空大・識大の六大、相大とは大曼荼羅・三昧耶曼荼羅・法曼荼羅・羯磨曼荼羅の四種の曼荼羅（四曼）、用大とは身密・口密・意密の三密のことである。本書には通称「異本即身義」とよばれる六種の異本がある。そのなかに即身成仏に関して三種の理解をあげている。すなわち加持成仏・理具成仏・顕徳成仏である。この三種は即身成仏にたいする重要な視点となる。

↓即身成仏

【即身仏】 そくしんぶつ

ミイラ仏のこと。五穀を断ち、木食によって身体を清め、禅定に入りながらミイラとなり肉身を世に留めること。このような信仰の形成には、弘法大師空海の入定信仰が基盤にあるといわれ、中世に出羽三山などで盛んになった。真言宗では即身成仏を説くところから、ミイラとなり肉身を留める信仰と同一視され、即身仏と名づけられたと考えられるが、真言宗の即身成仏とは基本的に相違するものである。

→即身成仏・入定

【素絹】そけん

天台宗の元三大師良源（九一二〜九八五）の創案と伝えられる法衣の一種。麁絹《そけん》または疎絹とも書く。出家者たる者は元来質実を尊ぶために疎悪の絹を用いたので、このようにいわれる。また古来、座曳または長素絹ともいう。後世これを便宜のために切り詰めたものを、切素絹または半素絹ともいう。素絹の襟に僧綱襟のある裘代《きゅうたい》は、古代中世では法皇・諸門跡が用い、僧侶は参内の礼服に用いた。→法衣

た

【大威徳明王】だいいとくみょうおう

降閻摩ともいい、済度しがたい衆生を忿怒の姿で折伏させ、正しい道へ導く教令輪身《きょうりょうりんじん》。教令輪身は三輪身の一で、怒りの表情をとる仏の化身のことである。現図胎蔵曼荼羅では持明院に属するが、胎蔵旧図像では文殊院に属する。六頭六臂六足で水牛に乗るのが特色。五大明王・八大明王の一つ。→五大明王・三輪身

大威徳明王

【大衍暦】だいえんれき

唐代暦法の一。当時の天文観測にもとづいたきわめて科学的な暦法である。一行《いちぎょう》（六八三〜七二七）の撰で五十二巻。一行は真言伝持の八祖の一人で、善無畏の弟子。密教ばかりでなく、算法・暦法にも通じた唐代の科学者としても有名である。わが国では天平七年（七三五）、吉備真備が伝え、以後の暦法の基礎となった。→一行・宿曜

【大覚寺】（京都）だいかくじ
京都市右京区にある真言宗大覚寺派の大本山。もと嵯峨天皇の離宮で、歴代法親王住持の門跡寺。ここで空海が五大明王を彫刻したといわれる。南北両朝和議の舞台となり、後亀山天皇から後小松天皇に神器を譲ったことで有名。国宝に後宇多天皇の『御手印遺告』『弘法大師伝』がある。→嵯峨天皇

【太元帥明王】だいげんすいみょうおう
原語は林野の意で、広野鬼大将という。十六薬叉の一。忿怒相で、六面八臂・四面八臂・一面四臂などがある。宝寿無窮と鎮護国家の秘法で後七日御修法に準ずる大法、太元帥法の本尊。太元帥明王に眷属を加えた大元帥曼荼羅がある。なお、大元帥法および太元帥明王は小栗栖の常暁の請来である。
→御修法

【大興善寺】（中国）だいこうぜんじ
中国陝西省西安（長安）にある。天宝十五年（七五六）、不空三蔵がこの寺に住して密教道場とし、多くの経典類を翻訳した。青竜寺とともに密教の中心道場である。もとは陟岵《ちょうこ》寺を移建して改名したもの。大興城と靖善坊の名に由来する。規模は隋・唐を通じて最大級。→青竜寺・不空

【大黒天】だいこくてん
インドでは戦闘・財福・冥府の三種の性格をもつ。戦闘神としてはシヴァ神の化身、財福神としてはビシュヌや地天の化身、冥府神としては閻摩天と同体。日本では出世大黒として大黒・毘沙門・弁才天の合体した三面大黒がある。七福神の大黒は、左手に袋を負い、日本的色彩が濃く、大国主命と同一視されることもある。胎蔵曼荼羅では外金剛部院に位置する。→閻摩天・七福神

【醍醐寺】（京都）だいごじ
京都市伏見区にある。真言宗醍醐派の総本山。小野流の派祖、聖宝（八三二〜九〇九）の開基。聖法が東大寺と石山寺とを往復する途中で、准胝・如意

輪の二観音を彫刻し安置したのにはじまる。経軌尊重の広沢流の法流にたいし、口伝中心の小野流の正流である当寺には、貴重な口伝書、そして図像が現在も多く保管されている。西国三十三観音第十一番札所。↓西国三十三観音札所

【大師講《だいしこう》】

弘法大師空海の功徳を讃えて修する法会。弘法大師入定の日すなわち毎月二十一日（月並御影供）に、弘法大師に帰依する人々が集まる。また十一月二十三日の夕方から翌日にかけて行う民間の祭りで、弘法大師あるいは聖徳太子の伝説を伝えている。また、弘法大師とは別に伝教大師最澄の忌日に修する法会、すなわち六月会をいう場合もある。↓弘法大師信仰・御影供

【大自在天《だいじざいてん》】

インドで最高の天地創造神として尊重されたシヴァ神の仏教化したもので、自在天王・商羯羅など、その異名は千あると伝えられる。色界の頂、色究竟天の主。胎蔵曼荼羅の外金剛部院に位置し、二臂で右手は頭指のみを一本立て、左手は三股戟をもち、水牛に乗る。さらに三面四臂・一面六臂・三目八臂・三目十八臂のものがある。↓外金剛部

【大師は弘法にとられ《だいしはこうぼうにとられ》】

大師とは朝廷から高僧に賜わる諡号《しごう》であり、この称号を受けた人は弘法大師（空海）・伝教大師（最澄）・円光大師（源空）など二十名ほどある（ただ私的に大師号をつけるものもある）。しかし各地に伝わる弘法大師の伝説が多く、民衆に親しみ深かったためか、大師といえば、弘法大師を示すことになった。この意味で用いる。↓弘法大師信仰

【帝釈天《たいしゃくてん》】

梵語ではインドラといい、最勝の意。須弥山頂の忉利天《とうりてん》善見城に住み、四天王を統括し、身に千眼をもち、巨象に乗る。ヴェーダ時代には最高神に列せられ、破壊神の阿修羅と戦う話は有名。梵天とともに古くから仏教にとり入れられた仏教の守護神。胎

蔵曼荼羅では外金剛院に属する。釈提桓因《しゃくだいかんいん》、天帝釈、能天帝ともいう。↓阿修羅・四天王・梵天

【大師流】 だいしりゅう

嵯峨天皇・橘逸勢とともに三筆としてあげられる空海を祖とする書の流派。江戸時代に藤木敦直がはじめたもので、賀茂流とも呼ぶ。空海は和様の漢字の基本となる唐の王羲之の行書を学んで、日本の書道にふさわしい優雅な書風をつくりだした。その書流は入木道といわれ、日本書道の元祖となり、伝統的な流れをつくり、後世に伝えられ、そして大師流があらわれた。↓弘法筆を選ばず・五筆和尚・三筆

【胎蔵界九方便】 たいぞうかいくほうべん

大日経第七巻に典拠があり、胎蔵界礼懺のなかに説かれる。所願成就の手立て、あるいは法を修習する手段としての意味をもつ。作礼・出罪・帰依・施身・発菩提心・随喜・勧請・奉請・回向の九方便をいう。金剛界礼懺の五悔にたいする。胎蔵曼荼羅の中台八葉院の九尊と重ねて考えられ、行者の九識を転じて中台八葉九尊を開顕するという意味も含まれる。↓金剛界五悔・胎蔵界礼懺・胎蔵曼荼羅

【胎蔵界礼懺】 たいぞうかいれいさん

金剛界礼懺が五悔・三十七尊礼文をあげるのにたいし、九方便・十五尊礼文をあげる。十五尊とは胎蔵曼荼羅の中台八葉院の九尊、遍智院の仏眼仏母尊、五大院の五大明王。①総敬礼、②九方便、③礼文、④発願、⑤結頌の五段から成る。このうち①④⑤は金剛界礼懺と同一。小野流の仁海（九五一〜一〇四六）が金剛界礼懺に準じて集録したものといわれる。↓胎蔵界九方便・金剛界礼懺

【胎蔵旧図様】 たいぞうきゅうずよう

胎蔵曼荼羅の一種で不空系の曼荼羅。胎蔵図像よりは後で、現図曼荼羅よりは前のものであるが、現図曼荼羅との類似が多い。円珍（八一四〜九一）が在唐中に豊智とともに書写し、日本へ請来した。注記に「今不依之」とあるので、当時の中国では流行していなかったようである。↓円珍・胎蔵曼荼羅・

【胎蔵次第】たいぞうしだい

胎蔵法の念誦の方法を記した書物のこと。金剛界次第にたいするもの。大日経・『大日経疏』『青竜儀軌』などにもとづく。胎蔵念誦次第・胎蔵法次第・胎蔵界次第ともいう。本次第には多種ある。空海撰の胎蔵梵字次第・胎蔵略次第・五輪投地次第・胎蔵普礼五三次第をはじめ、宗叡撰の胎蔵次第、興教大師撰の鑁上人次第などである。↓次第・胎蔵界礼懺

【大僧都空海伝】だいそうずくうかいでん

空海入定三十四年後に教団外の人によってまとめられた伝記で、客観的な空海伝である。藤原良房および春澄善縄が文徳天皇の勅を奉じ、貞観十一年（八六九）に撰した。「空海崩伝」ともいい、『続日本紀』巻四に所収。構成は空海の化去の年月日とその地、空海への仁明帝の弔喪と淳和帝の弔書、空海の略伝に三分される。↓空海僧都伝・入定

【胎蔵図像】たいぞうずぞう

善無畏（六三七〜七三五）が大日経翻訳のさい、自ら描いたものと伝えられ、胎蔵諸尊様ともいう。阿闍梨所伝曼荼羅（大日経疏）を簡略にし、四大護院を加えたもの。胎蔵旧図様および現図曼荼羅以前に成立したもので、円珍在唐のとき書写し、請来したと伝えられる。請来本は三井寺にあったとされるが、現存しない。↓胎蔵曼荼羅

【胎蔵曼荼羅】たいぞうまんだら

詳しくは大悲胎蔵曼荼羅という。両部曼荼羅の一。金剛界曼荼羅にたいして胎蔵界とも呼び習わされる。胎蔵とは、胎児が母胎に宿されて養育されるように、衆生の本来もっている菩提心（悟りを求める心）の経過のあり方を示す。大日経住心品の「菩提心を因、大悲を根、方便を究竟」となすという三句の法門の教理によって菩提心は託胎、大悲は出胎、方便は幼児の生長と解釈できる。大日経および大日経系の諸経典に説かれる。経典類によるものは大曼荼羅・三

昧耶曼荼羅・法曼荼羅（以上は大日経）、阿闍梨所伝曼荼羅（大日経疏）などがあり、図絵のものは胎蔵図像・胎蔵旧図様・現図胎蔵生曼荼羅がある。もっとも完成された構成をもつ現図胎蔵生曼荼羅は十二院である。すなわち中台八葉院・持明院（五大院）・遍智院（仏母院）・金剛手院・蓮華部院（観音院）・釈迦院・文殊院・除蓋障院・地蔵院・虚空蔵院・蘇悉地院・外金剛部院。↓現図曼荼羅・十三大院・胎蔵界礼懺・胎蔵旧図様・胎蔵次第・胎蔵図像・両部・便覧編（胎蔵曼荼羅の構成）

【体相用《たいそうゆう》】

空海の『即身成仏義』に説かれる即身成仏とくに即身の理論的根拠で、体大・相大・用大の三大のこと。体大とは地大・水大・火大・風大・空大・識大の六大で、宇宙法界（宇宙そのもの）の体性（根源的要素）を明かしたもの。相大とは大・三昧耶・法・羯摩の四種の曼荼羅（四曼）で、宇宙法界の差別相（さまざまなありかた）を明かしたもの。用大とは身密・口密・意密の三密（身心のすべての働き）で、宇宙法界の作用（働き）を明かしたもの。この体相用の三大の思想は、真言教学の特徴であり、用語そのものは真言密教以前にあるとはいえ、他の教理では例をみない。さらに三大それぞれの内容にも特徴がみられる。すなわち体大では五大（地水火風空）の物質的要素に識大の精神的要素を加え、相大ではその表現として曼荼羅を使い、用大では加持と三密の関連を示す。このように三大、さらに三大それぞれの内容が他の教理と一線を画し、即身成仏の理論的根拠となっている。↓三大・即身成仏

【大日経《だいにちきょう》】

七世紀の中ごろ、仏教の研究が盛んであったナーランダーもしくは西インド地方のいずれかで成立した可能性が強いとされており、金剛頂経とともに両部の大経と重視され、それまでの仏教思想の集大成ということができる。七巻。善無畏訳。正しくは大毘盧遮那成仏神変加持経という。日本へは奈良時代にすでに渡来していた。大日経には、広本と略本との二つの原典が存在したとする伝説があるが、現存

の漢訳・チベット訳は十万頌三百巻の広本から抄訳した略本とみなされている。初めの第一住心品は、真言密教の中心教義を述べ、第二具縁品以下には、曼荼羅・印契・真言など、修道を中心を述べ、最後に供養の方法を説く。大日経は、執金剛秘密主の質問にたいして真言密教の教主大日如来が答える形式をとっており、悟りの知慧（一切智智）をいかに得るかという方法と、その根拠を明かしたものである。注釈書としては、その訳者善無畏の講述を一行《いちぎょう》が書きとめた『大日経疏』がある。この『大日経疏』は大日経の単なる註釈にとどまらず、即身成仏思想などを記し、その思想内容はより発展的である。↓金剛頂経・大日経解題・胎蔵曼荼羅・大日経疏・大日如来

【大日経解題】だいにちきょうかいだい

空海の撰で、法会の時に大日経を讃え、解釈した講演である。一巻七種。成立年代不詳。次の七種がある。①法界浄心本、②衆生狂迷本、②今釈此経本、④大毘盧遮那本、⑤隆崇頂不見本、⑥三密法輪本、⑦開示受自楽本。↓大日経

【大日経疏】だいにちきょうしょ

大日経の前六巻三十一品の注釈書。二十巻。善無畏口述・一行記。正しくは『大毘盧遮那成仏経疏』といい、単に大疏ともいう。単なる注釈にとどまらず発展した思想内容をふくみ、真言密教では大日経の注釈書中、もっとも重要な書。真言密教においては、この書の第一住心品の疏（注釈）を口《くち》ノ疏、具縁品以下を奥《おく》ノ疏といい、教義と修行方法の根本典籍としている。また大日経の最後の第七巻、供養次第法の注釈二巻は、新羅の僧、不可思議法師が善無畏の口述を聞いて記述したといわれ、「不思議疏」といわれる。さらに『大日経疏』二十巻を智儼と温古が校訂した『大日経義釈』十四巻があるが、前者は真言宗が、後者を天台宗がそれぞれ用いて独自の教学を展開させた。↓善無畏・大日経・大日経義釈

【大日如来】だいにちにょらい

真言密教の教主。大日とは偉大な輝くもので大遍

照と記す。もと太陽の光照の意味であったが、のちに宇宙の根本の仏の呼称となった。宇宙の実相を体験した仏であり、あらゆる仏菩薩の最高位にある密教の仏である。華厳経などで説く毘盧遮那仏も、密教においては大日如来と同じと考えられている。言葉の意味は本来同じである。智を表す金剛界と、理を表わす胎蔵界と二つの大日如来があるが、ともに表裏一体と考えられている。↓金剛界・胎蔵曼荼羅・大日経・法身・便覧編（仏壇）

【泰範《たいはん》】 七七八～八三七以降

空海十大弟子の一人。初め最澄に師事し天台教学を学ぶ。弘仁三年（八一二）、高雄山において最澄とともに空海より胎蔵界灌頂を受ける。同四年、円澄・光定らとともに金剛界灌頂を受け、以後空海にしたがって密教を学ぶ。再度の最澄よりの帰山の要請にもかかわらず、比叡山に帰らなかったといわれている。↓灌頂

【高雄口決《たかおくけつ》】

天長七年（八三〇）～九年のころ、高雄山神護寺にて空海の口述を弟子の真済が記したもの。真言密教の教義と修行に関する六十二条の口決を収めている。実慧記の檜尾口決とともに空海の口説を伝える真言宗学徒の基本図書である。↓口決・檜尾口決

【高雄曼荼羅《たかおまんだら》】

高雄山神護寺に秘蔵されている金剛界・胎蔵曼荼羅をいう。淳和天皇の勅願により空海が神護寺灌頂堂に安置したもので、現存する現図曼荼羅中もっとも古いもので国宝指定。紫地に金銀泥で描かれた優品である。↓御室曼荼羅・現図曼荼羅・神護寺

【荼吉尼天《だきにてん》】

胎蔵曼荼羅外金剛部にある三天と偃臥鬼の総称。荼吉尼の法を修すれば神通力をえるといわれる。大黒天に属する夜叉神。インドでは人の死を六か月前に予知し、その心臓を食べるという。わが国では稲

荷神の本地として信仰されてきた。↓大黒天

茶吉尼天

【立川流】《たちかわりゅう》

密教に陰陽道を交えた邪教。平安時代後期、武蔵国立川（東京都）の陰陽師が仁寛から真言を学んで陰陽道と結びつけ、一時は大いに流行したが、江戸時代以降おとろえた。真言密教を邪解して男女の交会をもって即身成仏の妙理とする。阿字は胎蔵界すなわち女、吽字は金剛界すなわち男とし金胎両部の結合を説く。↓阿吽・両部・即身成仏

【棚経】《たなぎょう》

盂蘭盆会（お盆）のときに檀那寺の僧が檀家の家々をまわり、死者の霊をまつる精霊棚の前で読経をすること。本来は、安居《あんご》（三か月の修行）を終えた僧を飯食をもって供養することから起った行事である。↓盂蘭盆

【陀羅尼】《だらに》

神秘的な力をもつと信じられる呪文で、とくに密教において真言とともに広く用いられる。陀羅尼は、原始仏教でも護呪として認められており、雑阿含経などでは毒ヘビをふせぐ呪文として陀羅尼が付されている。また、大乗仏教においては法を忘れないという意味をもつことから、記憶の手段としても発展した。持・総持と訳す。↓祭文・声明・真言・陀羅尼会

【陀羅尼会】《だらにえ》

災いを除き、延命を願って尊勝陀羅尼を読誦する

法会。新義真言宗においては、興教大師覚鑁の報恩講に論義を勤め、つぎに陀羅尼会を修し、最後に理趣三昧を修するのを恒例とし、十二月十二日の報恩講出任論義が終ってのち、陀羅尼会を行う。↓仏頂尊勝陀羅尼・報恩講

【壇】だん

一定の土地を結界し、悪土を除き清浄な土を入れて、土壇をつくり、その上に仏菩薩の尊形を配したもので、梵語で曼荼羅といい界とも訳す。その構造は現在、用途により異なったものが多くあり、壇を設けて、息災・増益・敬愛・降伏などの修法を行う。↓結界・修法・曼荼羅

大壇

ち

【智】ち

ものごとの是非・正邪を判断する心作用で、六波羅蜜の一つ。真言密教においては最高の悟りの智慧として一切智智をあげる。↓一切智智・五智・仏頂尊

【智積院】（京都）ちしゃくいん

真言宗智山派の総本山であり、京都市東山七条に位置する。五百仏頭山または一乗山と称する。もと紀州根来山大伝法院内にあった学頭坊であり、豊臣秀吉の根来焼打ちののち、遍歴ののち、玄宥一門により現在の地に移る。学山として江戸時代には多数の学匠を輩出した。庭園をはじめ、長谷川等伯筆とされる襖絵でも知られている。↓根来寺

【調伏】 ちょうぶく

抑制・制御・降伏など多くの意味があるが、密教では怨敵・悪魔などを信服させる修法を調伏法という。その場合は、不動・軍荼利《ぐんだり》・降三世・金剛夜叉など、忿怒相の仏菩薩・神を本尊とする。↓忿怒相

て

【天蓋】 てんがい

道場の天井につるす傘蓋。四角と八角のものがある。仏像の上につるすのを仏天蓋といい、阿闍梨や礼《らい》盤《はん》（道師のすわる一段高い座）の上につるすのを人天蓋という。金属もしくは木製。↓道場

天蓋

【奠供】 てんぐ

四智梵語・大日讃・本尊讃の三讃を法会の最初に唱え、本尊に供養物を捧げる意味である。四智梵語をもって最上とする。傳供とも書く。↓前讃〈後讃〉

【伝法会】 でんぼうえ

弘法大師空海の意志にのっとり、教学の興隆や発展のため、毎年春秋の二回、東寺や高野山などにおいて真言宗の依りどころとなっている重要な経典や論書を講演する法会。↓覚鑁

【伝法灌頂】 でんぼうかんじょう

密教修行のすぐれた行者にたいして阿《あ》闍梨《じゃり》の位を継承する印可《いんが》（証明・認可）をあたえる儀式。すなわち大日如来の法を授けることであり真言密教のもっとも重要な灌頂である。付法灌頂・阿闍梨灌頂ともいい、印法灌頂・作業灌頂・以心灌頂の三種がある。瞿醯経上阿闍梨相品には、多くの徳をもつ行者

にのみこれを授けるといい、大日経具縁品には、それは信心・種姓清浄・恭敬三宝・深慧・堪忍無懈倦・尸羅浄無欠・忍辱・不慳悋・勇健菩提心・堅行願の十種の徳であるとしている。古来は年齢四十歳以上の密教修練の弟子でなければ伝法灌頂を授けずといい、それ以外の弟子には学法灌頂のみを授けたという。↓阿闍梨・灌頂

【篆隷萬象名義】《てんれいばんしょうめいぎ》

弘法大師空海の撰。三十巻。日本人編纂の字典ではもっとも古いもの。隷書を見出しとし、上に篆書、下に語義などを注記した形式で書かれている。栂尾高山寺蔵。国宝。↓梵字悉曇字母并釈義

と

【塔】《とう》

インドで釈尊が入滅したとき、遺骸は火葬され遺骨は八つに分割され当時の八大国に分けて埋葬されたが、その土饅頭（ストゥーパ）が仏塔の初期の形である。その後、釈尊を尊敬するあまり、人々は土饅頭の下に基壇をつくり、その基壇も次第に重ねて高くなるようになった。この形が中国に伝わり、中国の建築と結合し、現在の日本の塔の原形になった。また、原語のストゥーパは卒塔婆と音写される。死者の追善のための板（卒塔婆）は、仏塔をかたどったものである。↓五輪塔

【投華得仏】《とうげとくぶつ》

結縁灌頂のとき、灌頂を受ける者が目隠しをし、壇上の胎蔵曼荼羅の上に花を投げ、二百余の諸尊のうち、花の落ちた尊をもって自分の本尊とすることをいう。『大日経疏』巻八に記述がある。↓結縁灌頂・胎蔵曼荼羅・本尊

【道場】《どうじょう》

本来は釈尊が悟りを開いたブッダガヤの菩提樹の下の金剛座をさすが、のちに仏堂の有無にかかわらず仏事を行い法を修するところをいうようになった。密教においては、とくに七日七夜を費して修法のための壇をつくる曼荼羅道場をいう。↓壇

【幢幡《どうばん》】

道場をかざる旗。多くは幡蓋から垂れされている。金襴や木でつくられる。↓天蓋・道場

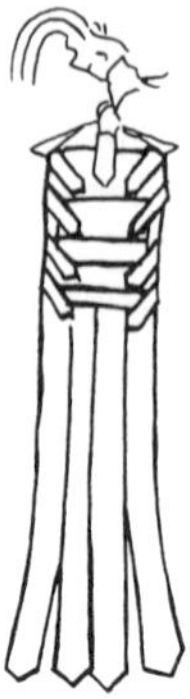

幢幡

【土砂加持《どしゃかじ》】

光明真言を誦して土砂を加持し、その土砂を病者にさずけて苦痛を除いたり、遺体や墓の上などにまいて亡者の罪を除き成仏させる法で、日本では鎌倉時代以降盛んに行われた。↓加持・光明真言

【兜卒天《とそつてん》】

古代インドの宇宙観で全世界の中心にそびえるという須弥山の頂上から二十四万由旬の高みにある天界。その中心は「兜卒天の内院」といい、将来仏となる菩薩が七宝で飾られた宮殿に住んでおり、釈尊もこの世に出現する以前、ここに住していたという。現在は、五十六億七千万年後に仏となる弥勒菩薩が、ここで説法していると説かれる。なお、兜卒天は三界のうちの欲界六天の第四天をいう。↓弥勒菩薩

【独鈷の湯《どっこのゆ》】

独鈷は独鈷杵のことであり、密教の修法に使う先の尖った仏具の一つ。弘法大師空海の伝説には、各地で独鈷を地中にさすことにより温泉を発見したり湧水を探しだしたりする説話が多い。そのような湯泉を独鈷の湯という。↓弘法清水・弘法大師信仰

独鈷

な

【内陣《ないじん》】

堂内の区画のうち奥の中央にあたる部分。仏像を安置する部分で僧侶が修法をするところである。↓修法・本尊

【流灌頂《ながれかんじょう》】

光明真言・陀羅尼や地蔵・阿弥陀の名号などを書いた卒塔婆を水上に立てて修法したのち、水中へ流して亡者を供養する法。とくにお盆に海や河での水死者や難産で死亡した女性の供養として行う地方が多い。流水灌頂ともいう。↓供養・光明真言・陀羅尼

【南天鉄塔《なんてんてっとう》】

南インドにあったといわれる鉄塔で、このなかに金剛頂経の大本を蔵していたといい、あるいは、このなかで竜猛菩薩が金剛頂経・大日経を金剛薩埵から受持したと伝えられており、これを鉄塔相承という。現在は南インドのアマラバティーにある塔跡が南天鉄塔とされている。↓金剛薩埵・竜猛

に

【丹生津姫《にうつひめ》】

高野明神とともに高野山の地主神であり、空海の遺告によれば、高野山開創にあたり、空海をたすけ、高野の地に導いたという。高野山上に地主神としてまつられている。丹生都比女とも書く。↓高野明神

【日天《にってん》】

原語では創造力、自由より生れたものの意味であるが、のちに太陽・日神の名となった。十二天の一つ。胎蔵曼荼羅では、天人形で両手に蓮華をもち五頭立ての赤色の馬車に乗り、外院東方に住す。金剛界曼荼羅外金剛部には、遊空天として南方に位置する。↓十二天

【入唐八家《にっとうはっけ》】

平安時代初期に唐に渡り、密教を受法して日本にもたらした八人の総称。東密（真言宗の密教）では弘法大師空海・法琳寺常暁・霊巌寺円行・安祥寺恵運・禅林寺宗叡の五人、台密（天台宗の密教）では伝教大師最澄・慈覚大師円仁・智証大師円珍の三人。安然がその目録をまとめて『八家秘録』をつくった。入唐年代はそれぞれ以下のとおりである。

最澄　延暦二三（八〇四）〜延暦二四（八〇五）
空海　延暦二三（八〇四）〜大同元（八〇六）
常暁　承和五（八三八）〜承和六（八三九）
円行　承和五（八三八）〜承和六（八三九）
円仁　承和五（八三八）〜承和一四（八四七）
恵運　承和九（八四二）〜承和一四（八四七）
円珍　仁寿三（八五三）〜天安二（八五八）
宗叡　貞観四（八六二）〜貞観七（八六五）
↓八家秘録

【入我我入観】《にゅうががにゅうかん》

真言密教における基本的な観法（瞑想法）の一。真言密教における観想・禅定には、ほかに阿字観・月輪観・字輪観・五相成身観などがあり、尊像など具体的な事物を前にして、そこに精神を集中する瞑想法である。入我我入観は本尊と行者とが一体となる観法で、入我とは本尊が我（行者）の身中に入り、我入とは我（行者）が本尊の身中に入り、本尊と行者が融合して仏と身心一体となること。行者にとって本尊を礼拝することが自分自身と一切衆生を礼拝することになる。↓観法・本尊

【入定】《にゅうじょう》

本来は禅定に入ることをいうが、真言宗においては、弘法大師空海は入滅したのではなく禅定に入っているのだと伝えられており、とくに入定と呼んでいる。そのときは承和二年（八三五）三月二十一日寅刻、結跏趺坐をして大日如来の定印を結び、弥勒菩薩が仏としてこの世に出現したときに再来することを願い入定したという。六十二歳であった。↓弘法大師信仰・弥勒菩薩

【如意輪観音】《にょいりんかんのん》

六観音の一。如意輪とは如意宝珠と法輪をいう。如意宝珠は福徳を、法輪は智慧を意味し、福智二徳を具足する名。二臂像は密教以前の古型で半伽思惟像を一般に如意輪観音と呼んだ。密教では六臂像がふつうで、観心寺（大阪府）に国宝の木像があり、滋賀県の宝厳寺、東京の金剛寺などに優れた画像がある。↓観自在菩薩

如意輪観音

【鐃】にょう

丸形の鈴に柄のついた形をした金属製の楽器の一種。柄に三鈷杵などをつけたものもあり、奈良時代の雑密の法具と考えられる。また真言宗では鉦鼓または銅羅のことを鐃という。撞木などで打ち鳴らす。鐃鈸と熟語になっているように鈸とともに法会において用いられる。↓鈸

【如来唄】にょらいばい

勝鬘経のなかの「如来妙色身（如来の妙なる色身は）、世間無与等（世間に与《とも》に等しきものなし）、無比不思議（比べるものなくして不思議なり）、是故今敬礼（是の故に今敬礼したてまつる）、如来色無盡（如来の色は無尽にして）、智慧亦復然（智慧もまた然りなり）、一切法常住（一切の法に常住したもう）、是故我帰依（是の故に我帰依したてまつる）」という偈文を諷詠するもの。これは勝鬘夫人が仏の徳を讃えた偈で、初めの一偈四句は応身、次の二句は報身、「一切法常住」の一句は法身の功徳を讃えたものとされる。四箇法要に用いられ、また一箇法要（略法要）には三礼に続けて用いる。↓三身・四箇法要・唄

【二利双修】にりそうしゅう

自分の悟りを求める自利の行（上求菩提）、他を救って悟りに導く利他の行の二つの行（下化衆生）をさし、菩薩（大乗仏教の修行者）はつねにこの二行を同時に修していかなければならないものとされる。自利行とは仏の智慧を得る智慧の行であり、利他行とは慈悲の心によって福徳を積む行である。

→行願・四無量心・菩薩

【忍性】 にんしょう　一二一七～一三〇三

鎌倉時代の真言律宗の僧。大和（奈良県）の伴貞行の子として生れ、十六歳で母を喪い、額安寺で出家、仁治元年（一二四〇）に叡尊より戒を受け、三大律部を西大寺に納めた。弘長元年（一二六一）鎌倉に入って北条時頼の帰依を受け、極楽寺を開き、蒙古襲来には撃退を祈る。また井戸を掘り、橋をかけ、道を開き、療病院・悲田院をつくって貧病者を養うなどの社会事業に尽し、嘉暦三年（一三二八）には後醍醐天皇より菩薩号を贈られる。→真言律宗

【仁和寺】（京都）にんなじ

山号は大内山。真言宗御室派の総本山。古くは「にわじ」、御室御所ともいう。京都市右京区御室にある。仁和二年（八八六）光孝天皇の勅願により創建、同四年宇多天皇によって完成。宇多天皇はのちに益信より受戒して御座所を同寺に置き御室御所と称した。門跡の制のはじまり。また真言宗の行・教学の中心の一で、『三十帖策子』をはじめとする数多くの宝物がある。→御室曼荼羅・益信

【仁王会】 にんのうえ

天下泰平・鎮護国家を祈願するために護国を説く仁王経を講讃する法会。国土がみだれたり災難があったときにこの経を読誦すれば、五穀が豊かにみのり、人々が栄えるといい、日本では斉明天皇六年（六六〇）に始められたとされる。→法要

ね

【根来寺】（和歌山）ねごろじ

古くは大伝法院と称し、新義真言宗の総本山。和歌山県那賀郡岩田町根来にある。大伝法院は興教大師覚鑁がはじめ高野山に開創したが、その後、金剛峯寺方の衆徒との争いが絶えず、大伝法院の学頭になった頼瑜が、覚鑁入寂の地である現在地の根来山に移した。その後隆盛し、多くの僧兵を置いたが、豊臣秀吉の焼打ちによって滅亡。のちに徳川五代将軍綱吉の援助を受けた護持院隆光によって再興され

た。↓覚鑁

【涅槃会】《ねはんえ》

涅槃とは吹き消すこと、吹き消された状態を意味し、仏教では煩悩の火が消えて悟りの智慧の完成した境地をさし、また釈迦が入滅して無余涅槃（肉体も消滅した完全な涅槃）に入ったことを単に涅槃という。一般に釈迦の入滅を二月十五日として法会をひらき、それを涅槃会という。涅槃経に「涅槃は永遠（常）にして安楽（楽）であり、絶対にして清浄である」と説くところから常楽会ともいう。↓入定

【年忌】《ねんき》

年を経てめぐりくる命日のこと。その日に死者のための追善供養の仏事法要を行うことを年回法要・年忌法事などといい、略して年回・年忌とも称する。年忌法要は一般に翌年の一周忌以降はかぞえで計算し、満二年の三回忌、満六年の七回忌、以下十三・十七・二十三・二十七・三十三・五十・百回忌を行い、以降は五十年ごとの遠忌となる。↓忌日

【念持真言理観啓白文】《ねんじしんごんりかんけいびゃくもん》

弘法大師空海の作とされる。略して「理観啓白」ともいう。一巻。真言念持についての観念や陀羅尼の種類・意義・功徳などを偈によって説いたもので、四字句二百七十二・七字句六・五字句八からなっている。本書には空海の『即身成仏義』『声字実相義』『般若心経秘鍵』、覚鑁の『五輪九字秘釈』などからの引用があり、空海真撰とするには疑問がある。↓真言・陀羅尼

【念珠】《ねんじゅ》

数珠《じゅず》ともいい、真言陀羅尼や念仏などを唱えるときに、その数をかぞえるための道具。珠の数は百八顆が規準で百八煩悩を悟りに転ずることを表す。そのほか千八十顆、五十四顆、四十二顆、二十七顆、二十一顆、十四顆などがある。現在使われる念珠は百八顆で、二箇の母珠《もしゅ》を両端におき、その間を五十四顆ずつとし、母珠の一方を達磨《だるま》、紐の終りの結び目のあるほうを緒留《おどめ》といい、達磨のほうから七箇目、

二十一箇目にあわせて四つの小珠をおき、四天・数取りという。また母珠に房をつけ、それに小珠十箇ずつをつけ、これを記子《きし》といい、達磨の房にはもう一つ小珠をつけ、助名・浄名・補処という。念珠を摺るのは日本の俗習で、本来は音をたてない。礼拝のときは母珠を中指にかけ、房を手のなかに入れて静かに摺る。↓勤行・便覧編（仏具）

【念誦】ねんじゅ

心に念じながら口に経や真言などを唱えること。念誦は口と意（心）の行であるが、真言宗では広く身口意の三密行をいう。念誦の種類には、声を出して念誦する音声念誦、まわりに聞こえない程度の微音の蓮華念誦、声を出さずに舌だけを動かす金剛念誦、真言の文字を観想する三摩地念誦、印契により加持して念誦する色念誦、真言の字義を観ずる真実念誦、大忿怒の声を張り上げる降魔念誦がある。

↓三密・真言

は

【唄】ばい

唄匿《ばいとく》の略。梵唄ともいう。声明の一種で、二箇法要や四箇法要の最初に唱える。仏や三宝の徳を讃える偈頌に曲調をつけて歌詠するものをいい、一音一音を長く引き時間をかけてゆっくり歌うもので、声明のなかでもっとも長いものである。また唄を歌うことを唄を引くという。云何《うんが》唄《ばい》・如来唄・出家唄などの種類がある。↓声明

【長谷寺】（奈良）はせでら

奈良県桜井市初瀬にある真言宗豊山派の総本山。西国三十三観音霊場八番札所。天武天皇の時代に道明が西谷に宝塔・三重塔・釈迦堂を建てたのを本長谷寺といい、養老四年（七二〇）に霊木で十一面観音像を刻み、東谷に堂舎を建て、天平五年（七三三）に行基が開眼供養をしたのを後長谷寺という。牡丹の名所として名高く、桜や紅葉の名所としても人を集める。↓西国三十三観音霊場

【鈸】　はち

西洋楽器のシンバルに以た銅製の楽器。打ち合わせ、あるいはすり合わせて音を出す。鐃《にょう》とともに法会において用い、讃《さん》ののち、行道や進列のときに鳴らす。また鳴らし方にも諸鈸《もろばち》、片鈸あるいは序の鈸、逆鈸、返鈸などの別があり、流派によって異なる。↓鐃

鈸

【八大菩薩】　はちだいぼさつ

集会《しゅうえ》の上首となる八人の菩薩で、仏法を護持し、衆生を護る。経によって異説があるが、般若理趣経・金剛頂経などでは金剛手《こんごうしゅ》・観自在《かんじざい》・虚空蔵《こくうぞう》・金剛拳《こんごうけん》・文殊師利《もんじゅしり》・纔発心転法輪《さいほっしんてんぼうりん》・虚空庫《こくうこ》・摧一切魔《さいいっさいま》菩薩《ぼさつ》の八。大妙金剛経・八大菩薩曼荼羅経などでは観自在・慈氏（弥勒）・虚空蔵・普賢・金剛手・文殊師利・除蓋障《じょがいしょう》・地蔵菩薩の八。尊勝仏頂儀軌では虚空蔵・地蔵・除蓋障・慈氏・文殊・持地・蓮華手（観自在）・秘密主（金剛手）菩薩の八。七仏八菩薩神呪経では文殊・虚空蔵・観自在・救脱《ぐだつ》・跋陀和《ばつだわ》・大勢《だいせい》至《し》・得大勢《とくだいせい》・堅勇《けんゆう》菩薩の八。薬師本願経では文殊・観自在・得大勢・無尽意《むじんに》・宝檀華《ほうだんけ》・薬王・薬上・弥勒菩薩の八などを説く。また大妙金剛経ではこの八大菩薩から、降三世《ごうざんぜ》・大威徳《だいいとく》・大笑《だいしょう》・大輪《だいりん》・馬頭《ばとう》・無能勝《むのうしょう》・不動・歩擲《ぶちゃく》明王の八大明王が現出すると説く。また八大明王についてもこのほかに異説がある。↓観自在菩薩・降三世明王・虚空蔵菩薩・大威徳明王・普賢菩薩・弥勒菩薩・文殊菩薩

【八葉蓮華】　はちようれんげ

八枚の花びらの蓮の花のこと。人の心臓（肉団心）は蓮華の蕾の形をしており、その蕾が開くと八葉蓮華となるとされ、瑜伽（ヨーガ）の観法によって花開かせる修行を八葉蓮華観という。またその花開いた八葉蓮華は胎蔵曼荼羅の中台八葉院であり、その花の上に大日如来を中心に四仏四菩薩の九尊が住している。また高野山の姿が八葉蓮華に似ているところから、これを八葉の峯とも称する。↓胎蔵曼

茶羅・蓮華

【八家秘録】はっけひろく

正しくは『諸阿闍梨真言密教部類総録』といい、天台宗の五大院安然の作。二巻。入唐八家の請来目録によって密教の経軌・図像・碑伝などを内容別に類別編纂した経録で、各書目には請来した人名・標目の異同・具略などを註記し、巻首には入唐八家の学法・入唐・帰朝・上表などについて略記し、元慶二年(八七八)正月および延喜二年(九〇二)五月の日付の自序を置く。→入唐八家

【撥遣】はっけん

修法のはじめに諸仏の浄土より勧請した本尊聖衆などを、修法の終りにもとの浄土へ送り返し、また道場観で観じた自心の仏を心内の本土へ送り返すこと。本尊も自心の仏も本来は同一であり、来たり去ったりするものではないが、仮りに去来の法を行う。また仏像や仏壇・位牌・石碑などの開眼をし、魂入れをしたものから魂を抜くことをいう。閉眼・奉送《ぶそう》ともいう。→勧請

【馬頭観音】ばとうかんのん

七観音の一であるとともに馬頭明王ともいい、八大明王の一。観音の化身としては唯一の忿怒相をとる。馬が草を食べるように衆生の煩悩をむさぼり食って救済する仏。形像は種類が多く、頭上に馬の頭を置くもの、人身馬頭のもの、一面二臂から四面八臂まで各種の像がある。また馬の守護神として信仰もある。→観自在菩薩

馬頭観音

【華篭】 はなご〈けこ・はなかご〉

法要のときに仏の供養のために散華《さんげ》する花を盛る器。その典拠は摂真実経《しょうしんじつきょう》上巻の「手にて衣裓《えこく》（花を盛る箱）より（花を）執《と》り、空中に旋転させるをもって仏を供養する」などである。華篭は平安時代ごろまでは竹で編んだものや金網の皿であったが、後世、金属板でつくられた直径二五センチメートルほどの浅い皿の三か所に先に錘《おもり》が付けられた組紐《くみひも》を垂《た》らしたものを使用するようになった。この華篭には仏に供養するための生花六房か、金銀五色などの紙でつくられた蓮弁《れんべん》（蓮華《れんげ》の花びら）六枚が盛られる。なお、華篭は小野（醍醐《だいご》派・山階《やましな》派・智山《ちさん》派など）ではハナゴ、広沢（大覚寺《だいかくじ》派・御室《おむろ》派・豊山《ぶさん》派など）ではケコ、高野山などではハナカゴと呼ばれる。↓散華・華

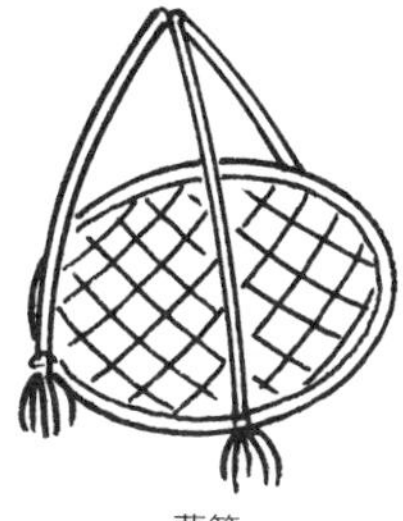

華篭

【花まつり】 はなまつり

釈尊の生誕を祝うまつりで、仏生会・灌仏会《かんぶつえ》・降誕会などともいう。毎年四月八日に行われる。釈尊が誕生したときに「天上天下唯我独尊」と宣言したという姿を表した誕生仏の像（右手で天を、左手で地を指す）を、種々の草花で飾った花御堂に安置し、竜が天から香水をそそいだのにちなんで、香水または甘茶を頭上からそそぎかけて祝う。その甘茶を飲むと無病息災であるという。↓釈迦牟尼仏

【般若心経】 はんにゃしんぎょう

仏説摩訶般若波羅蜜多心経の略称。真言宗・天台宗・禅宗など多くの宗派で読誦されるもっとも普及した経典で、膨大な般若経六百巻の心髄・精要である般若（空の教え）をきわめて簡潔に表現している。もともと般若経そのものが読誦による除災招福の功徳を説く経典であり、大般若経を転読する大般若会などが行われるが、般若心経は短かく唱えやすいこともあり、除災招福の呪術的威力のすぐれた経とし

て一般にも広く読誦される。真言宗では空海が『般若心経秘鍵』を著し、密教の立場から般若心経を般若菩薩の大心真言三摩地法門を説く経であるとした。空海によれば仏は真実のみを語るものであるから、その仏の言葉はつねに真実の言葉すなわち真言であり、一字一句に無量の功徳があって、それを誦することによって除災招福はもちろん、すみやかに成仏できるとされる。なお、漢訳には羅什訳・玄奘訳・義浄訳・法月訳・般若訳・智慧輪訳・法成訳・施護訳の八種があり、羅什訳と玄奘訳は小本系で他の六種は大本系である。現在一般に流布しているのは小本系の玄奘訳によっているが、一部に字句の相違が見られる。↓念誦

ひ

【飛行三鈷】 ひぎょうさんこ

空海が唐から帰朝するさいに密教流布にふさわしい地を占なうために投げたと伝えられる三鈷杵（手にもつ法具の一種）で、飛杵・飛鈷杵などともいう。この三鈷杵が青竜にささえられて海を渡って日本まで飛び、真言密教の霊地高野山の松の枝にかかっていたとされ、その松を三鈷の松という。また高野山・東寺・室戸崎の三か所に落ちたとする説や、三鈷でなく独鈷であるとする説などもある。金銅製。国宝。↓三鈷の松

【毘沙門天】 びしゃもんてん

つねに道場を守護して仏の説法を聞くことが多いということから多聞天ともいう。倶吠羅《くべいら》（金毘羅《こんぴら》）

毘沙門天

と同体とされ、吉祥天と夫婦とされる。夜叉・羅刹の首領で帝釈天のもとで北方を守護する。財福神であるとともに軍神として戦国武将たちの信仰を集めた。四天王の一。また八方天。十二天の一。七福神の一としても信仰を集める。↓七福神・四天王・十二天

【秘蔵記】ひぞうき

真言密教の事相（実践面）と教相（教学面）にわたり、百ばかりの項目をあげて解説したもので、略本と末尾に道場観・曼荼羅尊位形相を付した広本とがある。本書の作者について、①不空述・恵果記、②恵果述・空海記、③文秘作、④空海または杲隣述・円行記とする四説があって確定できないが、空海またはそれに近い人の筆録した原型が、のちに増補されていったものであろう。↓教相・事相

【秘蔵宝論】ひぞうほうやく

略して宝論ともいう。三巻。空海の代表的著作の一つで、『秘密曼荼羅十住心論』十巻を広論とするのに対して本書を略本という。淳和天皇の勅命によって当時の六宗（奈良仏教）の学匠が自宗の宗義をまとめて奉呈した天長の六本宗書の一とされ、はじめ『十住心論』を著したが、長すぎるためにこれを要約して本書を書いたとされる。『十住心論』と同様に衆生の心の宗教的な発展段階を十に分け、それに当時の仏教諸宗・諸思想・宗教などを配当した十住心の思想が説かれるが、『十住心論』の十住心思想が十の段階があってもすべては法身大日如来の顕現にほかならないとするのにたいし、本書の十住心思想ははじめの九段階が発展して最終的に第十の密教に達するとし、その十段階の相違を示す。十住心とは、①欲望だけの異生羝羊心《いしょうていようしん》、②世間の道徳を守ろうとする愚童持斉心《ぐどうじさいしん》、③天上へ生れるのを願う嬰童無畏心《ようどうむいしん》、④無我を悟る唯蘊無我心《ゆいうんむがしん》、⑤因縁を悟る抜業因種心《ばつごういんしゅしん》、⑥慈悲の心を起こす他縁大乗心《たえんだいじょうしん》、⑦空を悟る覚心不生心《かくしんふしょうしん》、⑧本性清浄を悟る如実一《にょじついち》道心《どうしん》、⑨真如随縁・重々無尽を悟る極無自性心《ごくむじしょうしん》、⑩仏の悟りの世界の秘密荘厳心《ひみつしょうごんしん》の十である。↓十住心論

【人となる道】 ひととなるみち

慈雲尊者飲光《おんこう》の法語。一巻。後花園天皇の生母開明門院の請いによって安永二年（一七七三）十一月より翌年四月までをかけて講じた『十善法語』十二巻を簡潔に要約したもので、天明元年（一七八一）に成立した。『十善略記』ともいう。この書を初編とし、ほかに『人となる道第二編』と神道の意によって解釈した『人登奈留道第三編神道』とがある。人となる道とは『人登奈留道随行記』によると「むかしより人間にして人間の分斉をうしなう者おおし。大聖仏世尊この世に出現したまいて、この人をして人たらしむ。是れを人となる道と名づく。凡そ仏法は主として生死出離の深義を説けども、初門はこの人となる道なり。若《も》し深密の義によらば、此の人間世界も仏浄土に異ならぬなり」とあるように、人が人としてあるための基本的な道であり、『十善法語』に「人の人たる道というはこの十善にあるぞ。人たる道を全くして賢聖の地位にも到るべし。高く仏果をも期すべきなり」とあるように、十善戒を守るべきことを勧めている。↓慈雲飲光・十善法語

【檜尾口決】 ひのおくけつ

空海の口決（口で伝える教え）を高弟の檜尾僧都実慧（七八六～八四七）が記したものとされ、次の三種をともに『檜尾口決』という。①阿字観用心口決＝一巻。密教の観法である阿字観の仕方を説いたもの。②金剛頂瑜伽蓮華部大儀軌＝二巻。金剛界の修法の方法について記したもの。③檜尾雑記ともいう＝一巻。空海より受けたとされる修行方法を記したメモ。↓阿字観用心口決・実慧

【秘密】 ひみつ

容易に人に知られない奥義・奥旨をさす。真言宗は、未熟のものには理解もできず教えることもできない深秘な教えであるから秘密仏教すなわち密教であるとする。真言宗における秘密の意味について空海は、①衆生秘密＝衆生が無明煩悩のために本来仏である本質を自覚しないこと、②如来秘密＝仏は衆生を導くために方便によって仮りの教えを説き、悟

りの世界そのものは説かないこと、の二種の秘密をあげる。↓密教

【秘密儀軌】ひみつぎき

仏教の修法・儀式・図像形式などを記した文献を儀軌といい、教理について説いたものを経というが、密教では両者の区別が定かでなく、経・儀軌あわせて儀軌といい、また経軌という。したがって秘密儀軌とは密教聖典の総称であるともいえる。密教では師の口伝を重視するが、台密（天台密教）、また東密（真言密教）のなかでは広沢流が儀軌を尊ぶ。↓儀軌・口決

【秘密三昧耶仏戒儀】ひみつさんまやぶっかいぎ

空海作。一巻。真言密教において三昧耶戒《さんまやかい》を授ける儀式作法について説いたもので、中国から請来した『無畏三蔵禅要』と『授菩提心戒儀』をもとにつくられたものと思われる。三昧耶戒は真言行者が入壇し灌頂を受ける前にかならず受けなければならない戒であり、本書も空海が灌頂の法を修したときに書かれたものと考えられる。弘仁三年（八一二）の高雄灌頂にさいして作られたものであろう。↓三昧耶戒・

【表白】ひょうびゃく

法会において、その法要の趣旨や目的・願いなどを集まっている人々や、本尊聖衆に告げ知らせること。啓白・唱導などともいい、はなやかな美文が多く、唱導文学として扱われることもある。一般には初めに本尊三宝に帰依し、ついで本尊の徳を讃嘆し、そののちに法要の趣旨・願いなどを述べる。↓法要

ふ

【風信帖】ふうしんじょう

空海が最澄へあてて送った書状（尺牘《せきとく》）三通を集めて一巻の巻物としたもので空海の最高の筆蹟の一つとされる。第一通の最初に「風信雲書」とあるのをとって風信帖と呼ばれる。また第一通を風信帖というのにたいして第二通を忽披帖、第三通を忽恵帖ともいう。京都教王護国寺（東寺）所蔵。紙本巻子。

国宝。第一通「風信帖」は最澄に止観の法門を贈られたことを謝し、室生寺の住持（堅恵）との三人で仏法の大事を話しあいたいと提案したもの。第二通「忽披帖」は最澄より送られた二包の香と左衛士督の手紙を受けとったことを述べ、修法のために会うことのできないのをあやまったもの。第三通「忽恵帖」は同じく最澄からの手紙と香を謝し、修法の終った十日朝に最澄を訪問することを約束したもの。

↓教王護国寺

【風天】《ふうてん》

インドの風の神ヴァーユが仏教の守護神となったもの。西北方を守護する。胎蔵曼荼羅では老人形で鬚髪は白、身体は赤、冠と甲冑をつけ、右手に風にひるがえる幢幡をもつが、金剛界曼荼羅では甲冑・天衣をつけない。また雲のなかでノロ（鹿の一種）に乗り、右手に槍をもつもの、青牛に乗って左手に瓶をもつ姿の像もある。八方天・十二天・二十天の一。↓十二天

風天

【不空羂索観音】《ふくうけんじゃくかんのん》

羂は網、索は綱を意味しており、網と綱で鳥や魚を捕えるように、すべての人々を救済し、悟りの世界に導く観音菩薩のことで、漏らすことのないことを意味して「不空羂索」といわれる。別名を鹿皮衣《ろくひえ》観音、不空王観音ともいう。七観音（ほかに聖・十一面・千手・馬頭・如意輪・准胝《じゅんでい》）の一つに数えられる。↓観自在菩薩

【不空三蔵】《ふくうさんぞう》

不空金剛ともいう。真言宗付法の第六祖。インドのバラモンの出身で、中国（唐代）の長安に住して

たびたび皇帝などに灌頂を授け、請雨・止雨の秘法を修して霊験をあらわしたという。また、鳩摩羅《くまら》什《じゅ》・真諦《しんだい》・玄奘《げんじょう》と並んで四大翻訳家といわれ、その翻訳した経典の数は百十部百四十巻とも、百五十巻とも、あるいは二百二巻ともいわれる。そのほとんどは密教経典、とくに金剛頂経系のものであり、修法の儀軌（規則）を訳したものも多い。また山西省五台山に金閣寺を建立して文殊菩薩を安置し、文殊信仰を中国全土に広めた。大暦九年（七七四）六月十五日、六十九歳で入滅。空海の誕生日はまさにこの日で、空海自身不空三蔵の生まれ代りであると、しばしば語っている。勅号は大広智三蔵、諡号は大弁正広智。↓金剛頂経・付法伝

【普賢菩薩】ふげんぼさつ

一般に慈悲の菩薩とされ、遍吉と訳されることもあるが、遍と普、吉と賢は同じ意味である。文殊菩薩とともに釈迦如来の脇侍《わきじ》としてまつられる三尊仏が多く、法隆寺の三尊仏が有名である。密教においては本有の菩提心（人が本来そなえている悟り）を

仏格化した金剛薩埵と同体の菩薩とされている。
↓金剛薩埵・十三仏・八大菩薩

普賢菩薩

【諷誦文】ふじゅもん〈ふうじゅもん・ふじゅぶみ〉

死者の功績や引導の意義などを記して葬儀のときに読んだり、法会《ほうえ》の趣旨を記して法要で読む文。平安時代初期からの風習といわれており、空海の書『性霊集』には多く集められていて、今でも文案の模範となっている。本来は経や偈《げ》を声をたてて読むことであり、三宝（仏法僧）の徳を讃えることをも意味するが、密教では灌頂のときに読誦する文章か

ら出てきたものである。↓性霊集

【布施】ふせ

慈しみの心をもって惜しまず人々に財物などを与えることで、僧侶に対して布を施したことから布施というようになった。施しを受ける人、与える人、そのものの三者に邪気のないことを三輪清浄《さんりんじょうじょう》といい、もっとも価値ある布施としている。原語は「ダーナ」といい、一般に旦那様というのはここから出ている。四摂《ししょう》（布施・愛語・利行・同事）、六波羅蜜《ろっぱらみつ》（布施・持戒・忍辱《にんにく》・精進・禅定・智慧）のいずれにも最初におかれている。↓勧進

【札所】ふだしょ

巡礼者が参拝したときにお札を奉納する寺院などをいう。願いごとや住所・氏名・年齢・奉納の年月日を記した札堂に貼り付ける風習が広まり、その盛んに納められる寺院が札所といわれる。代表的な札所には四国の八十八か所・西国三十三観音・坂東三十三観音・秩父三十四観音霊場などがある。↓西国三十三観音霊場・四国八十八か所・巡礼

【仏眼仏母】ぶつげんぶつも

仏の智慧はすべてを知り尽す眼、また仏の智慧をすべて生み出す功徳をもっていることから仏母といって仏眼仏母と呼ぶ。それを仏格化したものが仏眼仏母尊であり、仏の母という意味ではない。大日如来、釈迦如来、金剛薩埵からそれぞれ変身した、三種の仏眼仏母尊がある。↓金剛薩埵・釈迦如来・大日如来

【仏頂尊】ぶっちょうそん

頂には最勝の意味があり、仏の智慧は最勝なものであるから、それを仏頂という。仏頂尊は仏の智慧そのものを仏格化したもので、図や像で見ると、頭上の肉髻《にくけい》（頭上のコブのようなもの）を重ねて、高くもりあがっている。この仏頂尊には九種類の仏があり、三仏頂・五仏頂・八仏頂・九仏頂と分類している。↓一字金輪・仏頂尊勝陀羅尼

【仏頂尊勝陀羅尼《ぶっちょうそんしょうだらに》】

仏の智慧を表わす仏頂尊のなかでも害障を除く仏頂尊（尊勝仏頂尊）の功徳・利益などを説く陀羅尼（呪文）。略して尊勝陀羅尼といい、別名延寿陀羅尼、善吉祥陀羅尼などともいう。罪障消滅・寿命長遠の功徳があるといわれ、読誦したり書写したりすることによって多大な利益があると信じられ、古くから行われてきた。現在は朝夕の勤行や亡くなった人の回向のために唱えられている。この陀羅尼を説く経典は多いが、多少の相違がみられる。現在真言宗で用いられている陀羅尼は善無畏三蔵が翻訳した『尊勝仏頂修瑜伽法儀軌』に見られるものである。法隆寺には遣隋使によって持ち帰られた、梵字で書かれた日本最古のものが残っており、また仁和寺には空海が中国から持ち帰ったものが残っている。↓陀羅尼・仏頂尊

【不動明王《ふどうみょうおう》】

明王は、導きがたい人や災いをなす人を救済するのが役目で、そのために忿怒相（怒りの表情）をしており、これを教令輪身《きょうりょうりんじん》という。なかでも不動明王は五大明王あるいは八大明王の主尊とされる。その姿は片目で正面をにらみ据え、右の下牙を上に出し、左の上牙を下に出しており、額に四すじのしわがある。また手に剣と索《さく》（なわ）を持ち、導きがたい人々をこらしめ、索で縛って仏の道へ引き入れる。不動明王は八人の童子をしたがえており、一般に脇に付いているのは矜羯羅《こんから》と制吒迦《せいたか》である。本来、仏の使者という立場の不動明王も、日本では特別な信仰を得て、なかでも成田山新勝寺は多くの参詣者で

不動明王

賑わっている。不動威怒明王、また単に不動といったり無動尊・不動使者などともいう。→忿怒相・三輪身・八大明王・新勝寺

【付法伝】《ふほうでん》

付法とは師匠から弟子へ次々と法を伝える意味で、付法伝とは真言宗の教法が伝えられた経路を示す空海の書。広本二巻と略本一巻の二つがある。広本を『秘密曼荼羅教付法伝』といい、一般に広付法伝という。略本を『真言付法伝』といい、一般に略付法伝という。この書物は最初に真言密教の起源を明かし、ついで真言付法の七祖、大日如来・金剛薩埵・竜猛菩薩・竜智菩薩・金剛智三蔵・不空三蔵・恵果阿闍梨（略付法伝では別に善無畏三蔵・一行阿闍梨を加える）の活躍と伝記を明かしており、ついで歴史上実在した菩薩・三蔵・阿闍梨に至る付法の系譜や伝記をしるす。→血脈

【文鏡秘府論】《ぶんきょうひふろん》

平安時代の初期、弘仁年間（八一〇〜二三）ごろ空海によって書かれたもので、六巻からなっている。中国の六朝ごろから唐代までの詩文を評論したもので、現在、中国に残っていない書物の引用が多く、中国の文学界からも注目される書物である。これにたいして略本ともいうべき『文筆眼心抄《ぶんぴつがんしんしょう》』一巻もあるが、内容が少し異なる。空海が一宗教者というだけでなく、広い分野にわたって秀でていた一端を示すものである。→篆隷萬象名義

【忿怒相】《ふんぬそう》

導きにくい人々を威嚇して救済するために、激しく怒っている姿のこと。たとえば頭髪を逆立て、目は睨みをきかし、歯牙をむき出し、武器を手にしている。そのような姿をしたものを忿怒尊といい、不動明王・降三世明王・馬頭観音などがそれで、如来のように穏やかな顔、菩薩のように優しい顔の仏にたいして、忿怒尊はそれらの仏の使者という意味をもっている。→三輪身

【平間寺】（川崎）へいげんじ

通称川崎大師といい、神奈川県川崎市にある。新義真言宗智山派の寺院。平安時代後期の大治年中（一一二七年ごろ）に、漁師が弘法大師空海の木像を海中から拾い、安置したのに由来するといわれる。本尊は長く海底にあったので体に貝殻が付着しているという。成田山新勝寺・高尾山薬王院とともに智山派の三山といわれている。↓弘法大師信仰・新勝寺・薬王院

【平城天皇灌頂文】へいぜいてんのうかんじょうもん

平安時代初期、弘仁十三（八二二）ごろに空海によって書かれたもの。一巻。題名から平城天皇に灌頂を授けたときの諷誦文《ふじゅもん》（法要の意義を著した文章）といわれているが、題名はのちにつけられたものなので、事実平城天皇に灌頂が授けられたかは不明である。その内容は、真言宗の教えの殊勝なることを強調し、灌頂を授かって真言宗の僧侶となれば守らなければならない三昧耶戒の意味と、それが大日如来によって説かれたものであることを解説している。↓灌頂・三昧耶戒

【弁顕密二教論】べんけんみつにきょうろん

空海が顕教と密教の相異を論じた書。二巻。たんに二教論ともいわれる。空海はすべての宗教は真言密教の教えに含まれるとする思想を生涯貫いている。一方、種々の教えにどのような相異があるかという一応の目安を示すために、道教や儒教よりも仏教、仏教のなかでも小乗より大乗、そのなかでも顕教より密教のほうが広く高い立場から全世界を把握していると主張する。この書物もその一つで、顕教と密教がどのように異なっているかを明らかにしたものである。古来これに四種の分類法があって、能説の仏身・所説の教法・成仏の遅速・教益の勝劣という分け方がされている。真言密教では宇宙の真理そのものを大日如来の法身とし、現実世界の現象は大日如来の説法そのものであること、またその説法の内容は真理絶対の世界、仏の世界を説いているという

法身説法を主張し、これが真言密教における仏身と教法の特長である。その説法を聞くには特定の行法や言語によらなければならないので「秘密」、あるいは「密教」という。この特定の行法・言語によってただちに聞くことができ、それを会得した人はだれでも真理（仏の世界）に至ることができるという。これが即身成仏であり、密教の勝っているところとされている。↓顕教・密教

【弁財天】べんざいてん

もともとは流水・湖水の所有者という意味で、インドで神格化され河神として信仰された。水流の音に関連して弁舌・音楽の神となり、妙音天・美音天・大弁才天・大弁功徳天ともいわれる。財は本来才にすべきであるが、財福・智慧の多いことから財宝・長寿の神とされるようになり、弁財天になってしまった。竹生島《ちくぶじま》、厳島《いつくしま》神社、江の島神社などの弁財天が有名である。↓現世利益・宝厳寺・十二天

弁財天

ほ

【法衣】ほうえ

法服・衣《ころも》ともいう。もともとは袈裟《けさ》なども法衣といわれていたが、中国や日本では気候の関係で袈裟の下に着けるいろいろな装束が考え出され、それらを法衣といい、袈裟と区別するようになった。インドでは肩に掛ける覆肩衣《ふっけんね》（僧祇支《そうぎし》）というものがあり、中国や日本ではそれに袖を付けて褊衫《へんざん》といわれるものができた。さらに下に裙《くん》を綴ぎ合わせた直《じき》

綴《とつ》が現在日本では一般的である。そのほか袍服《ほうぶく》・素《そ》絹《けん》などもある。↓袈裟・直綴・素絹・袍服・便覧編（法衣）

【宝篋印陀羅尼】ほうきょういんだらに

宝篋とは尊き箱、無限の功徳を内蔵している陀羅尼という意味である。この陀羅尼を書写し、読誦し、あるいは塔のなかに安置して礼拝供養することによって罪障を消滅し、災難を逃れることができ、長寿を得て円満に仏道を歩み、速やかに成就することができるという。この陀羅尼を安置した塔を宝篋印陀羅尼塔、略して宝篋印塔という。多く石造の塔身の下部は何層かの蓮華で飾られ、上部は数段の軒を出して四隅に飾りをつける。屋根も数段の層になっていて上に九輪を置いている。塔身の四方には金剛界四仏（阿閦《あしゅく》如来・宝生《ほうしょう》如来・阿弥陀《あみだ》如来・不空成就《ふくうじょうじゅ》如来）の像、あるいはそれぞれの仏の象徴する種子《しゅじ》が刻まれる。なお、この陀羅尼は正式には「一切如来心秘密全身舎利宝篋印陀羅尼」といい、不空三蔵訳の同名の経典に説かれる。↓陀羅尼

【宝厳寺】（竹生島）ほうごんじ

滋賀県琵琶湖北端の孤島竹生《ちくぶ》島《じま》にあって、新義真言宗豊山派に属す。弁財天の霊地で日本三弁天の一。また観音堂の本尊は千手観音で、西国三十三観音霊場の三十番札所でもある。明治維新の神仏分離で弁財天（弁天堂）は都久夫須麻神社の本殿としてまつられ、そのほかの堂はすべて宝厳寺に所属しており、十六羅漢図・釈迦三尊図・阿弥陀来迎図や伝空海書請来目録などの宝物が多く伝えられている。↓西国三十三観音霊場・弁財天

【袍服】ほうぶく

奈良時代の皇族・貴族などが出家するとき、皇族の装束であった衣服（衵《あこめ》・単《ひとえ》および表袴《うえのはかま》）をつけたままで、その上に裳《も》（裙《くん》）・褊衫《へんざん》をつけたのが習わしとして始まった法衣。現在も袍服をつけるときは表袴をつけるのが決まりとなっている。このような由来から袍服は灌頂などのもっとも厳粛で盛儀な法要のときにつけるもので、朝廷の公事の装束に等しい

正装である。もともとは袍裳《ほうも》・裳《も》袍服《ほうぶく》といった。
↓法衣

【方便】ほうべん

人々は性質も千差万別であり、また悩みや願いごとも多種多様であることから、それぞれに応じた方法によって導くことを一般に方便というが、真言宗では仏の智慧が外に向けられた「仏の智慧の働きそのもの」が方便であると説いている。悟りに近づく方法としては般若（自分自身で悟りを開く自利の智慧）と方便（他者を導く他利の智慧）、この二つをともに行わなければならないとし、鳥の両翼などにたとえられている。↓五智・二利双修

【法要】ほうよう

本尊の前で仏事を営むこと。その目的や儀式の内容によっていろいろに分類することができる。目的からみれば追善滅罪の法・慶賀の法・祈願の法・報恩の法などがある。追善滅罪の法には先祖供養の法要や葬儀・盂蘭盆会・施餓鬼会・彼岸会など、慶賀の法には落慶入仏供養や開眼供養など、祈願の法には大般若転読会・護摩供など、報恩の法には弘法大師御影供《みえく》・興教大師陀羅尼会・釈迦涅槃会・花まつりなどがある。そのうち祈願法はさらに息災法・増益法・敬愛法・調伏法の四種に分けることができる。息災法は人々の災難を除くために、増益法は幸福や長寿延命を、敬愛法は尊敬・愛情の増加を、調伏法は悪人などの降参を祈るものである。次に組み立て方からみると、経の読誦を中心とした経立て、講式を中心とした講式立てなどがある。法要の参会者の役割は、中心となる導師と、その他の多くの僧侶とに別かれ、導師は客をお迎えし接待することになぞらえて「本尊を迎える供養法」を行うが、その本尊になりきる三昧の行が中心である。その間、多くの僧侶は唄・讃などの声明をとなえたり、経を読誦する。↓加持・供養・勤行・修法

【菩薩】ぼさつ

悟り（菩提）を求める人という意味で、智慧を働かせて自分自身の悟りを求め、他人には慈悲の心を

もって導く行いをしている者。しかし、観自在菩薩・文殊菩薩・普賢菩薩などの菩薩はすでに悟っているが、人々を導くために菩薩という姿をしているのであり、真言密教ではそれらの菩薩すべてが大日如来の現れであるという考え方をもっている。↓観自在菩薩・大日如来・八大菩薩・普賢菩薩

【星まつり】 ほしまつり

星供《ほしく》ともいう。宿曜経などに由来して、息災・増益・延命などのために北斗七星・九曜・二十八宿・十二宮などをまつり供養する法で、中国の陰陽道の思想が含まれているという。天災地変などを除くためには北斗供・尊星供・妙見菩薩供などの法があり、個人の災難消滅には年回りの宿星を祭る本命星供、九曜を祭る当年星供などの法が行われるが、十二宮や二十八宿については、以上の星供に付随してまつられる。↓宿曜・妙見菩薩

【菩提心】 ぼだいしん

仏の最高の悟り（菩提）を求める心をいう。最初

にその心を発《おこ》すことを発菩提心、あるいは発心というが、それにともなう活動内容は広く四種心（信心・深般若心・大悲心・三昧）とか、三種心（勝義心・行願心・三摩地心）と表現される。智慧の働きを行とするのが深般若心、勝義の菩提心。大慈悲の働きを行とするのが大悲心、行願の菩提心。そして禅定（瞑想）を中心とする行が三昧の行、三摩地の菩提心である。真言宗では、種々の教法の中から最上の教法を選択し、真理を正しく理解するのが勝義心であり、その教法によって人々を導くのが行願心とされ、その教法に即した禅定によって真理と一体となるのが三摩地心とされている。また大日経では「実の如く自心を知る」ことと説き、「自心は無相であり虚空相である」といい、「悟りそのものに等しいような心」を菩提心といっている。↓三摩地・勝義心・菩提心論・発菩提心真言

【菩提心論】 ぼだいしんろん

菩提心（悟りを求める心）を発《おこ》して、勝義・行願・三摩地という菩提（悟り）の行を修行せよと説

き、ついでそれぞれの解説を展開した書。正式には『金剛頂瑜伽中発阿耨多羅三藐三菩提心論』または『瑜伽惣持教門説菩提心観行修持義』ともいう。竜猛菩薩造・不空三蔵訳とされているが、不空自身が書いたとも考えられる。勝義心とは深般若心《じんぱんにゃしん》ともいい、種々ある仏教の教えのなかから真言密教を選んで無上の悟りを体得すべきことを明かしている。行願心は大悲心ともいい、慈悲の心にもとづき、利他行ですべての人々にも無上の悟りが得られるよう指導すべきこと。三摩地心は真言密教独特の行で、この行によって即身成仏が可能であることを明かしている。この三種の行は真言宗の僧侶にとってとくに尊重しなければならないものである。↓行願・三摩地・勝義心・菩提心・不空

【法界《ほっかい》】

法は法則・法規ということであり、真理（真如）そのものをいう。界には世界・身・体・差別などの意味があるが、真理全体を一つの世界とみて、それを法界という。全宇宙も法（真理）の集りであり、この宇宙も法界である。そして、それは物質面だけでなく、精神面も合わせたものをいう。真言宗では地水火風空識という六大が法界を形成する本体として、これを「法界の体性」といい、それを智慧として見た場合に法界体性智といい、それを仏格化して大日如来とする。このような意味から、大日如来はほかの諸仏と異なり、ただ単に信仰の対象というだけでなく、真理の世界・宇宙全体を統一する仏である。しかし、全宇宙の事物・現象が法界であるとしても、それは仏の側からいったものであって、現実の世界がそのままで真理の世界であるということではなく、真理を観察できる境地に至って、はじめて体得できるものである。↓大日如来・六大

【法身説法《ほっしんせっぽう》】

精神面を含めた全宇宙の法則・真理そのものを一つの身体として仏格化したものを法身といい、真言宗ではそれを大日如来とし、「法身大日如来」という。法身はもともと法の集り、法則の集合体であって、われわれの認識の範疇をも超越したすべてを含

めた全体を一体化した仏身である。密教という教えは、その法身大日如来が説いた教えであるとする。大日如来は、仏の悟りの世界・境地を、仏の言葉（人間には理解のできない言葉）で説いており、われわれにはその言葉も、その内容も受けとめることはできない。しかしそれを理解するための方法として梵字（種子《しゅじ》）の字義・真言・陀羅尼・曼荼羅を用いながら、仏の言葉を聞き、仏の世界を体得する修行・修法の詳細が密教経典に説かれている。いっぽう、われわれの生きている現象世界も仏の世界、法身（法界）の一部分であるという意味から、われわれをとりまく環境のすべてが法身大日如来の説法とされるが、われわれにはその説法を理解するだけの能力がないので、それを体得するまでの修行・精進が必要なのである。↓三身・大日如来・法界

【発菩提心真言】 ほっぼだいしんしんごん

大日経や金剛頂経に説かれる真言。オームボーディチッタ・ウットゥパーダヤーミ（我れいま菩提心を発生せり）という。一般に発菩提心は発心ともいわれ、「菩提（悟り）を求める心を発す」ということになっているが、この真言が説かれる大日経・金剛頂経では意味が異なる。大日経では菩提心のことを「実の如く自心を知る」ことと説き、悟りそのものに等しい心をいう。また金剛頂経でも、この真言が説かれる直前では「我れは自心の源底に通達せり」という真言がみられ、大日経と同じ考え方を示しており、いずれも「我れは悟りそのものに等しい心を発生した」という意味であろう。↓真言・菩提心

【法螺】 ほら〈ほうら〉

釈迦如来の説法が広く響きわたることにたとえ、人々を教化し、罪悪を消滅させることを意味して、法要の始まるときに吹き鳴らす四十センチメートルぐらいの巻き貝で作られた楽器。そして、その材料である巻き貝をホラガイというようになった。また、遠くまで響きわたることから「ホラを吹く」という言葉ができた。↓密教法具

【梵字】《ぼんじ》

梵語（インドの古代語・サンスクリット）の字体・文字を梵字といい、また悉曇文字という。四～五世紀ごろからインドで一般に使用されており、日本最古のものは推古天皇十四年（六〇六年）小野妹子が日本に伝えたもので、法隆寺に残る。インドでは時代とともに字体が変化しているが、中国や日本へ伝えられてからは書体に大きな変化はみられず、伝えられた当時の字体がそのまま受け継がれている。真言宗では諸尊を象徴する種子・真言・陀羅尼などを書写したり読誦するので、かならず学習しなければならない。→悉曇・種子

【梵字悉曇字母并釈義】《ぼんじしったんじもならびにしゃくぎ》

平安時代初期、空海によって書かれた書物。一巻。梵字・悉曇文字の起りや陀羅尼の意義などを説き明かし、悉曇文字の一字一字の音と意味を説いたもので、悉曇の研究書としては日本最古の書物とされる。五十音図の作製が空海とされるようになったのも、このような業績によるものだろう。→字相字義・悉曇・梵字・陀羅尼

【梵鐘】《ぼんしょう》

梵はもともとインドの神である梵天に由来して聖なるもの、清浄なるものという意味や、インドから伝えられた仏教、あるいは寺院に関連するものという意味があり、梵鐘は寺院で鳴らす釣鐘《つりがね》のことで洪《こう》鐘《しょう》ともいう。インドの犍稚《かんち》という木製の鳴器と、中国の金属製の鳴器に由来するといわれ、中国で生まれたものらしい。本来は人々を集めるために鳴らしたものである。→梵天

【本尊】《ほんぞん》

信仰・礼拝の対象となる主尊という意味で、一般には各寺院の本堂の中心に安置される仏をいう。本来の意味では仏教経典を説示する仏、いわゆる教主を本尊という。たとえば真言宗の根本経典である大日経や金剛頂経の教主は大日如来であるから、大日如来はこの両経典の本尊であり、また真言宗の本尊

である。大日如来はすべての仏の中心となる仏で「普門総徳の仏」といわれ、胎蔵曼荼羅・金剛界曼荼羅の両部曼荼羅の諸尊は「一門別徳の仏」として個別の本尊とされる。このようなことから、真言宗の寺院では多種類の本尊が安置されている。また真言宗では、各自、自分自身の心の中にある仏を本尊とする考え方もある。↓一門普門・大日如来・投華得仏

【本地垂迹説《ほんちすいじゃくせつ》】

本地は本来の姿、垂迹はその本来の姿から変身して現れるという意味である。もともとは如来が菩薩に身を変えて現れ、すべての人々を導くことをいうものであるが、日本では奈良時代に始まり、空海・最澄のころに盛んとなった神仏習合の考え方によって、インドの仏菩薩を本地とし、日本の神々を垂迹として結びつけるようになった説で、仏教の教理を利用して理論化し、種々の神道が生まれ展開してきた。それが明治維新の神仏分離・排仏毀釈のときまで続き、仏教に由来しながら神社に所属するものが多い。↓権現・神仏習合・両部神道

【梵天《ぼんでん》】

梵はインドのバラモン教におけるブラフマンのことをいい、この世界の創造者とされ、最高の神として信仰されたが、仏教ではそれを梵天と名づけ、帝釈天とともに仏教の守護神とする。宇宙万有の創造者ということから、インドの言葉である梵語（サン

梵天

スクリット）も梵天が作ったものとされている。また釈迦が悟りを開いた後の最初の説教は梵天に促されたのが発端であるといい、それを梵天勧請という。↓勧請・十二天・帝釈天・梵字

【本有修生】《ほんぬしゅしょう》

本有は、われわれが先天的に「悟っている」「仏の悟りをもっている」ということで、本覚ともいい、もともと覚（悟）っているという意味も含まれている。いっぽう、修生は人々が悟りを求め、修行してようやく「仏となった」「仏の悟りが生まれた」ということで、始覚などともいい、始めて覚（悟）ったという意味も含まれている。しかし、本有と修生は対立する概念ではない。すでに仏の悟りをもっているとしても、現実にわれわれは仏ではなく、成仏に向けて修行しなければならないのであり、その結果として心に悟りがそなわっていたことに気づくのであるから、この両者は一つのものの裏表であり、真言宗では重要な考え方である。↓三劫・即身成仏・煩悩即菩提

【煩悩即菩提】《ぼんのうそくぼだい》

煩悩が悟りのきっかけとなるということで、本来悟りのさまたげとなるはずの煩悩も、その本体は真実そのままの悟りの本体と同じであるということから大乗仏教の究極を表現した言葉とされる。真言宗では、一切衆生の煩悩の総体、一切衆生の代表者を仏格化して金剛薩埵とし、その煩悩を大別して欲（何物かに向けた欲望）・触《そく》（それに近づいて触れたいと思う欲望）・愛（それを愛し、離したくない欲望）・慢（それを自由にわがものにした喜び）そのままを悟りを欲する心・悟りに触れようとする心、一切衆生を愛する心、衆生済度の喜びという仏（菩薩）の特性におきかえ、衆生が本来もっている悟り（菩提心）にあてはめる。金剛界曼荼羅の理趣会はそのような解釈を図式化したもので、金剛薩埵を中央に、欲・触・愛・慢の四菩薩が四方に坐しており、別名金剛薩埵会という。また理趣経はこのような教えの内容をもつ経典で、真言宗ではとくに尊重される。↓金剛薩埵・菩提心・本有修生・理趣経

【益田池】ますだいけ

奈良県橿原市久米寺の西、畝傍山の南にあった灌漑用の大池。空海の弟子真円《しんえん》が築池別当（工事監督）となり、天長二年（八二五）に完成した。この完成記念にと工事の事情の記録を空海に依頼し、その碑文が『性霊集《しょうりょうしゅう》』巻二、『大和州益田池碑銘并序』に残るが、碑は現存せず、また池自体も十七世紀に埋めたてられた。讃岐満濃池と同様に、社会事業の具体的な一例である。→満濃池・性霊集

【曼荼羅】まんだら

梵語のマンダラの音写で、曼荼羅・漫荼羅とも書き、「本質を所有するもの」を意味する。本質とは仏の悟りのことで、曼荼羅は仏の悟りそのものを表現したものといえる。曼荼羅はただの絵画ではなく、多くの仏菩薩が参集する広大で深遠な宇宙の真理を表現している。それはまたわれわれひとりひとりが生きている宇宙の実相そのものである。曼荼羅は、その内容から両部《りょうぶ》曼荼羅と別尊《べっそん》曼荼羅に大別される。両部は金剛界《こんごうかい》曼荼羅と大悲《だいひ》胎蔵《たいぞう》生《しょう》曼荼羅（胎蔵曼荼羅）である。金剛界曼荼羅は金剛頂経にもとづいて仏の智慧を表し、胎蔵曼荼羅は大日経にもとづいて仏の慈悲の世界を表している。別尊曼荼羅は一尊をまつったり、特定の経典・目的にもとづいて描かれるものをいい、釈迦曼荼羅、仁王経《にんのうぎょう》曼荼羅などがある。形式で分類すると大曼荼羅・三昧耶《さまや》曼荼羅・法《ほう》曼荼羅・羯磨《かつま》曼荼羅の四種で、これを四曼という。大曼荼羅は仏菩薩の形像を描いたもの。三昧耶曼荼羅は仏菩薩の所持品で描いたもの。法曼荼羅は仏菩薩の種子《しゅじ》をもって描いたもの。羯磨曼荼羅は宇宙のはたらきを仏のはたらきと見る立場で、塑像・木像など立体的尊像も羯磨曼荼羅という。以上の四曼は別々にあるのでなく、互いに関わり合っている。→金剛界曼荼羅・四曼・胎蔵曼荼羅・壇・両部曼荼羅

【満濃池】まんのういけ

香川県仲多度郡満濃町にあり、日本一の溜池とし

て知られる。大宝年間（七〇一〜三）にこの地方の灌漑用に築かれたが、数度も決潰して大損害を生じたので、弘仁十一年（八二〇）に朝廷は路浜継を派遣して修築工事を行うが困難を極めた。そこで国司は空海に監督を請い、弘仁十二年に修築監督となる。この難工事を空海は約三か月で見事に完成させた。成功の理由は堤防を水圧に耐えるためアーチ状にするなど、空海に土木工学の十分な知識があったこと、その地出身の空海に寄せる民衆の帰依心の結束があげられる。空海は数多くの社会事業を行ったが、そのうちの代表例である。↓弘法清水・益田池

み

【御影供】 みえく〈みえいく〉

弘法大師空海の入定の日に、大師の御影（肖像）を奉安して行う法要。毎月二十一日に勤修するのを月並《つきなみ》御影供と呼び、入定の日にあたる三月二十一日を正《しょう》御影供という。延喜十年（九一〇）三月二十一日に東寺長者《とうじちょうじゃ》の観賢《かんげん》が東寺において修したのを初めとする。高野山では、天喜五年（一〇五七）明算《めいざん》

が御影堂で厳修し、以後広く一般で行われるようになった。宗祖の鴻恩を報謝し、今もなお衆生を見守っている大師を慕う庶民信仰として、僧俗問わず身近かで大切な行事である。今も多くの真言寺院で行れており、なかでも東寺の御影供は「弘法さんの日」の名で親しまれ、毎月二十一日には広い境内に弘法市《こうぼういち》が開かれて多数の善男善女で賑わいをみせ、京都の風物詩として知られている。↓弘法大師信仰

【御影堂】 みえどう〈みえいどう〉

祖師の御影（像）を奉安する堂。真言宗では大師堂ともいう。御影堂を有する真言宗寺院は数多いが、なかでも高野山の御影堂と東寺の御影堂が弘法大師空海とゆかりが深く代表的。高野山御影堂は大師在世時、念持仏の如意輪観音を安置し、のち真如《しんにょ》親王筆による大師の御影を安置した。現在の建物は嘉永元年（一八四八）の再建。東寺御影堂はもと大師の住房であり、西院ともいう。現在の建物は明徳元年（一三九〇）の再建で、北面に大師の木像を奉安し、南面に不動堂を含む独特の構造をもつ。ここで御影

供を行う。→御影供・高野山・教王護国寺

【御修法】 みしほ

毎年一月八日から七日間、宮中真言院にて玉体安穏・鎮護国家・五穀豊穣などを祈る真言密教の大法。御七日《ごしちにち》御修法、真言院《しんごんいん》御修法ともいう。承和元年（八三四）に空海が勅命を奉じて中務省にて行ってより、恒例の行事となり、導師は代々東寺《とうじ》長者《ちょうじゃ》が勤め、皇室と真言宗の強力な関係は他宗の追従を許さなかった。その後、兵乱などで幾度か中絶したが、江戸時代に入り、元和九年（一六二三）に百七十年ぶりに復活した。これは後水尾天皇と醍醐寺座主義《ぎ》演《えん》の尽力によるものである。明治四年（一八七一）には、廃仏毀釈により廃止されたが、やがて明治十六年釈雲照《しゃくうんしょう》らの嘆願により復活した。現在は真言宗各派総大本山会が中心となり東寺灌頂院で奉修している。→修正会・教王護国寺

【密教】 みっきょう

密教は秘密仏教のことで、密教以外の仏教を顕《けん》教《ぎょう》という。ここでの秘密とは秘密主義、閉鎖的、非公開性のことを意味しない。空海は『弁顕密二教《べんけんみつにきょう》論《ろん》』のなかで衆生秘密と如来秘密の二義を説いている。衆生は迷いに覆われて自ら真実の悟りを隠してしまうので衆生秘密といい、未熟な者がこの真実の悟りに接すると誤解を生むので、大日如来は意識して、悟りを秘密にするので如来秘密という。そして、この悟りの秘密は三密瑜伽行（真言密教の修行）をもってこそ体得できると説かれる。密教は秘密の教えというものの、その秘密はつねに公開されている秘密である。曼荼羅が真実そのものを表現し、排他性がないように、密教はすべてをゆるす包容の考え方であり、大乗仏教の正統なる後継者であり、仏教思想を見事に完成させて開いた大輪である。この密教を歴史的に区分すると、インドの六世紀までの密教を前期密教、七世紀から八世紀半ばまでを中期密教、八世紀後半以降を後期密教と呼ぶ。前期密教は真言《しんごん》・陀羅尼《だらに》を説き儀礼化が進むが、思想的な体系化はまだなので雑密《ぞうみつ》といわれる。中期密教は純密《じゅんみつ》といわれ、大日経・金剛頂経が成立して思想も体系

化し、三密行による悟りを目的とし、真理を示す曼荼羅がつくられた。この時期の密教が中国を経て日本に伝来し、真言密教（東密《とうみつ》）と天台密教（台密《たいみつ》）となった。後期密教はタントラと呼ばれる聖典によって、より思想的実践的展開をみせ、現在のチベット密教にその伝統を伝え、さらに密教はネパール・モンゴル・朝鮮・東南アジアへも伝播した。まさにアジア全体を密教で遍満させたのである。↓顕教・大日如来・三密

【密教法具】みっきょうほうぐ

密教の修法のために使用する特有の道具・仏具。略して密具《みつぐ》ともいう。密教の考え方にもとづいて法具一つ一つに深い意義が込められている。たとえば金剛杵《こんごうしょ》は、かつてインドで敵を倒す武器であったが、密教では煩悩を打ち壊す、堅固な智慧を意味する。尖端の数により独鈷杵《とっこしょ》・三鈷杵《さんこしょ》・五鈷杵《ごこしょ》などがある。四橛《しけつ》は、修法壇《しゅほうだん》の四隅に立てて、諸魔が入り込むのを防ぐ結界《けっかい》に用いる。そのほか主な法具は五瓶《ごびょう》・輪宝《りんぼう》・羯磨《かつま》・金剛鈴《こんごうれい》・金剛盤《こんごうばん》・火舎《かしゃ》・六器《ろっき》・飲食器《おんじきき》・

四灯《しとう》・塗香器《ずこうき》・洒水器《しゃすいき》・散杖《さんじょう》・柄香呂《えごうろ》。護摩《ごま》法具には火炉《かろ》・五器《ごき》・八器《はっき》・大杓《だいしゃく》・小杓《しょうしゃく》・扇《せん》などがある。こうした密教法具は詳細な点で用い方、配置の仕方などに各流派によって特徴があり、複雑多岐にわたる。↓修法

【密厳院発露懺悔文】みつごんいんほっろさんげのもん

興教大師覚鑁《かくばん》が著わした七言四十四句の詩文。覚鑁は、荒廃していた高野山を再興した真言宗中興の祖、また新義《しんぎ》真言宗の派祖と仰がれる。大治元年（一一二六）伝法院を建立し、大治五年には鳥羽上皇の庇護を受けて小伝法院を、長承元年（一一三二）に大伝法院と密厳院を完成させた。長承三年大伝法院座主《ざす》と合わせて金剛峯寺の座主を覚鑁が兼ねて、高野山一山の責任者となった。だが当時、覚鑁の真意を汲む者少なく、さまざまな原因で大伝法院側と金剛峯寺側は対立を起こした。これに心痛した覚鑁は、長承四年（一一三五）三月二十一日より約千五百日の間、密厳院に籠り無言三昧の行に専念し、この懺悔文を作ったとされる。「われら懺悔す。無

始よりこのかた、妄想にまとわれて衆罪を造る」の自戒から始まり、僧としてのあるべき姿、人としての道を名文をもってつづり、読む者に感銘を与えずにはおかない。↓覚鑁

【密厳浄土】 みつごんじょうど

大日如来の住む国のことであるが、同時にこの世は大日如来の仏国土であり、そこでは人は本来このままで仏となると説かれる。興教大師覚鑁《かくばん》は『密厳《みつごん》浄土《じょうど》略観《りゃくかん》』のなかで「それ密厳浄土とは、大日如来の蓮都《れんと》、遍照《へんじょう》法帝《ほってい》の金刹《こんせつ》、秘密荘厳《しょうごん》の住処、曼《まん》荼《だ》浄妙《じょうみょう》の境界《きょうがい》なり。形体《ぎょうたい》広大にして虚空《こくう》に等同《とうどう》なり。性相常住《しょうそうじょうじゅう》にして法界《ほっかい》に超過《ちょうか》せり」と述べる。平安中期より高野山を浄土とする信仰が盛んになり、高野山はこの世の密厳浄土として、高野詣の習慣が生まれた。密厳国土《こくど》・密厳世界《せかい》・密厳海会《かいえ》などもいう。↓即身成仏・大日如来

【妙見菩薩】 みょうけんぼさつ

あらゆる星のなかで最高位とされる北極星を神格化した尊。国土を守り、災いを除き福を招くといわれる。日本でもこの星を祀る妙見社が設けられ、特に眼病平癒に効果があるとされる。妙見菩薩の本当の姿（本地《ほんじ》）は観音菩薩・薬師如来とも説かれ、吉《きち》祥天《じょうてん》と同じともいわれるがはっきりしない。真言宗寺院の節分会《せつぶんえ》（星《ほし》まつり・星供《ほしく》）では、妙見曼荼羅をまつって修法している。北辰菩《ほくしんぼ》薩《さつ》・尊星王《そんしょうおう》ともいう。↓星まつり

妙見菩薩

【弥勒菩薩】 みろくぼさつ

いまは兜《と》率天《そつてん》に住み天人に法を説いているが、釈

迦の滅後の五十六億七千万年後にこの地上に下りて、龍華《りゅうげ》樹《じゅ》の下で仏となり衆生を救ってくれるといわれる。釈迦如来の代わりをするので、補処《ふしょ》の菩薩とも呼ばれる。将来この菩薩の住むところに行きたいとする上生《じょうしょう》信仰、未来に弥勒が下りてくるのを待ち望む下生《げしょう》信仰という弥勒信仰が盛んになる。弘法大師空海は兜率天往生を願ったともされ、大師が弥勒とともに下生し衆生を救うとする大師入定《にゅうじょう》信仰が発展した。→兜率天・入定

弥勒菩薩

む

【無量寿如来根本陀羅尼】むりょうじゅにょらいこんぽんだらに

無量寿如来は阿弥陀如来のこと。陀羅尼は仏の功

徳のエッセンスを示す呪文《じゅもん》。阿弥陀如来の一番大切な陀羅尼なので根本という。この陀羅尼をとなえれば、阿弥陀如来がつねに守護し、あらゆる罪を消滅し、臨終のさいには極楽浄土に往生できるとする。阿弥陀如来根本陀羅尼ともいい、阿弥陀大呪《だいじゅ》・十甘《じゅっかん》露呪《ろじゅ》の別名もある。この陀羅尼は弘法大師空海が唐より持ち帰り、広く一般に流布した。現在も真言宗はもとより、天台宗・浄土宗・禅宗でも読誦される。以下、真言宗智山《ちさん》派の読み方に従い、訳を示す（和訳は栂尾祥雲博士『常用諸経典和解』による）。

ナウボウアラタンナウタラヤアア（三宝《さんぼう》に帰命《きみょう》す）ナウマクアリヤミタアバアヤタタギャタヤアラカテイサンミャクサンボダヤ（尊き無量光《むりょうこう》を有する如来応供正遍智《にょらいおうぐしょうへんち》に帰命す）タニャタオン（謂く、オーン）アミリテイ（不死のものよ、すなわち無量寿よ）アミリトウドハンベイ（不死なる甘露より生れたるものよ）アミリタサンバベイ（不死なる甘露より生ぜるものよ）アミリタギャラベイ（不死の甘露を蔵するものよ）アミリタシッデイ（不死すなわち無量寿を成就せるものよ）アミリタテイセイ（不

死すなわち不滅の威光あるものよ）アミリタビキランデイ（不死すなわち不滅の神変《じんぺん》あるものよ）アミリタビキランダギャミネイ（不死すなわち不滅の神愛を行ずるものよ）アミリタギャギャナウキチキャレイ（不死すなわち不滅の空《くう》より称誉を授くるものよ）アミリタドンドビソバレイ（不死すなわち不滅の鼓音《くおん》あるものよ）サラバアラタサダネイ（一切の希望を成就せしむるものよ）サラバキャラマキレイシャキシャヤウキャレイソワカ（一切の業《ごう》と煩悩《ぼんのう》を尽滅せしむるものよ、スヴァーハー）→陀羅尼

【室生寺】（奈良）むろうじ

奈良県宇陀郡室生村にある真言宗室生寺派の大本山。正しくは宀一山悉地院《べんいちざんしつじいん》室生寺という。天武天皇の勅願で役行者《えんのぎょうじゃ》の創建、また宝亀年間（七七〇～八〇）興福寺の賢憬《けんけい》の創建とも伝えられる。空海が天長元年（八二四）淳和天皇の勅命で再興し、摩尼宝《まにほう》珠《しゅ》を洞窟に籠め、自作の如意輪観音をまつった。かつて高野山が女人禁制で登山できないため、その代わりの霊場として女人参詣が許され「女人高野《にょにんこうや》」と呼ばれた。金堂・五重塔などは美術史上の傑作とされる。→役行者

も

【木食】もくじき

五穀（米・麦・大豆・小豆・胡麻あるいは米・麦・稗《ひえ》・粟・豆）、十穀（五穀に蕎麦《そば》・黍《きび》・稗・唐黍・粟を加える）を食べずに木の実だけを摂って修行すること。この木食行には苦行をし身を浄める意味があろうが、その起源や伝播に関しては不詳の点が多い。木食行をし、木食上人と呼ばれる真言行者は多く、高野山一心院《いっしんいん》開祖の行勝《ぎょうしょう》（一一三〇―一二一七）、豊臣秀吉の帰衣を受け高野山焼打ちの危機を救った応其《おうご》（一五三七―一六〇八）、京都山崎の観音寺開基の以空《いくう》（一六三六―一七一九）が名高い。→五穀

【文覚】もんがく 十二世紀～十三世紀

京都の出身。俗名を遠藤盛遠《えんどうもりとお》といい、幼くして父母を失う。上西門院の北面の武士となり、院の武者所に仕えるが、十八歳のときに源渡の妻袈裟御前を

誤って殺し、それを悔いて出家した。高雄山神護寺の荒廃を見て再興を発願し、後白河法皇に援助の強要をして逆鱗にふれ伊豆に流された。ここで源頼朝と出会い平氏討伐の挙兵を勧めたとされる。鎌倉幕府が開かれると、頼朝の外護で神護寺を再興し、東寺の修復も手がける。だが頼朝の死により正治元年（一一九九）佐渡へ流され、三年後帰京するが、のち九州に流罪。八十歳で憤死した。荒法師ながら、名僧明恵を育てた一面もある。↓神護寺

【文殊菩薩】もんじゅぼさつ

〝三人寄れば文殊の智慧〟というように智慧を司り、諸仏の母といわれる。維摩経《ゆいまぎょう》では釈尊の代わりとして登場し、維摩居士と論戦を交える。バラモン出身の実在人物との説もある。華厳経に、文殊は東北方の清涼山《しょうりょうせん》に一万の菩薩とともに住むと説き、古くから中国の五台山が文殊の聖地とされた。釈迦三尊の一で、左の脇士となし獅子に乗る姿をとることが多い。梵語のマンジュシュリーの略。原語を文殊師利・曼殊至利と音写し、妙徳・妙吉祥と訳す。↓菩薩

文殊菩薩

や

【薬王院】やくおういん

高尾山《たかおざん》薬王院有喜寺《ゆうきじ》といい、東京都八王子市高尾山上にある。成田山新勝寺・川崎大師平間寺《へいげんじ》とともに真言宗智山派《ちさんは》の関東三山の一つで大本山。寺伝では天平十六年（七四四）、行基《ぎょうき》の創建という。南北朝時代、醍醐山《だいごさん》俊源《しゅんげん》が中興して飯縄権現《いいづなごんげん》（不動明王の化身）をまつり、修験道の根本道場として栄える。今も春の山開きの三月第二日曜には火渡りが催され、多くの参詣者で賑う。↓修験道

【薬師如来】やくしにょらい

東方の浄瑠璃《じょうるり》世界にあって人々を利益《りやく》する。かつて菩薩のときに、一切の衆生を救い導くために十二の大きな願いを立てた。妙薬を与えて人々の病、苦しみを治して悟りへ導く仏である。姿に規定はなく左手に薬壺をもち、右手を施無畏《せむい》の形にするなどがある。左右の脇士《わきじ》を日光《にっこう》・月光《がっこう》菩薩とし薬師三尊《さんぞん》という。眷属には十二神将を従える。金剛界《こんごうかい》・胎蔵《たいぞう》曼荼羅には示されず、それは薬師如来が釈迦如来と同じゆえとの説もある。医王・医王善逝《ぜんぜい》ともいう。

薬師如来

↓釈迦如来

【益信】やくしん 八二七〜九〇六

東密教団（真言宗）の発展に尽力し、広沢流の祖。本覚大師、円城寺僧正と呼ばれる。備後（広島県）の品治《ほんじ》氏の出身で奈良大安寺に住み法相学を明詮より修め、宗叡に密教を学ぶ。とくに源仁から伝法灌頂を受けて真言の奥義を極めた。光孝天皇尚侍藤原淑子の病を平癒して天下に名を馳せ、円城寺を建立。さらに宇多天皇は益信を戒師として落飾し、仁和寺で伝法灌頂を受けた。この宇多天皇の益信への帰依は東密教団の隆盛を促した。↓宇多天皇

【厄除け大師】やくよけだいし

弘法大師に厄除開運・災難消除・無病息災などを祈る大師信仰の寺は数多い。神奈川の川崎大師平間《へいげん》寺《じ》、東京の西新井大師総持寺、大阪南河内の叡福寺などはその好例である。↓弘法大師信仰・平間寺

【夜叉】やしゃ

インドの古代神話では人に危害を加える鬼類であり、のちバラモン教の神々と一緒に仏教に編入されて仏法を守護する八部衆の一つに加えられた。密教では夜叉の意味を如来の三密《さんみつ》（身体・言葉・心）とする。武器をもって仏を守り、仏の三密を取り行う仏として金剛手《こんごうしゅ》・秘密主《ひみつしゅ》（金剛薩埵《こんごうさった》のこと）と同じとされる。→金剛薩埵・三密

ゆ

【瑜祇経】ゆぎきょう

金剛峯楼閣一切瑜伽瑜祇経の略称。金剛智訳。全二巻。金剛界遍照如来が本有金剛光明心殿において自性所成の三十七尊などの眷属と集会し、説かれたものであるとされる。空海は『弁顕密二教論』においてこの経を引用し、法身大日如来の三密活動（身口意の働き）の重要な根拠としている。高野山の金剛峯寺の名称は、この経名からつけられたものである。→大日如来・金剛峯寺・三密

【瑜祇塔】ゆぎとう

瑜祇経の精神にもとづいて建立される塔で、仏の世界を形で顕示したもの。上層の屋根に五本の瑜祇五股（相輪《そうりん》）を置く独特な形式をもつ塔である。弘法大師の発願により真然《しんねん》が貞観十二年（八七〇）に建立したが、その後、幾度か焼失し、そのたびに再建された。現存するものは昭和六年に建立され、高野山竜光院（中院とも称す）にある。正しくは金剛《こんごう》峯《ぶ》楼閣《ろうかく》瑜《ゆ》祇《ぎ》塔《とう》という。→高野山

よ

【瓔珞】ようらく

装身具のことで、宝石や珠玉などを糸で編み、頭や頸《くび》、胸などに飾るもの。仏教では、それを仏像や

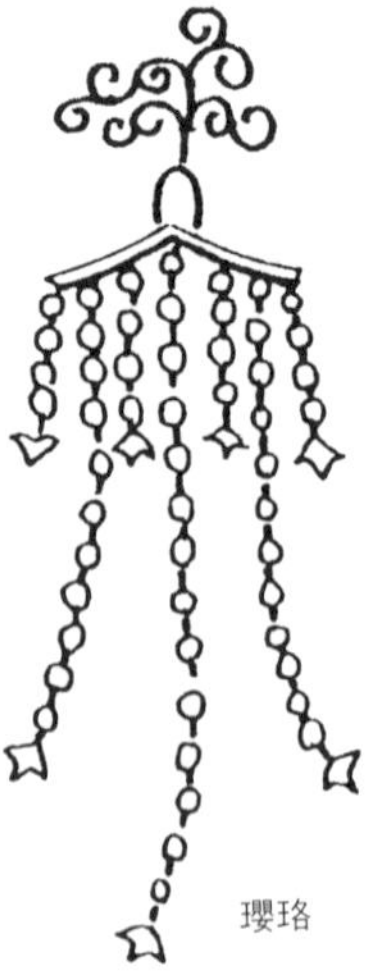

瓔珞

天蓋などの装飾とした。真言宗の寺院では、堂内の装飾にも用いる。↓幢幡

ら

【羅刹】《らせつ》

仏教の守護神の一つ。十二天を数える場合は羅刹天は西南を守護するものとされ、甲冑を着け、刀をもって白獅子に乗る神王形とされる。↓十二天

羅刹

り

【理趣経】《りしゅきょう》

正しくは大楽金剛不空真実三摩耶経般若波羅蜜多理趣品。一巻。不空訳。他に玄奘・菩提流志・金剛智・施護・法賢訳がある。不完全ながらサンクリット本も存在し、チベット訳本も三種見ることができる。理趣経は、空の思想を説く般若経の系統のなかで密教化した般若経の一つであるといえる。七世紀ごろにその原型ができ、時代とともに次々と類本を展開させ、広本化してゆく過程で密教的色彩を強めていったようである。具体的には曼荼羅や真言・儀軌が加えられていったということであろう。理趣経の内容は、般若経の主張そのままに空思想を基調とするもので、〝一切諸法は本来自性清浄なり〟という積極的な立場から煩悩を否定することはなく、それを価値転換させて絶対化するところに基本的な現実肯定説の構造を見ることができる。全体は、十七段になっており、最後の「理趣経偈」（百字偈）は、不住涅槃という菩薩道の理想形が説かれてもいる。理趣経は讃誦経典としての性格もあり、その讃誦の功徳を述べていることから、真言宗ではとくに尊重し、種々の法要などに讃誦される。空海は、金剛頂経系の経典として理趣経を位置づけており、その注

釈書である『理趣釈』とともに教学体系の重要な根拠としており、密教というものの特徴を理趣経の内容にあわせ論じている。↓金剛薩埵・煩悩即菩提・理趣釈・理趣経開題

【理趣経開題《りしゅきょうかいだい》】

弘法大師空海が理趣経を解説した書物。三種あり、追善供養のための講演ということで、経題の大意を達意的に述べたものである。第一本は「忠延の先妣のために理趣経を構演する文」。第二本は「施主のために理趣若経を講ずる文」。第三本は「大楽金剛不空真三摩耶経」と題されている。解説中に、四種曼荼羅・金剛頂経第六会の経、南天の鉄塔説など重要な教説が説かれている。↓四曼・南天鉄塔・理趣経

【理趣釈《りしゅしゃく》】

理趣経の注釈書。『大楽金剛不空真実三昧耶経般若波羅蜜多理趣釈』二巻。不空訳の略釈。「理趣釈経」とも別称する。理趣経は『金剛頂経十八会指帰』によれば、その第六会に位置するものとされ、空海は金剛頂経の唯一の注釈書として重要視した。↓十八会指帰・理趣経・金剛頂経

【竜《りゅう》】

仏教を守護する神の一つ。水中に住み、雲を呼んで雨を降らすと信じられている蛇形の神で、「請雨法」の本尊ともされる。仏像の背に蛇の頭部が仏を守護するように頭上まで覆うように描かれ、あるいは彫られている場合があるが、そのモチーフが後世、仏像の光背などの素材となっていった。↓倶利伽羅竜王・請雨法

【隆光《りゅうこう》】 一六四九〜一七二四

徳川将軍綱吉の厚遇を受けた新義真言宗豊山派の学僧の一人で、江戸の神田橋外に護持院を建立し、その開基となる。とくに興教大師覚鑁の諡号奏請に尽力し、室生寺や長谷寺の復興に寄与したことを注目すべきであろう。ややもすると綱吉の帰依を得て権威をほしいままにした点が強調されるが、たいへ

んな学僧であったことも忘れてはならない。↓覚鑁

【竜智】りゅうち　生没年不詳

密教付法第四祖とされ、竜猛の弟子。また第五祖金剛智の師とされている。しかし、歴史的な観点からは七百歳という不合理が生ずるために疑問視されるが、空海は『真言付法伝』に「貧道（空海）・大唐の貞元二十二年（長安の醴泉寺において、般若三蔵および牟尼室利三蔵・南天の婆羅門等の説を聞くに、この竜智阿闍梨、今見《げん》に南天竺国に在して秘密の法等を伝授す」と記し、その実在性を証明している。

↓付法伝

【竜猛】りゅうみょう　一五〇頃〜二五〇頃

竜樹ともいわれ、南インドのバラモンの出身で、大乗仏教の「空」の思想を中核とした哲学者である。主著には『中論頌』『十二門論』『大智度論』などがある。真言密教では、南インドの鉄塔から密教の経典を取り出し世間に流布した人物とされ、大日如来によって説かれた密教を金剛薩埵《こんごうさった》から受取り、付法の上からは第三祖に数えられる。↓南天鉄塔

【両部】りょうぶ

金剛界と胎蔵法をいう。金剛界は大日如来の智の差別、胎蔵法は大日如来の理の平等、そのおのおのが表裏一体であることを両部不二という。すべてを二法に区別する仕方は、のちの教学や事相（修法面）に展開された。天台宗の密教では三部となっている。↓金剛界・胎蔵曼荼羅

【両部神道】りょうぶしんとう

両部とは、金剛・胎蔵部のこと。真言密教の教義にもとづく神道説で、神道と仏教との調和ということをテーマとした宗教運動の一つである。空海が創唱大成したものとされるが、平安時代にすでに神仏習合がなされていたようであり、真言密教の包摂性が原動力となっておおいに展開し、弘法大師空海に仮託された『天地麗気記』などの著書が著され、中世以降より深化されたものである。↓神仏習合

【両部曼荼羅】りょうぶまんだら

金剛頂経にもとづいて描かれた金剛界曼荼羅と、大日経にもとづいて描かれた胎蔵曼荼羅の二つを総称していう。胎蔵曼荼羅は、中央八弁の蓮華に、中央大日如来をはじめ宝幢如来・開敷華王如来・無量寿如来・天鼓雷音・普賢・文殊・観音・弥勒の八仏が位置しているものである。金剛界曼荼羅は、中央の大日如来に阿閦《あしゅく》如来・宝生如来・阿弥陀如来・不空成就如来の四仏に金剛薩埵・金剛王・金剛愛・金剛喜（東方輪）・金剛宝・金剛光・金剛幢・金剛笑（南方輪）・金剛法・金剛利・金剛因・金剛語（西方輪）・金剛業・金剛護・金剛牙・金剛拳（北方輪）の十六大菩薩。そのおのおのを集約する大日如来の四方に位置する四波羅蜜菩薩、および内・外の八供養・四摂の計三十七尊により構成されているものである。胎蔵曼荼羅は、大日如来の大慈悲心が外にむけて発揮されているさまを示し、金剛界曼荼羅は、大日如来の智慧の堅固なるさまを示したものであり、ともに法身大日如来（宇宙の真理そのもの）の活動を表現したものであるということができる。よって大日如来の両面を同時におさえ、両部不二といわれるのである。曼荼羅とは法の標幟である。大日如来の身体であり、同時に自分自身の菩提心（悟りの心）をも象徴している。↓金剛界曼荼羅・胎蔵曼荼羅

【輪宝】りんぼう

理想的な帝王である転輪勝王が有する七宝の一つで平板円形の周辺に利刃がついているものをいう。仏教では煩悩を破断する説法を転宝輪といい、それを表現するものとして輪宝をあげる。その種類は多く、四・五・六・八・十二・百・千輻の名を数えることができる。大壇には、輪台というものの上に載せて置かれることが多い。↓壇

れ

【蓮華】れんげ

蓮の花のこと。泥水にあって美しい花を咲かせ、しかも、泥によって汚されることがまったくないということが、人びとの救済という目的をもって活躍

する菩薩の存在になぞらえられる。さらには、自己が本来有している菩提心（悟り）そのものを蓮華になぞらえたりする。↓荷葉座・華・八葉蓮華・蓮華座・蓮華部

【蓮華座】　れんげざ

諸仏菩薩が坐する蓮の花を型どった台座のこと。蓮華には清浄にして不染であるということから諸尊の座とする。また、蓮華を仏の功徳の集りを表現したものとする説もある。↓蓮華・荷葉座

【蓮華部】　れんげぶ

中心の本尊の脇侍に二仏を置く三尊形式で、とくに観自在（世音）菩薩を中心として発展した部族を蓮華部といい、仏部・金剛部とともに三部といわれる。蓮華部とは、衆生が本来有している菩提心（悟りを求める心）が清浄なることを蓮華にたとえたもので、その清浄無垢なる菩提心を慈悲によって開発する働きをするのである。↓菩提心・蓮華

ろ

【六大】　ろくだい

地大・水大・火大・風大・空大・識大のこと。この六大を構成素として万物が成立しているといわれるが、六大のうち地・水・火・風・空は身、識は心とわけられるから、単なる特質的な構成要素ではない。六大は空海の『即身成仏義』において力説されているもので、それには、「六大無礙にしてつねに瑜伽なり（体）」「四種曼荼羅各々離れず（相）」「三密加持すれば速疾に顕わる（用）」「重々帝綱なるを即と名づく（無礙）」とある。これは二頌八句からなる「即身成仏偈」といわれるものの一頌四句であるが、これによれば六大＝体（本体）・四曼＝相（その姿形）・三密＝用（その働き）とし、六大・四曼・三密が無礙つまり一体であることが、即身成仏ということであるとする。ようするに本体は法身大日如来（宇宙の真理そのもの）であり、それがそのまま自分自身であるということを示しているのである。この六大はたんに抽象的な概念として受取るべきで

はなく、つねに活動してやまない大日如来の本体を表したものである。↓即身成仏・体相用・大日如来

【六道】 ろくどう

衆生が生死をくりかえす六つの世界。地獄・餓鬼・畜生・修羅・人間・天道のことで迷いの世界のこと。その六道の輪廻から自由となり、仏となることを解脱という。空海は、『十住心論』巻第九において、「自心に迷うが故に六道の波鼓動《こどう》し、心原を悟るが故に一大の水澄静《ちょうじょう》なり」と述べている。ようするに、自分の心の迷いや行為によって六道は出現し、人生の苦が生まれるのである。↓十住心論

【六波羅蜜寺】（京都）ろくはらみつじ

京都市東山区にある新義真言宗智山派の古刹。応和三（九六三）年空也の開基で、本尊十一面観世音菩薩は、天暦五（九五一）年京畿に疫病が流行したときに空也みずから刻したものとされる。西国三十三観音霊場第十七番の札所で、数ある国宝のなかでも空也上人立像は有名。↓西国三十三観音霊場

わ

【輪袈裟】 わげさ

略袈裟の一種で、本来五条袈裟をたたんで首に懸けたことより起こったもの。文字通り折五条というものがあるが、それには紐がついている。輪袈裟は、紐がなく円形である。古義真言宗では多く折五条が、新義真言では多く輪袈裟が使用されるようである。↓袈裟・便覧編（法衣）

【和讃】 わさん

仏菩薩の功徳や祖師先徳の行動を讃嘆した和文のものをいう。梵語で唱えるのを梵讃、漢文で唱えるのを漢讃という。教義・教理に詩的な表現を加えた内容の和讃が、仏教の土着化に大いに力を発揮したことは重要である。和讃は、仏教説話や法語と並んで仏教文学の叙情性、叙事性に託し表現したもので、その七五調の律は日本人の情感の奥深くに訴えるものとなっている。↓唄

便覧編

真言宗の基本

【宗祖】 弘法大師空海

【開宗】 平安時代

【本尊】 真言宗の総本尊は法身大日如来であり、あわせて金剛・胎蔵の両界曼荼羅をも本尊とする。真言宗の寺院では、観音・地蔵・不動明王などを本尊とし多彩であるが、大日如来はすべての仏菩薩などの依りどころであり、すべての仏菩薩は究極的には大日如来にほかならない。また宗祖弘法大師空海は、ご自身を〝遍照金剛〟と称し、大日如来との一体なることを証明しており、よって弘法大師信仰の背景には法身大日如来観が存在している。

【依り所となる経典（所依の経典）】 真言宗では大日経・金剛頂経を両部の大経とし、もっとも根本的な経典とする。大日経は大日如来の大慈悲によって成仏してゆく過程を詳説し、金剛頂経は五相成身観によって確認される大日如来の智慧の金剛堅固なることを説いている。後者は金剛界曼荼羅、前者は胎蔵曼荼羅の所依の経典である。

他に、瑜祇経二巻・蘇悉地経三巻・略出念誦経四巻を加えて五部秘経ともいう。論としては、菩提心論・釈摩訶衍論が重要である。宗祖弘法大師の多くの著述のうち『秘密曼荼羅十住心論』をはじめとして、『即身成仏義』『声字義』『吽字義』『般若心経秘鍵』などが『十巻章』としてまとめられているが、それらが真言密教の教義の根本を示したものである。

さらに読誦される経典として『般若理趣経』『法華経普門品（観音経）』『般若心経』などがあげられるが、いずれも重要なものということができる。

【理想とする世界】 法身大日如来の往する世界を密《みつ》厳《ごん》浄土というが、大日如来の三密活動（身心の働き）は、この我々の生きている世界をおいてないのであるから、この世界は本来密厳浄土でなければならないことになる。真言宗が理想とする世界とは、すべての人びとが平等（＝本覚）であり、共に清浄（＝即身成仏）であり、高い理想と掲げた充実した生活（＝三密活動）を共に生きる世界である。

胎蔵曼荼羅（胎蔵界）の構成

大日経にもとづき、胎児をはぐくむような仏の慈悲の世界を表す。

●中台八葉院《ちゅうたいはちよういん》（九尊）＝中央に大日如来、まわりの蓮弁に八尊を配す。

●遍知院《へんちいん》（七尊）＝仏の光があらゆるものを照らす。

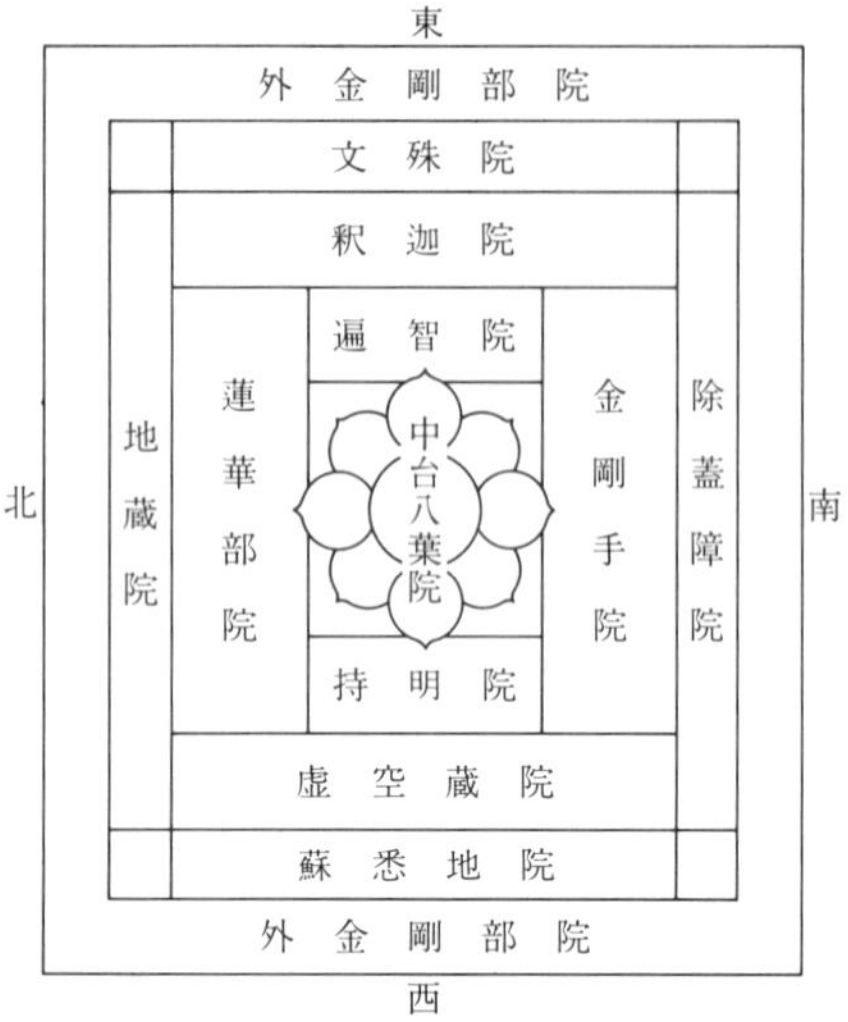

●持明院《じみょういん》（五尊）＝般若菩薩を中央に忿怒相の四尊を配し、邪心からめざめさせる。

●蓮華部院《れんげぶいん》（三十七尊）＝仏の慈悲をつかさどる諸尊。観音院ともいう。

●金剛手院《こんごうしゅいん》（三十三尊）＝仏の智慧をつかさどる諸尊。

●釈迦院《しゃかいん》（三十九尊）＝人間の理想像を表す。

●文殊院《もんじゅいん》（二十五尊）＝真実を見つめる心を表す。

●除蓋障院《じょがいしょういん》（九尊）＝さまざまな害障を除く。

●地蔵院《じぞういん》（九尊）＝広大な衆生救済の世界を表す。

●虚空蔵院《こくうぞういん》（二十八尊）＝自由自在な境地を示す。

●蘇悉地院《そしつじいん》（八尊）＝悟りに到達した境地を示す。

●外金剛院《げこんごういん》（二百五尊）＝東西南北の外周をとりまく部分で、最外院ともいう。天部の神々（仏教にとりいれられたインドの神）をはじめ、さまざまな姿の諸尊が描かれ、あらゆるものに大日如来の生命が働いていることを示す。

金剛界曼荼羅の構成

金剛頂経にもとづき、金剛堅固なる悟りの智慧を表す。つぎの九部分より成り、九会《くえ》曼荼羅ともいう。以下、向上門をもってその次第を示す。

①降三世《ごうざんぜ》三昧耶会《さんまやえ》（七十三尊）＝悟りを求める心（発菩提心《ほつぼだいしん》）を表す。

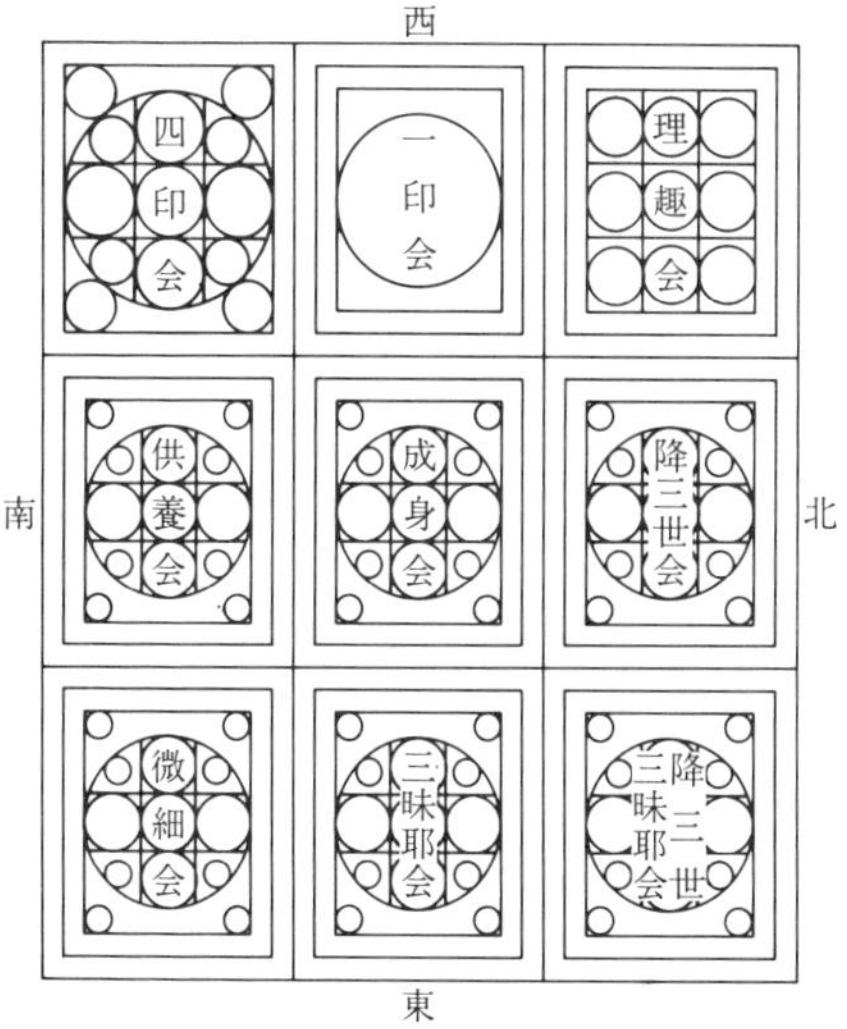

②降三世羯磨会《ごうざんぜかつまえ》（七十七尊）＝悟りを求めると同時に、他を教化する心を表す。

③理趣会《りしゅえ》（十七尊）＝煩悩もそのまま清浄なものとなる世界を表す。

④一印会《いちいんえ》（金剛界大日如来一尊）＝あらゆるものが大日如来と一体であることを表す。

⑤四印会《しいんえ》（十三尊）＝大日如来の智慧の働きを示す。

⑥供養会《くようえ》（七十三尊）＝諸尊がそれぞれ衆生済度の誓いを立て、互いに供養する世界を表す。

⑦微細会《みさいえ》（七十三尊）＝悟りの内容がすみずみまで説き表される世界を示す。

⑧三昧耶会《さんまやえ》（七十三尊）＝諸尊の持ち物を配し、その悟りの内容を表した世界。

⑨成身会《じょうしんえ》（一千六十一尊）＝羯磨会・成身会ともいう。大日如来を中心に、その智慧や徳を表す諸尊を描き、真実の悟りの世界を示す。

仏壇とおつとめ

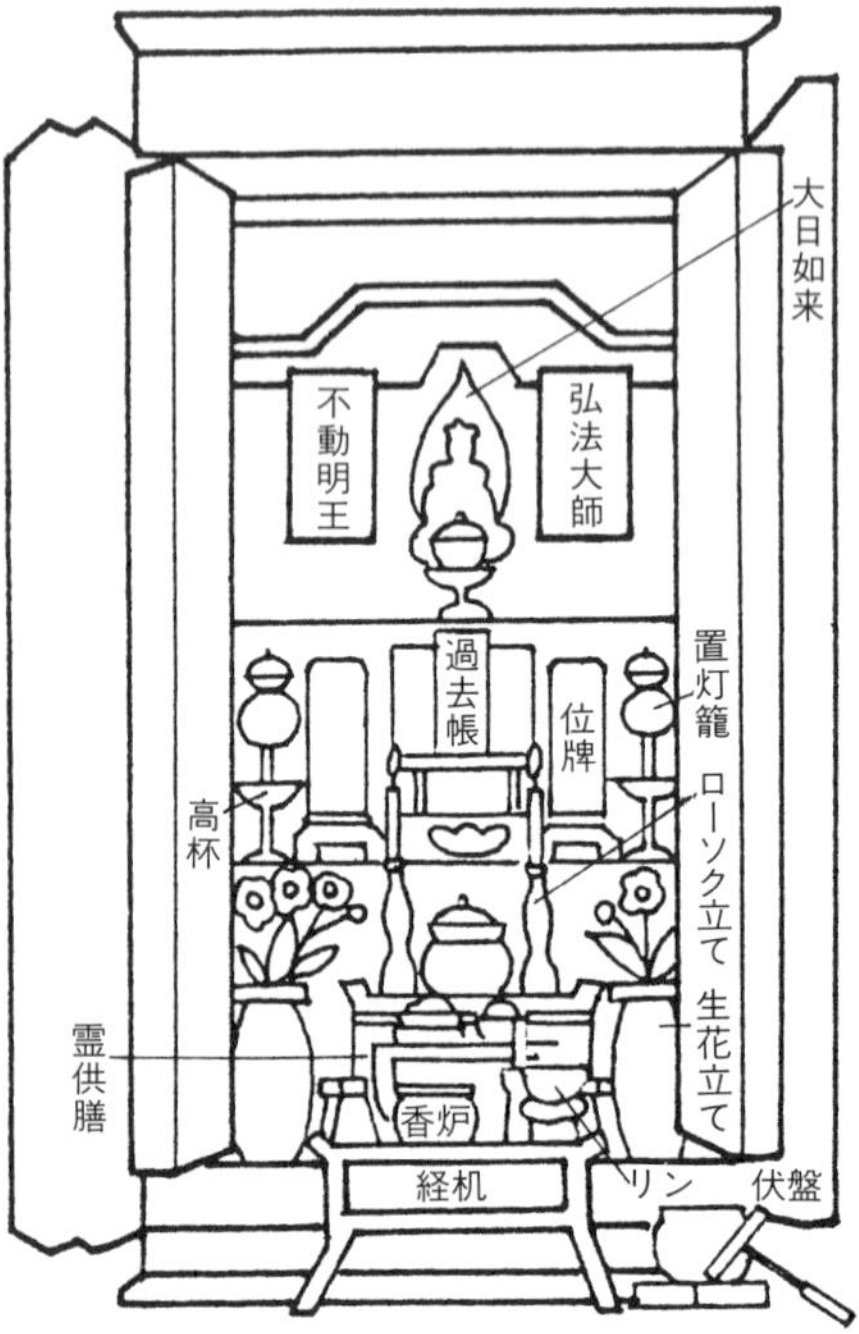

【仏壇の飾りかた】

ご本尊　仏壇の最上段には原則として中央に大日如来を奉安し、向かって右に弘法大師、左に不動明王像をおまつりする。弘法大師像と不動明王像は通常は掛軸が用いられる。また、左に十三仏をおまつりすることも多い。

位牌と過去帳　御本尊より下段にまつる。先祖がたくさんいると位牌がおさまりきらないこともあるが、繰り出し位牌や過去帳にまとめ、ご本尊の段には置かないように整理する必要もある。

仏具　水・塗香《ずこう》・花・線香・供物・灯明を六種供養というが、仏壇では、そのために五具足または三具足を用いる。香炉・華瓶《けびょう》（花入れ）・燭台が各一個ずつを三具足といい、華瓶と燭台が一対ずつあるものを五具足という。飾りかたは三具足では中央に香炉、向かって右に燭台、左に華瓶を置く。五具足では香炉の外に燭台一対、さらに外側に華瓶を置く。こ

のほか、仏飯用の高杯、カネなどを適宜配する。

【毎日のおつとめ】

給仕　朝食の前に、灯明をともし、線香をあげて仏飯や水、花を供える。お供えにはかならずカネを鳴らす。線香は三本を三角形になるように立てる。その三角形の頂点が手前になるようにする。真言宗では「礼拝は供養の後」といい、まず仏を供養してから礼拝・読経に入る。

合掌　勤行に入る前に、仏に向かって合掌する。合掌にはいろいろな種類があるが、真言宗では両手の指を合わせる合掌のほか、交互に両指を組み合わせる形（帰命合掌）を用いる。

読経　読誦する経文は同じ真言宗でも若干異っている。しかし、合掌礼拝に続いて懺悔《さんげ》文に入り、回向文に終るのは共通している。勤行経典は一九二ページ以降に掲載。

法衣・仏具・墓

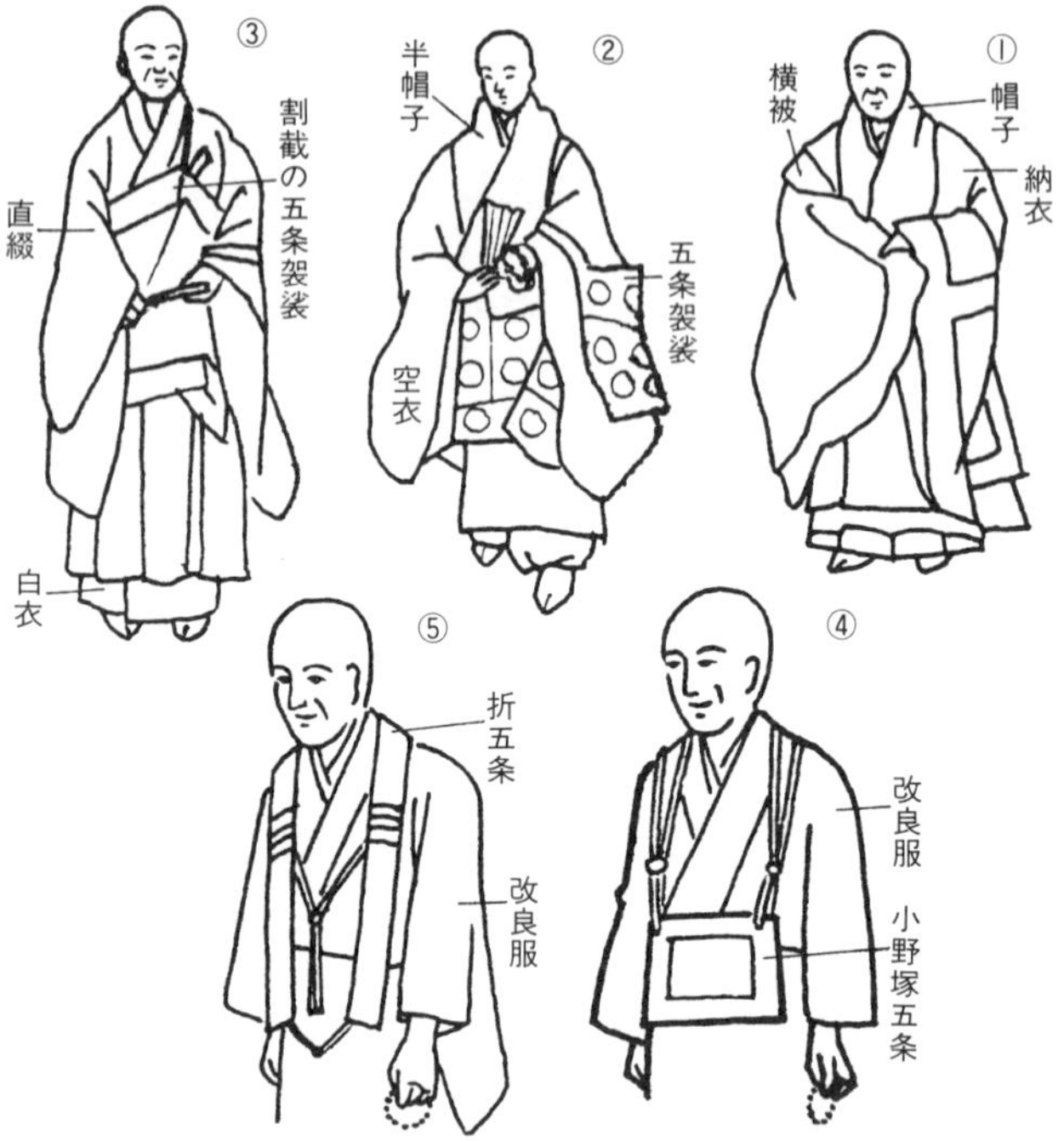

【僧侶の服装】

①②③正装　①②は法会のときの服装、③は寺院内の正装で、直綴のうえに如法衣をつけることもある。

④略装　改良服は明治時代にできたもの。真言宗では、そのうえに輪袈裟または折五条をかけ、新義真言宗では小野塚五条をかける。

【仏具】

数珠　百八の珠があるもの（本連《ほんれん》）が基本だが、五十四個（半連）、二十七個（四半連）の数珠も用いられる。真言宗の数珠（本連）は、二か所に二つの房がついているのが特徴。ふつうは左手首にかけておき、おつとめのはじめに両手の中指にかけ、軽くすりあわせる。

五具足・三具足　仏壇での配置は一八八ページのとおり。

仏飯器　仏にご飯をそなえる器。

鈴《りん》　仏壇の手前に置くカネで、おつとめのと

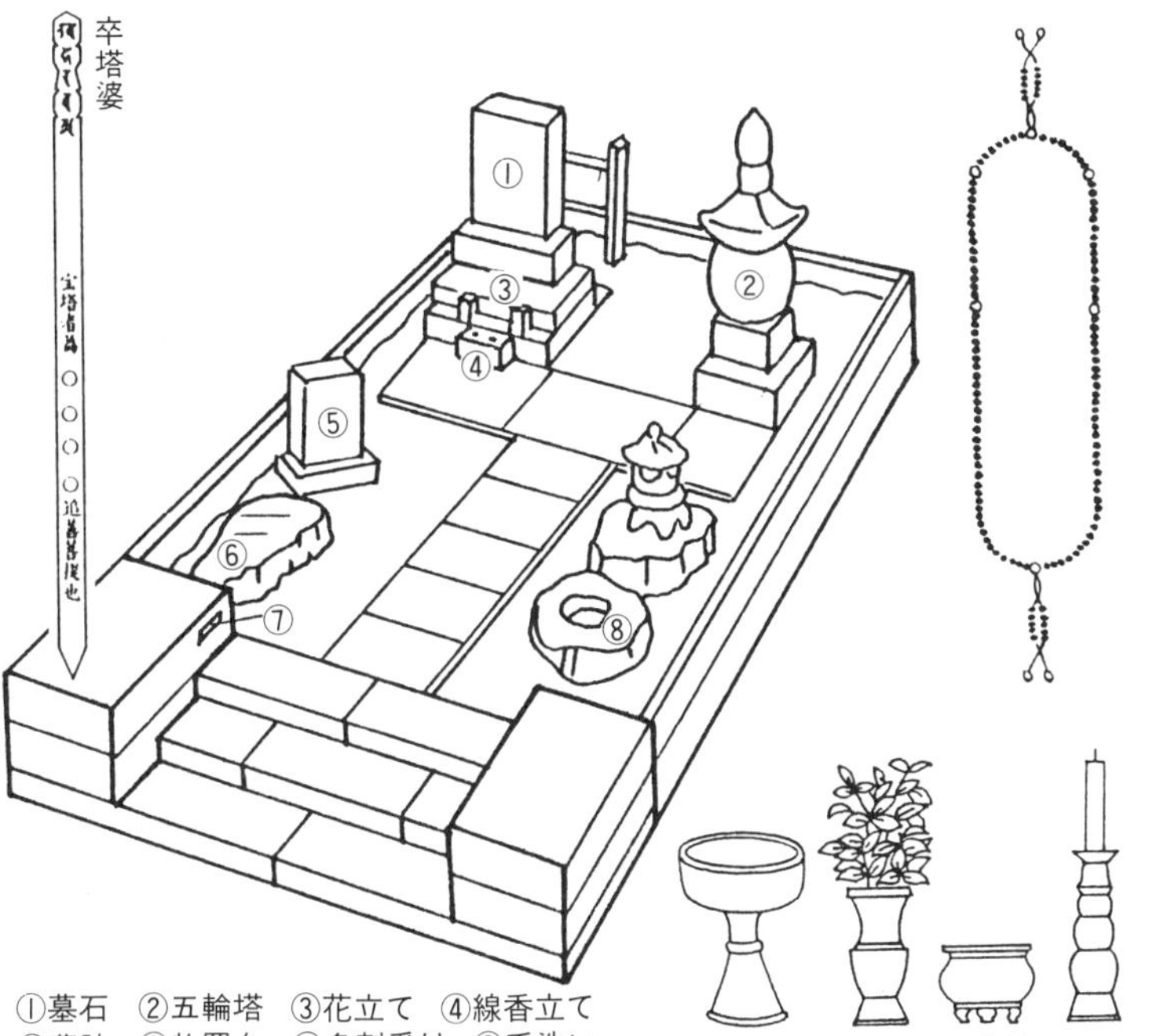

①墓石　②五輪塔　③花立て　④線香立て
⑤墓誌　⑥物置台　⑦名刺受け　⑧手洗い

仏飯器　　三具足

きにはかならずたたく。

【墓】

墓碑　墓の形に決まりはない。元来は一人一人に墓碑が立てられたが、最近は上図のような形態が増え、「墓誌」に被葬者の戒名・没年などを順次刻むようになってきた。

　なお、新しく墓碑をつくったら、菩提寺に開眼供養をしてもらい、また造りかえるときは「御《み》霊《たま》抜《ぬ》き」を営んで古い墓石から魂を抜く。

卒塔婆　もとは仏舎利を安置した塔を意味したが、真言宗では、表に下から地・水・火・風・空の五大を表わす梵字を書き、五輪塔を形どったものとされる。これは五輪塔婆といい、全宇宙に遍在する仏を象徴したものである。裏には「南無大師遍照金剛」という宝号や施主の名を書く。

勤行経典

懺悔文《さんげもん》

我《が》昔《しゃく》 所《しょ》造《ぞう》諸《しょ》悪《あく》業《ごう》
皆《かい》由《ゆ》無《む》始《し》貪《とん》瞋《じん》癡《ち》
従《じゅう》 身《しん》語《ご》意《い》之《し》所《しょ》 生《しょう》
一《いっ》切《さい》我《が》今《こん》皆《かい》懺《さん》悔《げ》

懺悔《さんげ》の文《もん》

我《わ》れ昔《むかし》より造《つく》りし所《ところ》の諸《もろもろ》 の悪業《あくごう》は、
皆《みな》無始《むし》の貪《とん》・瞋《じん》・癡《ち》に由《よ》る
身《しん》と語《ご》と意《い》より生《しょう》ずる所《ところ》なり、
一切《いっさい》を我《わ》れ今皆懺悔《いまみなさんげ》したてまつる。

三《さん》帰《き》

弟《で》子《し》某《む》甲《こう》 尽《じん》未《み》来《らい》際《さい》
帰《き》依《え》仏《ぶつ》
帰《き》依《え》法《ほう》
帰《き》依《え》僧《そう》

三《さん》 帰《き》

弟子某甲《でしむこう》、未来際《みらいざい》の尽《つ》くるまで、仏《ぶつ》に帰依《きえ》したてまつる、 法《ほう》に帰依《きえ》したてまつる、 僧《そう》に帰依《きえ》したてまつる。

三《さん》竟《きょう》

弟《で》子《し》某《む》甲《こう》尽《じん》未《み》来《らい》際《さい》
帰《き》依《え》仏《ぶっ》竟《きょう》帰《き》依《え》法《ほう》竟《きょう》
帰《き》依《え》僧《そう》竟《きょう》

三《さん》竟《きょう》
弟《で》子《し》某《む》甲《こう》、未《み》来《らい》際《ざい》の尽《つ》くるまで、仏《ぶっ》に帰《き》依《え》し竟《おわ》んぬ、法《ほう》に帰《き》依《え》し竟《おわ》んぬ、僧《そう》に帰《き》依《え》し竟《おわ》んぬ。

三《さん》帰《き》の文《もん》（三《さん》帰《き》依《え》文《もん》）

人《じん》身《しん》受け難《がた》し、今《いま》已《すで》に受《う》く、
仏《ぶっ》法《ぽう》聞《き》き難《がた》し、今《いま》已《すで》に聞《き》く。

この身《み》今《こん》生《じょう》に於《おい》て度《ど》せずんば、更《さら》に何《いず》れの生《しょう》に於《おい》てかこの身《み》を度《ど》せん。大《だい》衆《しゅう》諸《もろ》共《とも》に、至《し》心《しん》に三《さん》宝《ぼう》に帰《き》依《え》し奉《たてまつ》るべし。

自《みずか》ら仏《ほとけ》に帰《き》依《え》し奉《たてまつ》る。当《まさ》に願《ねが》わくは衆《しゅ》生《じょう》と共《とも》に、大《だい》道《どう》を体《たい》解《げ》して、無《む》上《じょう》意《い》を発《おこ》さむ。

自《みずか》ら法《ほう》に帰《き》依《え》し奉《たてまつ》る。当《まさ》に願《ねが》わくは衆《しゅ》生《じょう》と共《とも》に、深《ふか》く経《きょう》蔵《ぞう》に入《い》りて、智《ち》慧《え》海《うみ》の如《ごと》くならむ。自《みずか》ら僧《そう》に帰《き》依《え》し奉《たてまつ》る。

当《まさ》に願《ねが》わくは衆生《しゅじょう》と共《とも》に、大《だい》衆《しゅう》を統理《とうり》して、一切無礙《いっさいむげ》ならむ。

十善戒《じゅうぜんかい》

弟《で》子《し》某《む》甲《こう》尽《じん》未《み》来《らい》際《さい》
不殺生《ふせっしょう》　不偸盗《ふちゅうとう》　不邪婬《ふじゃいん》
不妄語《ふもうご》　不綺語《ふきご》　不悪口《ふあっく》
不両舌《ふりょうぜつ》　不慳貪《ふけんどん》　不瞋恚《ふしんに》
不邪見《ふじゃけん》

十善戒《じゅうぜんかい》
弟子某甲《でしむこう》　未来際《みらいざい》の尽《つ》くるまで、
殺生《せっしょう》せず、偸盗《ちゅうとう》せず、邪婬《じゃいん》せず、妄語《もうご》せず、
綺語《きご》せず、悪口《あっく》せず、両舌《りょうぜつ》せず、慳貪《けんどん》せず、
瞋恚《しんに》せず、邪見《じゃけん》せじ。

発菩提心真言《ほつぼだいしんしんごん》

おん　ぼうじ(ち)しった　ぼだ
はだやみ

三昧耶戒真言《さんまやかいしんごん》

おん　さんまや　さとばん

開経偈《かいきょうげ》

無上《むじょう》 甚深微《じんじんみ》妙《みょう》 法《ほう》
百《ひゃく》 千万劫難遭遇《せんまんごうなんそうぐう》
我《が》今見聞得受《こんけんもんとくじゅー》 持《じ》
願解《がんげ》如来真実義《にょらいしんじつぎ》

開経《かいきょう》の偈《げ》
無上《むじょう》 甚深微妙《じんじんみみょう》の法《ほう》は、
百《ひゃく》 千万劫《せんまんごう》にも遭《あ》い遇《あ》うこと難《かた》し、
我《わ》れ今見聞《いまけんもん》し受持《じゅじ》することを得《え》たり、
願《ねが》くは如来《にょらい》の真実義《しんじつぎ》を解《げ》したてまつらん。

仏説摩訶般若《ぶっせつまーかーはんにゃー》 波羅蜜多心《はーらーみーたーしん》 経《ぎょう》

観自在菩薩《かんじーざいぼーさー》。行《ぎょう》 深般若《じんはんにゃー》 波羅《はーらー》
蜜多時《みーたーじー》。照《しょう》 見五蘊皆空《けんごーうんかいくう》。度《どー》
一切苦厄《いっさいくうやく》。舎《しゃー》 利子《りーしー》。色不異《しきふーいー》
空《くう》。空不異色《くうふーいーしき》。色即是空《しきそくぜーくう》。空《くう》
即是色《そくぜーしき》。受《じゅー》 想行《そうぎょう》 識亦復《しきやくぶー》 如《にょー》
是《ぜー》。舎《しゃー》 利子《りーしー》。是諸《ぜーしょー》 法空相《ほうくうそう》。
不生《ふーしょう》 不滅《ふーめつ》。不垢不浄《ふーくーふーじょう》。不増《ふーぞう》
不減《ふーげん》。是故空中《ぜーこーくうちゅう》。無色無《むーしきむー》 受《じゅー》
想行《そうぎょう》 識《しき》。無眼耳鼻舌身意《むーげんにーびーぜっしんにー》。

無《むー》色《しき》声《しょう》香《こう》味《みー》触《そく》法《ほう》。無《むー》眼《げん》界《かい》乃《ない》至《しー》無《むー》意《いー》識《しき》界《かい》。無《むー》無《むー》明《みょう》亦《やく》無《むー》無《むー》明《みょう》尽《じん》。乃《ない》至《しー》無《むー》老《ろう》死《しー》亦《やく》無《むー》老《ろう》死《しー》尽《じん》。無《むー》苦《くう》集《しゅう》滅《めつ》道《どう》。無《むー》智《ちー》亦《やく》無《むー》得《とく》。以《いー》無《むー》所《しょー》得《とっ》故《こー》。菩《ぼー》提《だい》薩《さっ》埵《たー》。依《えー》般《はん》若《にゃー》波《はー》羅《らー》蜜《みー》多《たー》故《こー》。心《しん》無《むー》罣《けー》礙《げー》。無《むー》罣《けー》礙《げー》故《こー》。無《むー》有《うー》恐《くー》怖《ふー》。遠《おん》離《りー》一《いっ》切《さい》顛《てん》倒《どう》夢《むー》想《そう》。究《くー》竟《ぎょう》涅《ねー》槃《はん》。三《さん》世《ぜー》諸《しょー》仏《ぶっ》。依《えー》般《はん》若《にゃー》波《はー》羅《らー》蜜《みー》多《たー》故《こー》。得《とく》阿《あー》耨《のく》多《たー》羅《らー》三《さん》藐《みゃく》三《さん》菩《ぼー》提《だい》。故《こー》知《ちー》般《はん》若《にゃー》波《はー》羅《らー》蜜《みー》多《たー》。是《ぜー》大《だい》神《じん》呪《しゅー》。是《ぜー》大《だい》明《みょう》呪《しゅー》。是《ぜー》無《むー》上《じょう》呪《しゅー》。是《ぜー》無《むー》等《とう》等《どう》呪《しゅー》。能《のう》除《じょー》一《いっ》切《さい》苦《くー》。真《しん》実《じっ》不《ぷー》虚《こー》故《こー》。説《せっ》般《はん》若《にゃー》波《はー》羅《らー》蜜《みー》多《たー》呪《しゅー》。即《そく》説《せっ》呪《しゅー》曰《わっ》。

羯《ぎゃー》諦《てい》羯《ぎゃー》諦《てい》。波《はー》羅《らー》羯《ぎゃー》諦《てい》。波《は》羅《ら》僧《そう》羯《ぎゃー》諦《てい》。菩《ぼー》提《じー》娑《そ》婆《わ》訶《かー》。

般《はん》若《にゃー》心《しん》経《ぎょう》。

光《こう》明《みょう》真《しん》言《ごん》

おん　あぼきゃ　べいろしゃ
のう　まかぼだら　まに　は

んどま　じんばら　はらばり《(は)》
たや　うん

宝《ほう》号《ごう》

南無《なむ》本尊界会《ほんぞんかいえ》
南無《なむ》両《りょう》　部《ぶ》界会《かいえ》
南無《なむ》大師《だいし》遍照《へんじょう》　金剛《こんごう》

続いて真言宗智山派では「南無《なむ》開山興教《かいさんこうぎょう》　大師《だいし》」、豊山派では「南無《なむ》興教《こうぎょう》　大師《だいし》、南無《なむ》専誉《せんよ》僧正《そうじょう》」、御室派では「南無《なむ》禅定《ぜんじょう》　法皇《ほうおう》」、大覚寺派では「南無《なむ》嵯峨《さが》天皇尊儀《てんのうそんぎ》」と宝号を唱え、醍醐派では「南無両部界会」のあと「南無《なむ》遍照《へんじょう》　金剛《こんごう》、南無《なむ》聖《しょう》　宝尊師《ぼうそんじ》、南無《なむ》神《じん》変大菩薩《べんだいぼさつ》」と唱える。

廻《え》向文《こうもん》

願以此功徳《がんにしくどく》　普及於一切《ふぎゅうおいっさい》
我等与衆生《がとうよしゅじょう》　皆共成《かいぐじょう》　仏道《ぶつどう》

回向《えこう》の文《もん》
願《ねが》わくは此《こ》の功徳《くどく》を以《もっ》て、普《あまね》く一切《いっさい》に及《およ》ぼし、我等《われら》と衆生《しゅじょう》と、皆共《みなとも》に仏道《ぶつどう》を成《じょう》ぜんことを。

※勤行経典、その読み方および勤行の次第は派によって若干の相違がある。略述すると以下のとおり。**高野山真言宗（古義真言宗）**①合掌礼拝、②懺悔文、③三帰、④三竟、⑤十善戒、⑥発菩提心、⑦三昧耶戒、⑧開経偈、⑨般若心経（あるいは理趣経・観音経・和讃など）、⑩本尊真言、⑪十三仏真言、⑫光明真言、⑬御宝号、⑭祈願文、⑮回向。

真言宗智山派　①懺悔文、②三帰礼文、③十善戒、④発菩提心真言、⑤三昧耶戒真言、⑥開経文、⑦般若心経、⑧光明真言、⑨五大願、⑩本尊宝号、⑪両祖宝号、⑫願文、⑬普回向。

年中行事

修正会《しゅしょうえ》（元日から三日間または一週間）

年頭にあたって仏法の興隆と、その一年の無事息災を祈る。行事の内容は各寺院で異る。

後七日御修法《ごしちにちみすほ》（一月八日〜十四日）

真言宗最高の大法で鎮護国家つまり国民全体の幸福を祈る。かつては宮中で行われたが、現在は教王護国寺（東寺）で催される。

常楽会《じょうらくえ》（二月十五日）

釈尊の入滅の当日（二月十五日）あるいはその前夜から。涅槃会《ねはんえ》ともいう。

正御影供《しょうみえく》（三月二十一日）

弘法大師空海の入定の日に行う。今なお生身で人々を救いつづけている大師に感謝し、加護を願う。年一回の正御影供にたいし、毎月二十一日には月並御影供が営まれる。

真言宗豊山派　①真言安心章、②懺悔の文、③三帰、④三竟、⑤十善戒、⑥発菩提心真言、⑦三昧耶戒真言、⑧開経の文、⑨般若心経、⑩光明真言、⑪宗祖宝号、⑫中興祖宝号、⑬派祖宝号、⑭回向文。

彼岸会（三月・九月）

春秋の彼岸の中日をはさんで前後三日、合計七日間、先祖追善の法要を営む。

仏生会《ぶっしょうえ》（四月八日）

釈尊の誕生を祝う行事で、釈尊降誕会・灌仏会ともいう。一般には「花まつり」として親しまれている。

宗祖弘法大師降誕会《しゅうそこうぼうだいしごうたんえ》（六月十五日）

弘法大師の誕生を祝う行事。「青葉まつり」ともいう。

盂蘭盆会《うらぼんえ》（七月または八月の十三日〜十五日）

いわゆる「お盆」のこと。彼岸とともに、広く先祖供養の機会となっている。

納札柴灯護摩供《のうさつさいとうごまく》（年末）

護摩供は各寺院の縁日などに年間を通して修されるが、とくに年末はその一年の平穏無事に感謝し、各納められたお札をお焚き上げする大護摩供が、各地の寺院で営まれる。

以上のほか、真言宗の主要寺院では次のような行事がある。

高野山

法印転衣式（二月二十二〜三月十五日）・御衣加持（三月十七日）・大曼荼羅供（四月十日）・奥之院万灯会（四月二十一日）・山王院夏期祈（五月旧一〜二日）結縁灌頂（五月三〜七日）・山王院竪精（五月旧三日）・山王院御最勝講（六月旧十〜十一日）・陀羅尼会（七月一日）・奥の院万灯供養会（ローソク祭八月十三日）・大塔御国忌（八月十六日）・竪精明神奉送迎（九月旧三日）・明神社秋季祭典（十月十六日）・奥之院諡号奉讃会（十月二十七日）・御影堂煤払（十二月二十八日）・御幣挟（十二月三十一日）

智積院

仁王会御昆布式（一月十五日）・玄宥僧正誕生会（四月十七日）・興教大師誕生会（六月十七日）・陀羅尼会（十二月十一日）・報恩講（十二月十二日）

醍醐寺

年頭式初護摩供（一月五日）・初聖宝会（一月六日）・仁王会（五大力さん二月二十三日）・清滝大権現例祭桜会修行（四月一〜二十三日）・西国第十一番札所本尊準胝観音御開扉法要（五月十八日）・三宝院門跡大峯山花供入峯修行（六月七〜九日）・開山忌竪義会（八月六日）・五大力講総会（十月二十三日）

大覚寺

新年拝賀式（一月五日）・節分祈禱会（二日節分）・華道祭（四月十五〜十六日）・嵯峨天皇御忌（四月十五日）・後宇多法皇御国忌（七月二十五日）・万灯万華会（八月二十日）・観日の夕（仲秋）・嵯峨菊花展（十一月中）

高野山略図

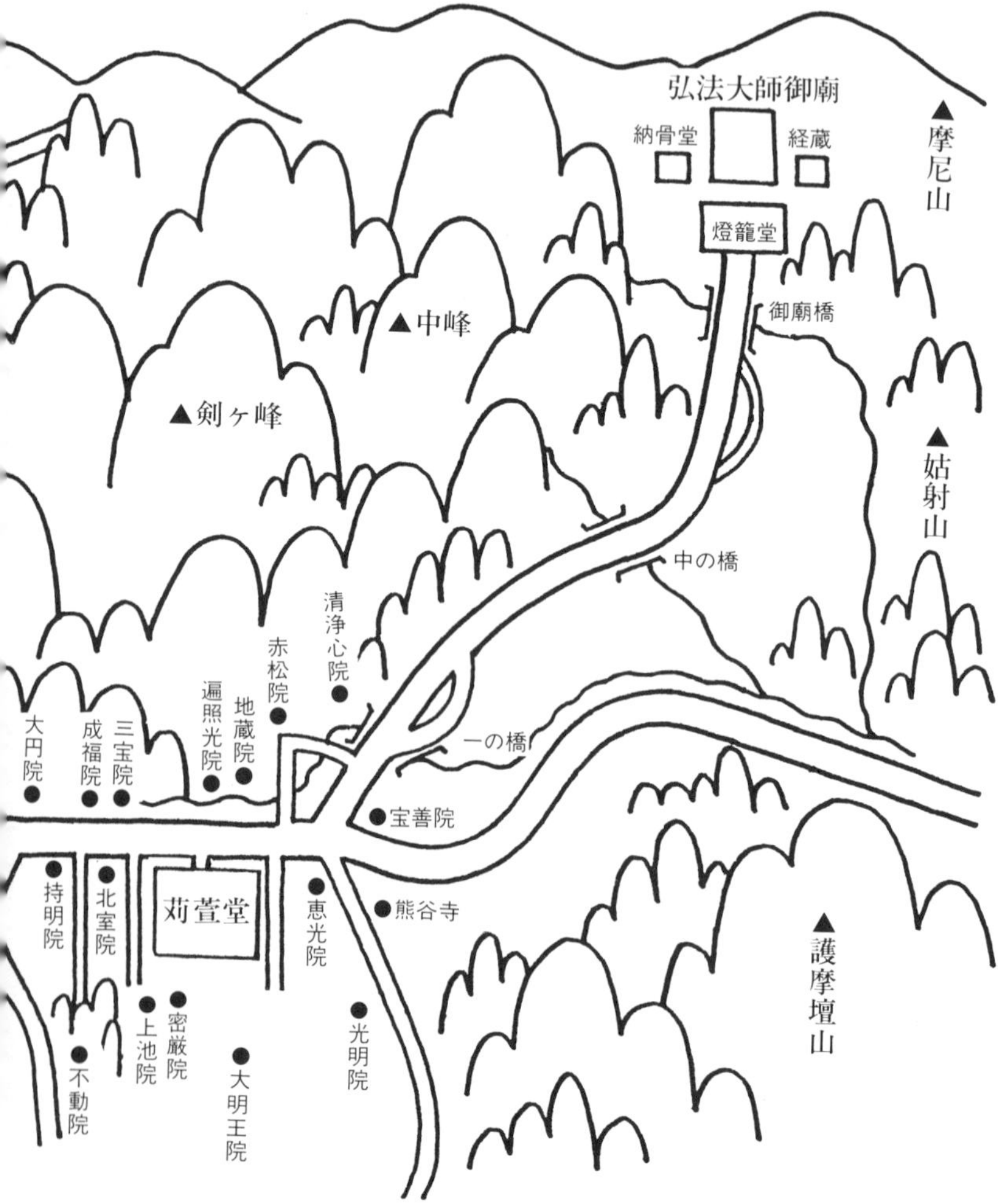

弘法大師御廟
納骨堂
経蔵
燈籠堂
▲摩尼山
御廟橋
▲中峰
▲剣ヶ峰
▲姑射山
中の橋
清浄心院
赤松院
地蔵院
遍照光院
三宝院
成福院
大円院
一の橋
宝善院
持明院
北室院
苅萱堂
恵光院
熊谷寺
▲護摩壇山
密厳院
上池院
不動院
大明王院
光明院

高野山駅
女人堂
蓮華定院
西室院
徳川家霊台
光台院
竜泉院
福智院
本覚院
無量光院
普門院
普賢院
明王院
意光院
宝寿院
親王院
総持院
金剛峯寺
本王院
一乗院
蓮花院
高室院
西禅院
常喜院
増福院
金堂
大塔
大門
西門院
高野山大学
浄菩提院
天徳院
安養院
南西院
報恩院
桜池院
遍照尊院
霊宝館
釈迦文院
成就院
宝亀院
金剛三味院

真言宗の文化財

真言宗各派の寺院に伝わる文化財のうち、以下は国宝にかぎって掲載した。

〔福島県〕
願成寺　いわき市内郷泉町広畑
阿弥陀堂（白水阿弥陀堂）　一棟

〔東京都〕
総持寺　足立区西新井一ノ一五ノ一
鋳銅刻画蔵王権現像　一面

〔神奈川県〕
称名寺　横浜市金沢区金沢町二一二
絹本著色北条実時像・絹本著色北条顕時像・絹本著色金沢貞顕像・絹本著色金沢貞将像　四幅
文選集注　十九巻

〔山梨県〕
大善寺　東山梨郡勝沼町勝沼三五五九
大善寺本堂　一棟

〔福井県〕
滝谷寺　坂井郡三国町滝谷一ノ七ノ一五
金銅宝相華文磬　一面
明通寺　小浜市門前
明通寺本堂　一棟
明通寺三重塔　一基

〔岐阜県〕
護国之寺　岐阜市長良雄総一九四ノ一
金銅獅子唐草文鉢　一口

〔愛知県〕
宝生院　名古屋市中区大須二ノ二一ノ四七
古事記（賢瑜筆）　三帖
漢書食貨志第四　一巻
琱玉集巻第十二、第十四　二巻

翰林学士詩集　一巻

〔滋賀県〕

石山寺　大津市石山寺一ノ一ノ一

玉篇巻第廿七（後半）　一巻

延暦交替式　一巻

越中国官倉納穀交替記残巻　一巻

周防国玖珂郡玖珂郷延喜八年戸籍残巻　一巻

春秋経伝集解巻第廿六残巻　一巻

春秋経伝集解巻第廿九残巻　一巻

漢書（高帝紀下、列伝第四残巻）　二巻

釈摩訶衍論　五帖

淳祐内供筆聖教（薫聖教）六十巻・一帖

附　聖教目録　一巻

史記巻第九十六、九十七残巻　一巻

石山寺多宝塔　一基

石山寺本堂　一棟

神照寺　長浜市新庄寺町三二三

金銀鍍透彫華籠　十六枚

宝厳寺　東浅井郡びわ町大字早崎

法華経序品（竹生島経）　一帖

宝厳寺唐門　一棟

〔京都府〕

海住山寺　相楽郡加茂町例幣海住山二〇

海住山寺五重塔　一基

蟹満寺　相楽郡山城町大字綺田小字浜三六

銅造釈迦如来坐像　一軀

観智院　京都市南区八条通大宮西入下ル柳原町

観智院客殿　一棟

観音寺　綴喜郡田辺町大字普賢寺小字下大門四〇

木心乾漆十一面観音立像　一軀

教王護国寺（東寺）　京都市南区九条町一

絹本著色真言七祖像　七幅

絹本著色五大尊像　五幅

絹本著色両界曼荼羅図（伝真言院曼荼羅）　二幅

絹本著色十二天像（伝宅間勝賀筆六曲屛風）　一双

木造五大明王像　五軀

木造五大菩薩坐像（中尊像を除く）　四軀

木造梵天坐像・帝釈天半跏像　二軀

木造四天王立像　四軀

木造不動明王坐像・木造天蓋　一軀・一面
木造兜跋毘沙門天立像　一軀
木造僧形八幡神坐像・女神坐像　三軀
弘法大師請来目録（伝教大師筆）　一巻
弘法大師筆尺牘三通（風信帖）　一巻
後宇多天皇宸翰東寺興隆条々事書御添状（二月十二日）　一巻
東宝記　十二巻、一冊
海賦蒔絵袈裟箱　一合
犍陀穀糸袈裟・横被　各一領
紫檀塗螺鈿金銅装舎利輦　一基
密教法具（伝弘法大師将来）金銅金剛盤・金銅五鈷鈴・金銅五鈷杵　各一
教王護国寺重塔　一基
教王護国寺蓮花門　一棟
教王護国寺金堂　一棟
教王護国寺大師堂（西院御影堂）　一棟

高山寺　京都市右京区梅ヶ畑栂尾町
絹本著色仏眼仏母像　一幅
紙本墨画鳥獣人物戯画　四巻
紙本著色明恵上人像　一幅
紙本著色華厳宗祖師絵伝（華厳縁起）　六巻
玉篇巻第廿七（前半）　一巻
篆隷万象名義　六冊
冥報記　三巻
高山寺石水院（五所堂）　一棟

光明寺　綾部市睦寄町君尾
光明寺二王門　一棟

広隆寺　京都市右京区太秦蜂岡町三六
木造弥勒菩薩半跏像　一軀
木造阿弥陀如来坐像　一軀
木造弥勒菩薩半跏像　一軀
木造不空羂索観音立像　一軀
木造千手観音立像　一軀
木造十二神将立像　十二軀
広隆寺縁起資財帳　一巻
広隆寺資材交替実録帳　一巻
広隆寺桂宮院本堂　一棟

三宝院　京都市伏見区醍醐伽藍町一
三宝院表書院　一棟

三宝院唐門　一棟

上品蓮台寺　京都市北区紫野十二坊町三三ノ一

紙本著色絵因果経　一巻

浄瑠璃寺　相楽郡加茂町大字西小小字札場四〇

木造阿弥陀如来坐像　九軀

木造四天王立像　四軀

浄瑠璃寺本堂（九体寺本堂）　一棟

浄瑠璃寺三重塔（九体寺三重塔）　一基

神護寺　京都市右京区梅ケ畑高雄町

絹本著色伝源頼朝像・絹本著色伝平重盛像・絹本著色伝藤原光能像　三幅

絹本著色釈迦如来像　一幅

紫綾金銀泥絵両界曼荼羅図（高雄曼荼羅）　二幅

絹本著色山水屏風（六曲屏風）　一隻

木造薬師如来立像　一軀

木造五大虚空蔵菩薩坐像　五軀

灌頂暦名（弘法大師筆）　一巻

文覚四十五箇条起請文（藤原忠親筆）　一巻

梵鐘　一口

泉涌寺　京都市東山区泉涌寺山内町二七

附法状（俊芿筆）　一幅

泉涌寺勧縁疏（俊芿筆）　一巻

大覚寺　京都市右京区嵯峨大沢町四

後宇多天皇宸翰御手印遺告　一巻

後宇多天皇宸翰弘法大師伝　一幅

醍醐寺　京都市伏見区醍醐伽藍町

紙本著色絵因果経　一巻

絹本著色五大尊像　五幅

絹本著色文殊渡海図　一幀

絹本著色訶梨帝母像　一幅

絹本著色閻魔天像　一幅

五重塔初重壁画　十八面

木造薬師如来及両脇侍像　三軀

大日経開題（弘法大師筆）　一巻

後醍醐天皇宸翰天長印信　一巻

後宇多天皇宸翰当流紹隆教誡（三通）　一巻

狸毛筆奉献表（伝弘法大師筆）　一巻

理源大師筆処分状　一巻

醍醐寺清滝宮拝殿　一棟

醍醐寺薬師堂　一棟

醍醐寺五重塔　一基
醍醐寺金堂　一棟

大報恩寺　京都市上京区五辻通六軒町西入ル溝前町
大報恩寺本堂（千本釈迦堂）　一棟

智積院　京都市東山区塩小路通大和大路東入ル
紙本金地著色松に草花図・紙本金地著色桜楓図・紙本金地著色松に梅図・紙本金地著色松に黄蜀葵及菊図（智積院障壁画）　二十五面
紙本金地著色松に草花図（二曲屛風）　一双
金剛経（張即之筆）　一帖

仁和寺　京都市右京区御室大内
絹本著色孔雀明王像　一幅
木造阿弥陀如来及両脇侍像　三軀
三十帖冊子　三十帖
宝相華迦陵頻伽蒔絵𡑮冊子箱　一合
新修本草　五巻
医心方　五帖
黄帝内経明堂巻第一・黄帝内経太素　二十五巻
後嵯峨天皇宸翰御消息（四月十五日）　一幅
高倉天皇宸翰御消息（十一月十三日）　一幅
御室相承記　六巻
宝相華蒔絵宝珠箱　一合
仁和寺金堂　一棟

法界寺　京都市伏見区醍醐日野西大道町一九
木造阿弥陀如来坐像　一軀
法界寺阿弥陀堂　一棟
阿弥陀堂内陣壁画（国宝の扱いを受ける）　二十三面

松尾寺　舞鶴市大字松尾
絹本著色普賢延命像　一幅

〔大阪府〕

観心寺　河内長野市寺元四七五
木造如意輪観音坐像　一軀
観心寺縁起資財帳　一巻
観心寺金堂　一棟

金剛寺　河内長野市天野町九九六
延喜式神名帳　一巻
延喜式　三巻
剣（無銘）　一口

慈眼院　泉佐野市日根野六二六

慈眼院多宝塔　一基

獅子窟寺　交野市大字私市二三八七
木造薬師如来坐像　一軀

道明寺　藤井寺市道明寺一ノ一四ノ三一
木造十一面観音立像　一軀

〔兵庫県〕

浄土寺　小野市浄谷町二〇九三
木造阿弥陀如来及両脇侍立像　三軀
浄土寺浄土堂（阿弥陀堂）　一棟

朝光寺　加東郡社町畑六〇九
朝光寺本堂　一棟

〔奈良県〕

栄山寺　五条市小島町五〇二ノ一
梵鐘　一口
栄山寺八角堂　一棟

円成寺　奈良市忍辱山町一二六四
円成寺春日堂・白山堂　二棟

岡寺　高市郡明日香村大字岡八〇六
木心乾漆義淵僧正坐像　一軀

海竜王寺　奈良市法華寺北町八九七
海竜王寺五重小塔　一基

元興寺　奈良市中院町一一
元興寺極楽坊五重小塔　一基
元興寺極楽坊禅室　一棟
元興寺極楽坊本堂　一棟

子島寺　高市郡高取町大字観覚寺五四四
紺綾地金銀泥絵両界曼荼羅図（子島曼荼羅）　二幅

西大寺　奈良市西大寺町
絹本著色十二天像　十二幅
金光明最勝王経　十巻
大毗盧遮那成仏神変加持経　七巻
金銅透彫舎利塔　一基
舎利瓶・鉄宝塔　五具・一基
金銅宝塔・金銅宝珠形舎利塔・金銅箇形容器・赤地二重襷花文錦小袋・水晶五輪塔・水晶五輪塔　各一基

十輪院　奈良市十輪院町二七
十輪院本堂　一棟

聖林寺　桜井市大字下六九二

木心乾漆十一面音立像　一軀

当麻寺　北葛城郡当麻町大字当麻一二六三

梵鐘　一口

綴織当麻曼荼羅図　一幅

当麻曼荼羅厨子　一基

塑造弥勒仏坐像　一軀

当麻寺東塔　一基

当麻寺西塔　一基

当麻寺本堂（曼荼羅堂）　一棟

朝護孫子寺　生駒郡平群町信貴畑二二八〇

紙本著色信貴山縁起　三巻

長弓寺　生駒市上町四四四五

長弓寺本堂　一棟

長福寺　生駒市俵口町八四一

金銅能作生塔　一基

長谷寺　桜井市初瀬町七三一ノ一

法華経・観普賢経・無量義経・阿弥陀経・般若心経　三十四巻

般若寺　奈良市般若寺町二二一

銅板法華説相図（千仏多宝仏塔）　一面

般若寺楼門　一棟

法華寺　奈良市法華寺町八八二

絹本著色阿弥陀三尊及童子像　三幅

木造十一面観音立像　一軀

室生寺　宇陀郡室生村大字室生七八

板絵著色伝帝釈天曼荼羅図　一面

木造釈迦如来立像　一軀

木造十一面観音立像　一軀

木造釈迦如来坐像　一軀

室生寺五重塔　一基

室生寺金堂　一棟

室生寺本堂　一棟

霊山寺　奈良市中町三八七三

霊山寺本堂　一棟

〔和歌山県〕

金剛三昧院　伊都郡高野町高野山

金剛三昧院多宝塔　一基

金剛峯寺　伊都郡高野町大字高野山一三二

絹本著色仏涅槃図　一幅

絹本著色善女竜王像（定智筆）　一幅

木造八大童子立像　六軀
木造諸尊仏龕　一基
金銀字一切経　四千二百九十六巻
法華経巻第六（色紙）　一巻
宝簡集・続宝簡集・又続宝簡集　二百九十六巻
聾瞽指帰（弘法大師筆）　二巻
沢千鳥螺鈿蒔絵小唐櫃　一合
金剛峯寺不動堂　一棟

三宝院　伊都郡高野町大字高野山
不空羂索神変真言経　十八巻

慈尊院　伊都郡九度山町大字慈尊院八三二
木造弥勒仏坐像　一軀

正智院　伊都郡高野町大字高野山
文館詞林残巻　十二巻

根来寺　那賀郡岩出町根来
根来寺多宝塔（大塔）　一基

普門院　伊都郡高野町大字高野山
絹本著色勤操僧正像　一幅

遍照光院　伊都郡高野町大字高野山
紙本著色山水人物図（池大雅筆）　十面

宝寿院　伊都郡高野町大字高野山
文館詞林残巻　一巻

有志八幡講十八箇院　伊都郡高野町大字高野山
絹本著色阿弥陀聖衆来迎図　三幅
絹本著色五大力菩薩像　三幅

竜光院　伊都郡高野町大字高野山
絹本著色伝船中湧現観音像　一幅
大字法華経（明算白点本）　七巻
紫紙金字金光明最勝王経　十巻
細字金光明最勝王経　二巻

蓮華三昧院　伊都郡高野町大字高野山
絹本著色阿弥陀三尊像　一幅

〔鳥取県〕

豊乗寺　八頭郡智頭町大字新見七三
絹本著色普賢菩薩像　一幀

〔広島県〕

浄土寺　尾道市東久保町二〇ノ二八
浄土寺本堂　一棟
浄土寺多宝塔　一基

不動院　広島市東区牛田新町三ノ四ノ九

不動院金堂　一棟
明王院　福山市草戸町
明王院五重塔　一基
明王院本堂　一棟
〔香川県〕
善通寺　善通寺市善通寺町六一五
一字一仏法華経序品　一巻
金銅錫杖頭　一柄
本山寺　三豊郡豊中町寺家
本山寺本堂　一棟
〔愛媛県〕
石手寺　松山市石手二ノ九ノ二一
石手寺二王門　一棟
太山寺　松山市太山寺町一七三〇
太山寺本堂　一棟
大宝寺　松山市南江戸五ノ一〇ノ一
大宝寺本堂　一棟
〔高知県〕
豊楽寺　長岡郡大豊町寺内
豊楽寺薬師堂　一棟

〔福岡県〕
誓願寺　福岡市西区今津八五一
誓願寺盂蘭盆縁起（栄西筆）　一巻

真言系の宗教団体

（①事務所②寺院・布教所数。分類は文化庁編『宗教年鑑』平成一二年版による）

高野山真言宗　①〒六四八―〇二一一　和歌山県伊都郡高野町大字高野山一三二☎〇七三六―五六―二〇一一　②三六二〇

真言宗醍醐派　①〒六〇一―一三二五　京都市伏見区醍醐東大路町二二☎〇七五―五七一―〇〇〇二　②一〇八四

真言宗東寺派　①〒六〇一―八四七三　京都市南区九条一番地☎〇七五―三一三―三六六三　②七四

東寺真言宗　①〒六〇一―八四七三　京都市南区九条町一☎〇七五―六七二―三七一七　②一五三

真言宗《しんごんしゅう》泉涌寺《せんにゅうじ》派《は》　①〒六〇五―〇九七七　京都市東山区泉涌寺山内町二七☎〇七五―五六一―一五五一　②六六

真言宗山階派　①〒六〇七―八二二六　京都市山科区勧修寺仁王堂町二七―六☎〇七五―五七二―四一四八　②一三六

真言宗御室派　①〒六一六―八〇九二　京都市右京区御室大内三三☎〇七五―四六一―一一五五　②七九八

真言宗大覚寺派　①〒六一六―八四一一　京都市右京区嵯峨大沢町四☎〇七五―八七一―〇〇七一　②三六〇

真言宗善通寺派　①〒七六五―〇〇〇三　善通寺市善通寺町三―三―一☎〇八七七―六二―〇一一一　②二五三

真言宗智山派　①〒六〇五―〇九四三　京都市東山区塩小路通大和大路東入東瓦町九六四☎〇七五―五四一―五三六一　②二八九四

真言宗豊山派　①〒一一二―〇〇一二　東京都文京区大塚五―四〇―八☎〇三―三九四五―〇六三九　②二六四八

新義真言宗　①〒一一三―〇〇三四　東京都文京区湯島四―六―一二☎〇三―三八一四―三四六四　②二〇八

真言宗霊雲寺派　①〒一一三―〇〇三四　東京都文

京区湯島二―二一―六☎〇三―三八一一―一八一六 ②三三

真言宗須磨寺派 ①〒六五四―〇〇七一 神戸市須磨区須磨寺町四―六―八☎〇七八―七三一―〇四一六 ②三一

真言宗犬鳴派《いぬなきは》 ①〒五三一―〇〇六四 泉佐野市大木八☎〇七二四―五九―七〇四三 ②二〇六

真言宗国分寺派 ①〒五三一―〇〇六四 大阪市北区国分寺一―六―一八☎〇六―六三五一―五六三七 ②八八

真言宗鳳閣寺派 ①〒六三八―〇二〇三 奈良県吉野郡黒滝村大字鳥住九〇☎〇七四七六二―二六二二 ②一三八

真言宗金剛院派 ①〒六七九―四三四六 兵庫県揖保郡新宮町千本一六五七―一☎〇七九一―七五―四三八二 ②九七

真言宗大日派 ①〒三二六―〇八〇三 足利市家富町二二二〇☎〇二八四―四一―二六二七 ②五

真言宗石鉄派 ①〒七九三―〇〇五三 西条市州之内甲一四二六☎〇八九七―五六―二七四五 ②八七

真言宗花山院派 ①〒六六九―一五〇五 三田市尼寺三五二☎〇七九五―六六―〇一二五 ②二

真言宗五智教団 ①〒四四一―一九四四 愛知県南設楽郡鳳来町門谷鳳来寺一☎〇五三六三―五―〇六〇四・一〇〇四 ②九

真言宗九州教団 ①〒八一二―〇〇三七 福岡市博多区御供所町二―四☎〇九二―二九一―四四五九 ②三一

信貴山《しぎさん》真言宗 ①〒六三六―〇九二三 奈良県生駒郡平群町大字信貴山二二八〇―一☎〇七四五―七二―二二七七 ②一九六

霊　山寺《りょうせんじ》真言宗 ①〒六三一―〇〇五二 奈良市中町三八七三☎〇七四二―四五―〇〇八一 ②四

新真言宗 ①〒五七七―〇〇五四 東大阪市高井田元町一―一―一―一☎〇六―六七八一―〇七九七②三

光明真言宗 ①〒六四九―五三三六 和歌山県東牟婁郡那智勝浦町湯川八九七―五六☎〇七三五―五二―一二〇六 ②五

明算《めいざん》真言宗 ①〒六四〇―八二七五 和歌山市南相生町二八☎〇七三四―二二―六七一〇 ②五

石鎚山真言宗　①〒七九三―〇二一一　西条市大保木四号三六☎〇八九七―五九―〇〇一一　②八二

真言密宗　①〒九三〇―〇四六三　富山県中新川郡上市町大岩一六三☎〇七六四―七二―二三〇一　②一四

真言聖天宗　①〒六六一―〇九五三　尼崎市東園田町四―一三三☎〇六―六四九一―九八三八　②四

真言三宝宗《しんごんさんぽうしゅう》　①〒六六五―〇八三七　宝塚市米谷字清シ一☎〇七九七―八六―六六四一　②七

真言毘盧舎那宗《しんごんびるしゃなしゅう》　①〒五七九―八〇一一　東大阪市東石切町三―三―一六☎〇七二九―八一―二二四一　②四

天宗　①〒六一六―八三四六　京都市右京区嵯峨天竜寺油掛町三〇　②三

一切宗　①〒七五一―〇八八三　下関市大字田倉一一六一―一五五☎〇八三二―五六―四一〇三　②八

観音宗　①〒五五八―〇〇一四　大阪市住吉区我孫子四―一―二〇☎〇六―六六九一―三五七八　②二

救世観音宗　①〒六四一―〇〇一二　和歌山市紀三井寺一二〇一☎〇七三四―四四―一〇〇二　②一六

中山身語正宗　①〒八四一―〇二〇四　佐賀県三養基郡基山町大字宮浦二二〇〇☎〇九四二―九二―二九三一　②三八三

光明念仏身語聖宗　①〒八四一―〇二〇四　佐賀県三養基郡基山町大字宮浦二二二〇☎〇九四二―九二―二四五一　②一五〇

不動教　①〒四五三―〇八一二　名古屋市中村区西米野町三―二五☎〇五二―四六一―〇〇一一　②二

八宗兼学真修教　①〒五八四―〇〇五五　富田林市伏見堂九五三☎〇七二一―三五―五七五一　②四六

解脱会　①〒一六〇―〇〇〇七　東京都新宿区荒木町四☎〇三―三三五三―二一九一　②四〇一

真如苑　①〒一九〇―〇〇二三　立川市柴崎町一―二―一三☎〇四二―五二七―〇一一一　②一七三

卍教団　①〒八三〇―〇〇三八　久留米市西町新金丸五四九☎〇九四二―三三―五二八五　②二三二

真言宗神道派　①〒四一〇―〇三〇四　沼津市東原字大林五六六―一☎〇五五九―六七―三四五五②九

真言宗金毘羅尊流　①〒七一九―三五〇六　岡山県阿哲郡大佐野大字田治部一五九八　②三六

四国八十八か所

	正式名	別称	本尊	所在地
1	霊《りょう》山《ぜん》寺《じ》	一番さん	釈迦如来	徳島県鳴門市大麻町坂東
2	極《ごく》来《らく》寺《じ》	安産寺	阿弥陀如来	徳島県鳴門市大麻町檜
3	金《こん》泉《せん》寺《じ》		釈迦如来	徳島県板野郡板野町大寺
4	大《だい》日《にち》寺《じ》	黒谷寺	大日如来	徳島県板野郡板野町黒谷
5	荘《しょう》厳《ごん》院《いん》	地蔵寺・羅漢さん	勝軍地蔵菩薩	徳島県板野郡板野町羅漢
6	安《あん》楽《らく》寺《じ》		薬師如来	徳島県板野郡上板町引野
7	十《じゅう》楽《らく》寺《じ》		阿弥陀如来	徳島県板野郡土成町高尾字法教田
8	熊《くま》谷《たに》寺《じ》		千手観音	徳島県板野郡土成町前田
9	法《ほう》輪《りん》寺《じ》		釈迦如来	徳島県板野郡土成町土成
10	切《きり》幡《はた》寺《じ》		千手観音・観音菩薩	徳島県阿波郡市場町切幡
11	藤《ふじ》井《い》寺《でら》	お薬師さん	薬師如来	徳島県麻植郡鴨島町飯尾
12	焼《しょう》山《ざん》寺《じ》		虚空蔵菩薩	徳島県名西郡神山町下分
13	大《だい》日《にち》寺《じ》	一の宮	十一面観音	徳島県徳島市一宮町西町
14	常《じょう》楽《らく》寺《じ》	延命寺	弥勒菩薩	徳島県徳島市国府町延命

15	国《こく》分《ぶん》寺《じ》		薬師如来	徳島県徳島市国府町矢野
16	観《かん》音《のん》寺《じ》		千手千眼観音	徳島県徳島市国府町観音寺
17	井《い》戸《ど》寺《じ》		七仏薬師如来	徳島県徳島市国府町井戸
18	恩《おん》山《ざん》寺《じ》		薬師如来	徳島県小松島市田野町恩山寺谷
19	立《たつ》江《え》寺《じ》	立江のお地蔵さん	地蔵菩薩	徳島県小松島市立江町若松
20	鶴《かく》林《りん》寺《じ》	お鶴さん	地蔵菩薩	徳島県勝浦郡勝浦町生名
21	太《たい》竜《りゅう》寺《じ》	西の高野	虚空蔵菩薩	徳島県阿南市加茂町竜山
22	平《びょう》等《どう》寺《じ》		薬師如来	徳島県阿南市新野町秋山
23	薬《やく》王《おう》寺《じ》		薬師如来	徳島県海部郡日和佐町前
24	最《ほつ》御《み》崎《さき》寺《じ》	東寺	虚空蔵菩薩	高知県室戸市室戸岬町
25	津《しん》照《しょう》寺《じ》	津寺	延命地蔵菩薩	高知県室戸市室津
26	金《こん》剛《ごう》頂《ちょう》寺《じ》	西寺	薬師如来	高知県室戸市室戸町崎山
27	神《こうの》峯《みね》寺《じ》		十一面観音	高知県安芸郡安田町唐の浜
28	大《だい》日《にち》寺《じ》		大日如来	高知県香美郡野市町母代寺
29	国《こく》分《ぶん》寺《じ》		千手観音	高知県南国市国分
30	善《ぜん》楽《らく》寺《じ》		阿弥陀如来	高知県高知市一宮
31	竹《ちく》林《りん》寺《じ》	土佐の文殊	文殊菩薩	高知県高知市五台山
32	禅《ぜん》師《じ》峰《ぶ》寺《じ》	峰寺	十一面観音	高知県南国市十市
33	雪《せっ》蹊《けい》寺《じ》		薬師如来	高知県高知市長浜

34	種《たね》間《ま》寺《じ》		薬師如来	高知県吾川郡春野町秋山
35	清《きよ》滝《たき》寺《じ》		薬師如来	高知県土佐市高岡町清滝
36	青《しょう》竜《りゅう》寺《じ》		波切不動明王	高知県土佐市宇佐市宇佐町竜
37	岩《いわ》本《もと》寺《じ》		阿弥陀如来・薬師如来・観音菩薩・地蔵菩薩・不動明王	高知県高岡郡窪川町茂串
38	金《こん》剛《ごう》福《ふく》寺《じ》	足摺さん	千手観音	高知県土佐清水市足摺岬
39	延《えん》光《こう》寺《じ》		薬師如来	高知県宿毛市平田町寺山
40	観《かん》自《じ》在《ざい》寺《じ》		薬師如来	愛媛県南宇和郡御荘町平城
41	竜《りゅう》光《こう》寺《じ》	三間のお稲荷さん・稲荷山	十一面観音	愛媛県北宇和郡三間町戸雁
42	仏《ぶつ》木《もく》寺《じ》	お大日さん	大日如来	愛媛県北宇和郡三間町則
43	明《めい》石《せき》寺《じ》	明《あげ》石《いし》さん	千手観音	愛媛県東宇和郡宇和町明石
44	大《だい》宝《ほう》寺《じ》		十一面観音	愛媛県上浮穴郡久万町菅生
45	岩《いわ》屋《や》寺《じ》		不動明王	愛媛県上浮穴郡美川村七鳥
46	浄《じょう》瑠《る》璃《り》寺《じ》		薬師如来	愛媛県松山市浄瑠璃町
47	八《や》坂《さか》寺《じ》		阿弥陀如来	愛媛県松山市浄瑠璃町
48	西《さい》林《りん》寺《じ》		十一面観音	愛媛県松山市高井町
49	浄《じょう》土《ど》寺《じ》		釈迦如来	愛媛県松山市鷹子町
50	繁《はん》多《た》寺《じ》	畑寺聖天	薬師如来	愛媛県松山市畑寺町

51	石《いし》手《て》寺《じ》	石手のお大師さん	薬師如来	愛媛県松山市石手町
52	太《たい》山《さん》寺《じ》		十一面観音	愛媛県松山市太山寺町
53	円《えん》明《みょう》寺《じ》		阿弥陀如来	愛媛県松山市和気町
54	延《えん》命《めい》寺《じ》		不動明王	愛媛県今治市阿方
55	南《なん》光《こう》坊《ぼう》		大通智勝菩薩	愛媛県今治市別宮町
56	泰《たい》山《ざん》寺《じ》		地蔵菩薩	愛媛県今治市小泉
57	栄《えい》福《ふく》寺《じ》	八幡宮	阿弥陀如来	愛媛県越智郡玉川町八幡
58	仙《せん》遊《ゆう》寺《じ》		千手観音	愛媛県越智郡玉川町別所
59	国《こく》分《ぶん》寺《じ》		薬師如来	愛媛県今治市国分
60	横《よこ》峰《みね》寺《でら》		大日如来	愛媛県周桑郡小松町石鎚
61	香《こう》園《おん》寺《じ》	子安大師	大日如来	愛媛県周桑郡小松町南川
62	宝《ほう》寿《じゅ》寺《じ》	一の宮	十一面観音	愛媛県周桑郡小松町新座
63	吉《きっ》祥《しょう》寺《じ》		毘沙門天	愛媛県西条市永見町
64	前《まえ》神《がみ》寺《じ》	石鎚さん	釈迦如来・石鎚山蔵王権現	愛媛県西条市洲之内
65	三《さん》角《かく》寺《じ》		十一面観音	愛媛県川之江市金田町
66	雲《うん》辺《ぺん》寺《じ》		千手観音	徳島県三好郡池田町白地
67	大《だい》興《こう》寺《じ》	小松尾寺	薬師如来	香川県三豊郡山本町辻小松尾
68	神《じん》恵《ね》院《いん》	八幡宮	阿弥陀如来	香川県観音寺市八幡町

69	観《かん》音《のん》寺《じ》		聖観音	香川県観音寺市八幡町
70	本《もと》山《やま》寺《じ》		馬頭観音	香川県三豊郡豊中町本山
71	弥《いや》谷《だに》寺《じ》		千手観音	香川県三豊郡三野町大見
72	曼《まん》荼《だ》羅《ら》寺《じ》		大日如来	香川県善通寺市吉原町
73	出《しゅっ》釈《しゃ》迦《か》寺《じ》		釈迦如来	香川県善通寺市吉原町
74	甲《こう》山《やま》寺《じ》		薬師如来	香川県善通寺市弘田町
75	善《ぜん》通《つう》寺《じ》		薬師如来	香川県善通寺市善通寺町
76	金《こん》倉《ぞう》寺《じ》		薬師如来	香川県善通寺市金蔵寺町
77	道《どう》隆《りゅう》寺《じ》		薬師如来	香川県仲多度郡多度津町
78	郷《ごう》照《しょう》寺《じ》	道場寺	阿弥陀如来	香川県綾歌郡宇多津町
79	高《こう》照《しょう》院《いん》	天皇寺	十一面観音	香川県坂出市西庄町
80	国《こく》分《ぶん》寺《じ》		十一面観音	香川県綾歌郡国分寺町国分
81	白《しろ》峰《みね》寺《じ》	白峰さん	千手観音	香川県坂出市青海町
82	根《ね》香《ごう》寺《じ》		千手観音	香川県高松市中山町
83	一《いちの》宮《みや》寺《じ》		聖観音	香川県高松市一宮町
84	屋《や》島《しま》寺《じ》		十一面千手観音	香川県高松市屋島東町
85	八《や》栗《くり》寺《じ》	八栗聖天	聖観音	香川県木田郡牟礼町牟礼
86	志《し》度《ど》寺《じ》		十一面観音	香川県大川郡志度町志度
87	長《なが》尾《お》寺《じ》	長尾の観音さん	聖観音	香川県大川郡長尾町西

88	大《おお》窪《くぼ》寺《じ》		薬師如来	香川県大川郡長尾町多和

西国三十三観音霊場

	正式名	別称	観音	宗派	所在地
1	青岸渡寺	那智山	如意輪	天台	和歌山県東牟婁郡那智勝浦町那智山
2	金剛宝寺	紀三井寺	十一面	救世観音	和歌山市紀三井寺
3	施音寺	粉《こ》河《かわ》寺	千手	粉河観音	和歌山県那賀郡粉河町
4	施福寺	槙尾寺	千手	天台	大阪府和泉市槙尾山町
5	剛琳寺	葛《ふじ》(藤)井寺	千手	真言	大阪府藤井寺市
6	南法華寺	壺坂寺	千手	真言	奈良県高市郡高取町壺坂
7	竜蓋寺	岡寺	如意輪	真言	奈良県高市郡明日香村岡
8	長谷寺	初瀬寺	十一面	真言	奈良県桜井市初瀬
9	興福寺南円堂	南円堂	不空羂索	法相	奈良市登大路町
10	三室戸寺	三室戸寺	千手	修験	京都府宇治市菟道滋賀谷
11	醍醐寺	上醍醐観音堂	准胝	真言	京都市伏見区醍醐町醍醐山
12	正法寺	岩間寺	千手	真言	大津市石山内畑町
13	石山寺	石山寺	如意輪	真言	滋賀県大津市石山町

四国八十八か所

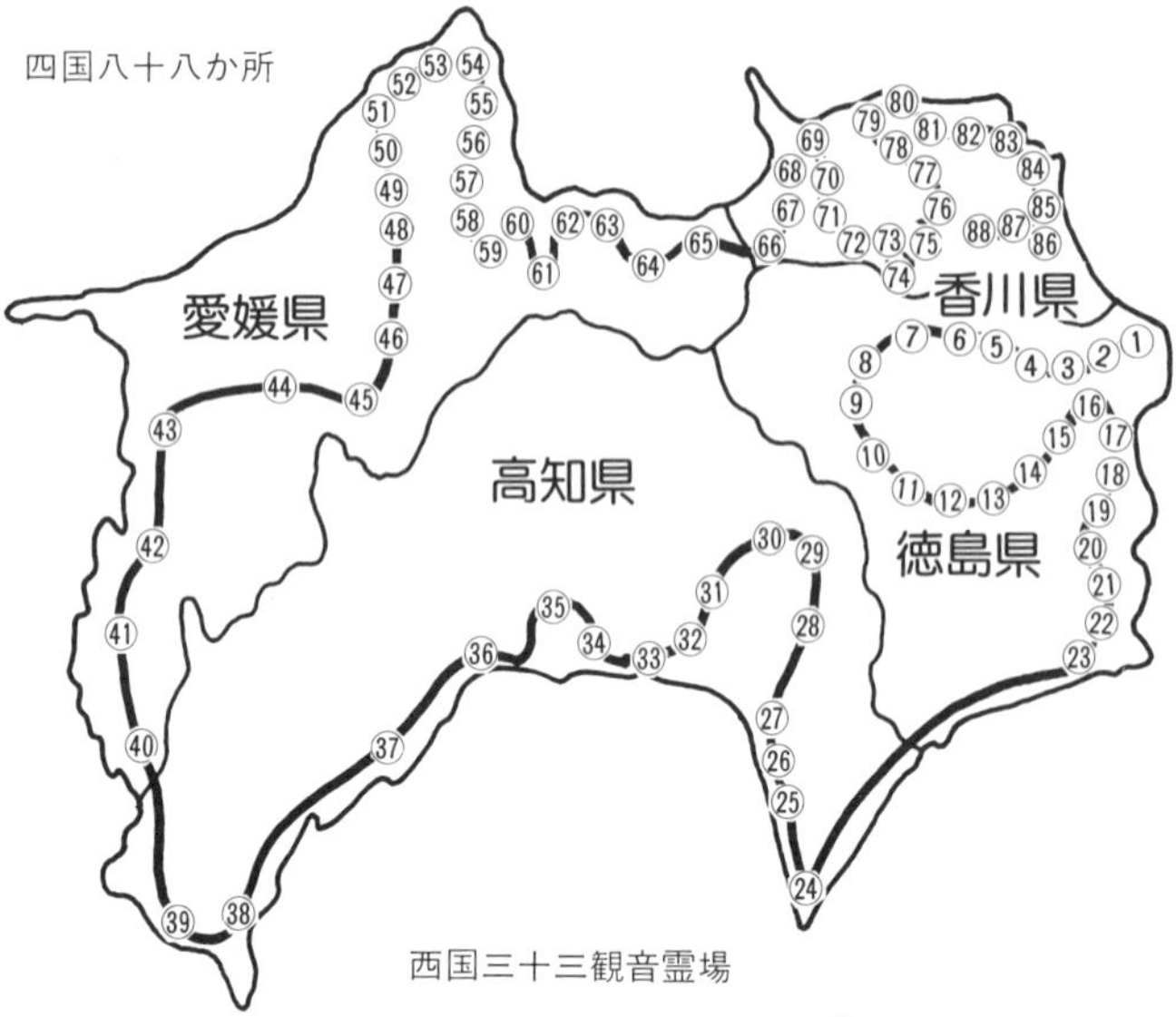

西国三十三観音霊場

遍路

14	園城寺内聖願寺	三井寺	如意輪	天台	滋賀県大津市園城寺内
15	観音寺	今熊野	十一面	真言	京都市東山区今熊野泉涌寺山内町
16	清水寺	清水寺	千手	北法相	京都市東山区清水
17	六波羅蜜寺	六波羅蜜寺	十一面	真言	京都市東山区松原通大和大路東入下ル
18	頂法寺	六角堂	如意輪	天台	京都市中京区六角通烏丸東入
19	行願寺	革《こう》堂《どう》	千手	天台	京都市中京区寺町竹屋町下ル
20	善峰寺	善峰寺	千手	天台	京都市右京区大原野小塩町
21	穴《あ》太《のう》寺	穴太寺	聖	天台	京都府亀岡市曽我部穴太東辻
22	総持寺	総持寺	千手	真言	大阪府茨木市総持寺町
23	勝尾寺	勝尾寺	千手	真言	大阪府箕面市粟生
24	中山寺	中山寺	千手	真言	兵庫県宝塚市中山寺字独古尾
25	清水寺	清水寺	千手	天台	兵庫県加東郡社町平木
26	一乗寺	法華山	千手	天台	兵庫県加西市坂本町
27	円教寺	書写山	如意輪	天台	兵庫県姫路市書写
28	成相寺	成相寺	聖	真言	京都府宮津市成相寺
29	松尾寺	松尾寺	馬頭	真言	京都府舞鶴市松尾
30	宝厳寺	竹生島	千手	真言	滋賀県東浅井郡びわ町早崎字竹生島
31	長命寺	長命寺	十一面	天台	滋賀県近江八幡市長命寺町
32	観音寺	観音寺	千手	天台	滋賀県蒲生郡安土町大字石寺
33	華厳寺	谷汲山	十一面	天台	岐阜県揖斐郡谷汲村徳積

外番	元慶寺	元慶寺	薬師如来	天台	京都市東山区山科北花山河原町
外番	法起院	法起院	徳道上人	真言	奈良県桜井市初瀬
外番	菩提寺	花山院	薬師如来	真言	兵庫県三田市

真言宗系譜

- 弘法大師空海（高野山開創八一六）
  - 古義真言宗
    - 金剛峯寺（開創八一六）―高野山真言宗
    - 醍醐寺（派祖・聖宝八七七）―真言宗醍醐派
    - 東寺（開創八二三）―東寺真言宗
    - 泉涌寺（派祖・俊芿一二一八）―真言宗泉涌寺派
    - 勧修寺（開山・承俊九〇一）―真言宗山階派
    - 仁和寺（開山・寛平法皇八八六）―真言宗御室派
    - 大覚寺（開創八七六）―真言宗大覚寺派
    - 善通寺（派祖・仁海九九一）―真言宗善通寺派
  - 新義真言宗・覚鑁（一一三〇）
    - 智積院（派祖・玄宥一五八五）―真言宗智山派
    - 長谷寺（派祖・専誉一五八七）―真言宗豊山派
    - 大伝法院―新義真言宗

真言宗年表

西暦	年号	宗門事項	一般
			七六七（〜八二二） 最澄生れる
七七四	宝亀五	空海生れる。	
七八八	延暦七	空海、阿刀大足に学ぶ。	七八八 最澄、比叡山上に比叡山寺を建立。
七九一	〃一〇	空海、京にあって大学に学ぶ。	
七九七	〃一六	『三教指帰』完成。	
八〇四	〃二三	五月 入唐出発、一〇月三日 福建に着岸。	
八〇五	〃二四	二月 西明寺に入る。般若三蔵・牟尼室利三蔵に師事。恵果に師事し、六月に胎蔵界、七月に金剛界、八月に伝法阿闍梨位の灌頂を受く。	八〇五 最澄、遣唐使船にて帰国し、九月最澄、高雄山寺において灌頂開壇。
八〇六	大同一	八月 空海帰国する。	
			八〇九 最澄、空海に密典十二部の借覧を願う。
八一二	弘仁三	一一月 高雄山寺で灌頂開壇。一二月 再び開壇『灌頂歴名』	八一三 最澄、空海に『理趣釈経』の借覧を願う。

八一五	〃六	空海、密教経典流布のためのキャンペーンを展開。
八一六	〃七	六月 高野開創の上表文を提出。
八一七	〃八	高野山開創に着手。
八一八	〃九	空海、高野山に登る。
八二一	〃一二	空海、『略付法伝』を撰述。九月頃四国万濃池を完成。『文鏡秘府論』を撰述。
八二二	〃一三	東大寺に真言院を建立。
八二三	〃一四	空海、東寺を給預される。一〇月『三学録』を奏進。
八二四	天長一	空海、少僧都となる。
八二五	〃二	弟子智泉入滅。
八二八	〃五	空海、綜芸種智院を開設。
八三〇	〃七	『十住心論』・『秘蔵宝論』『二教論』『秘鍵』等を著わす。
八三二	〃九	空海、高野山上に万灯会を行う。
八三五	承和二	三月 空海入定。 八月 金剛峯寺に真言宗年分度者三人を置く。弟子実慧、東寺座主となる。

八一八 最澄『山家学生式』『守護国界章』を撰述。

八二二 最澄入滅（五七歳）。

八二四 義真、天台座主となる。

八三六	〃三	弟子真済、真然は藤原常嗣の遣唐船に乗船、しかし遭難す。実慧、河内観心寺を建立。
八四七	〃一四	綜芸種智院廃校。一一月　実慧入滅。
八五七	天安一	一〇月　空海に大僧正位を贈る。
八六二	貞観四	七月　真如入唐。
八七四	貞観一六	真如、広東を出発、インドに向かう。
八七七	元慶一	聖宝、醍醐寺開創。
九二一	延喜二一	空海に弘法大師の諡号が与えられる。
九八四	永観二	元杲（九一一～九九五）、祈雨の効により権大僧都に任ぜられる。
九八六	〃二	寛朝（九一六～九九八）、大僧正となる。
九九五	長徳一	高野山奥院の御廟が落成。
一〇一六	長和五	定誉（?～一〇四七）、高野山の荒廃を嘆く。

八四一　藤原緒嗣ら『日本後紀』作成。
八四七　円仁帰朝『入唐求法巡礼行記』を著す。
八六六　最澄に伝教大師、円仁に慈覚大師の諡号が与えられる。
九三八　空也、京都で念仏を説く。
九八五　源信『往生要集』を著す。
九九三　慈覚・智証両大師の門徒が争う。
一〇五二　この頃末法

一〇九五	嘉保二	六月 覚鑁生れる。
一一一〇	天永一	覚鑁、寛助について出家す。
一一三一	天承一	覚鑁、大伝法院の高野山建立を請う。
一一三二	長承一	高野山上に大伝法院、密厳院落慶す。
一一三四	〃三	覚鑁、金剛峯寺・大伝法院座主に補せられるも高野山衆徒不平。
一一三五	保延一	覚鑁、密厳院道場において三昧に入る。
一一四〇	〃六	覚鑁、高野山より根来山に移る。
一一四三	康治二	覚鑁入滅。
一一五六	保元一	高野山根本大塔できる。
一一六八	仁安三	金剛峯寺の衆徒、大伝法院の衆徒と争う。 覚海（一一四二～一二二三） 頼瑜（一二二六～一三〇四）等の活躍。
一二八〇	弘安三	高野山に勧学院を創設。

第一年に入り末法思想さかんとなる。

一一二六 平泉中尊寺建立。

一一五六 保元の乱。

一一五九 平治の乱。

一一六八 栄西、入宋。

法然（一一三三～一二一二）、専修念仏を唱える。

一二二四 親鸞『教行信証』を著す。

	聖憲（一三〇七〜一三九二） 杲宝（一三〇六〜一三六二） 宥快（一三四五〜一四一六） 応其（一五三六〜一六〇七） 印融（一四三五〜一五一九）等の活躍。 専誉（一五三〇〜一六〇四）――豊山派祖 玄宥（一五二九〜一六〇五）――智山派祖 運敞（一六一四〜一六九三） 亮汰（一六二二〜一六八〇）	一二三一　道元『正法眼蔵』を著す。 一二五三　日蓮宗開宗。 一五八五　秀吉、根来山を襲撃。 一五九二　文禄の役。 一五九七　慶長の役。 一六〇〇　関ヶ原の戦い。 一六一五　寺院法度の完成。 一六三五　幕府、諸藩に寺社奉行を置く。 一六三九　鎖国完成。 一六四〇　宗門改役を置き、寺請制度を実施。
一七九六　寛政八	浄厳（一六三九〜一七〇二）の活躍。 根来に座主職がおかれる	
一八二四　文政七	慈雲（一七一八〜一八〇四）の活躍。 根来に大伝法堂が再建される。	

一八七五	〃八	真言宗新古合同大教院を真福寺に置く。
一八七六	〃九	釈良基『密宗安心鈔』出版。
一八八四	〃一七	弘法大師一〇五〇年遠忌厳修。
一八八七	〃二〇	密厳教会を各寺に組織。
一八八九	〃二二	釈雲照（一八二七～一九〇九）目白に十善会を結成。
一八九二	〃二五	興教大師七五〇年遠忌厳修。
一九〇〇	〃三三	真言宗智山派独立発足。
一九〇八	〃四一	『興教大師全集』刊行。
一九一〇	〃四三	長谷宝秀『弘法大師全集』刊行。
一九一七	〃六	密厳教会遍照講創立。
一九三三	昭和八	『密教大辞典』刊行さる。
一九三四	〃九	弘法大師一一〇〇年御遠忌厳修。
一九四一	〃一六	真言宗連合結成。

一八六八　神仏分離令発布。

一八七七　教部省を廃止、内務省に社寺局を置く。

一八八九　明治憲法、信教の自由。

一九三九　宗教団体法制定される。

一九四一　太平洋戦争始まる。

一九五一　宗教法人法が制定される。

索　　引

太字は見出し項目。細字はその言葉を含む主要な項目を（→）で示した。数字はそれぞれ見出し掲載ページを示す。

福田亮成（ふくだ　りょうせい）
1937年東京都に生まれる。大正名誉大学教授。
著書に『理趣経の研究―その成立と展開―』『弘法大師空海の教えと生涯』『空海要語辞典』Ⅰ・Ⅱ・Ⅲ『空海思想の探究』他。

真言宗小事典

1987年8月25日　第1刷発行
2000年4月15日　新装版第1刷発行
2019年6月25日　新装版第5刷発行

編　者　福田亮成
発行者　西村明高
発行所　株式会社　法藏館

〒600-8153京都市下京区正面烏丸入ル
振替01070-3-2743　電話075(343)5656
印刷＝NISSHA株式会社

ISBN978-4-8318-7066-7

仏教小事典シリーズ